Frank Faulbaum · Christof Wolf (Hrsg.)

Gesellschaftliche Entwicklungen im Spiegel
der empirischen Sozialforschung

Schriftenreihe der ASI –
Arbeitsgemeinschaft Sozialwissenschaftlicher Institute

Herausgegeben von

Prof. Dr. Frank Faulbaum, Universität Duisburg-Essen

Prof. Dr. Paul B. Hill, RWTH Aachen

Prof. Dr. Heiner Meulemann, Universität zu Köln

Prof. Dr. Birgit Pfau-Effinger, Universität Hamburg

Prof. Dr. Jürgen Schupp, Deutsches Institut für Wirtschaftsforschung, Berlin

Frank Faulbaum
Christof Wolf (Hrsg.)

Gesellschaftliche Entwicklungen im Spiegel der empirischen Sozialforschung

VS VERLAG

Bibliografische Information der Deutschen Nationalbibliothek
Die Deutsche Nationalbibliothek verzeichnet diese Publikation in der
Deutschen Nationalbibliografie; detaillierte bibliografische Daten sind im Internet über
<http://dnb.d-nb.de> abrufbar.

1. Auflage 2010

Lektorat: Frank Engelhardt

VS Verlag für Sozialwissenschaften ist eine Marke von Springer Fachmedien.
Springer Fachmedien ist Teil der Fachverlagsgruppe Springer Science+Business Media.
www.vs-verlag.de

Umschlaggestaltung: KünkelLopka Medienentwicklung, Heidelberg
Gedruckt auf säurefreiem und chlorfrei gebleichtem Papier
Printed in Germany

ISBN 978-3-531-17525-6

Inhaltsverzeichnis

Einleitende Bemerkungen

Frank Faulbaum und Christof Wolf

Im Jahr 2009 beging die Bundesrepublik Deutschland das 60jährige Jubiläum des Grundgesetzes. Auf die gleiche Zeitspanne blickte in jenem Jahr auch die Arbeitsgemeinschaft Sozialwissenschaftlicher Institute e.V. (ASI) zurück. Dies war für die ASI Anlass genug, auf ihrer Jahrestagung einen Blick auf bestimmte Aspekte der gesellschaftlichen Entwicklung der Bundesrepublik Deutschland und für die Sektion „Methoden der empirischen Sozialforschung" der Deutschen Gesellschaft für Soziologie Anlass, einen Blick auf die Entwicklung der empirischen Forschungsmethoden in den vergangenen 60 Jahren zu werfen und mit einem Blick auf zukünftigen Entwicklungen zu verbinden. Im vorliegenden ersten Band der ASI-Schriftenreihe sind die ausgearbeiteten Beiträge einer gemeinsamen Tagung von ASI und Methodensektion zusammengestellt. Mit der Veröffentlichung der Beiträge geht zugleich die Erwartung einher, eine Orientierungshilfe für Lehrende und Studierende im Bereich der empirischen Sozialforschung zur Verfügung zu stellen, zumal die Mehrzahl der Beiträge Perspektiven für die Zukunft abzuleiten versucht.

Die Beiträge gliedern sich in insgesamt vier Bereiche: Soziale und demographische Entwicklung, Wandel von Einstellungen und Werten, Entwicklungen im Bereich der Politik und Bestandsaufnahme der methodisch-statistischen Forschung. Im Bereich „Soziale und demographische Entwicklung" widmet sich Martin Diewald zunächst der Entwicklung der Ungleichheitsstruktur sowie der Entwicklung der Arbeitsmarkt- und Lebenschancen und den zentralen Einflussgrößen auf diese Entwicklung. Rosemarie Nave-Herz beschäftigt sich mit dem Wandel der Familie in der Zusammenschau mit dem Wandel der Lebensformen. Im Einzelnen behandelt sie den Familienbegriff und setzt sich mit den Thesen des schrumpfenden Familiensektors und der gestiegenen Pluralität von Lebensformen auseinander. Außerdem werden Veränderungen in der Wertschätzung der Familie beschrieben. Im zweiten Bereich „Wandel von Einstellungen und Werten" beschäftigt sich zunächst Heiner Meulemann mit dem Thema „Kulturumbruch und Wiedervereinigung – Wertwandel in Deutschland in den letzten 60 Jahren". Dabei behandelt er zunächst den Wertewandel in der „alten Bundesrepublik", um sich dann mit der Entstehung der ostdeutschen Identität nach der Wiedervereinigung, der Entwicklung des Werts „Mitbestimmung" und der Entwicklung der Akzeptanz moralischer Gebote sowie der Religiosität zu beschäftigen. Renate Köcher untersucht die Entwicklung von Einstellungen und Befindlichkeiten. Im Abschnitt „Entwicklungen im Bereich der Politik" beleuchtet Martin Kepplinger das Verhältnis von Medien und Politik. In ihrem Beitrag „Die deutsche Wahlforschung und die German Longitudinal Election Study" widmen sich Rüdiger Schmitt-Beck, Hans Rattinger, Sigrid Roßteutscher und Bernhard Weßels der Wahlforschung. Dabei ziehen sie aus der bisherigen Forschungsorganisation Konsequenzen für die zukünftige Infrastruktur der akademischen Wahlforschung, was sie zur Vorstellung der German Longitudinal Election Study führt.

In den Datengrundlagen und verwendeten Analyseverfahren der inhaltlichen Beiträge spiegeln sich zentrale Entwicklungen der empirischen Sozialforschung wider. Von besonderer Bedeutung ist die Verfügbarkeit großer, regelmäßig durchgeführter Erhebungsprogramme, die eine systematische und langfristige Beobachtung gesellschaftlicher Entwicklungen erlauben. Zu diesen Datengrundlagen gehören der ALLBUS, dessen Vorläufer sich bis Mitte der 1970er Jahre zurückverfolgen lassen, sowie das 1984 gegründete Sozio-ökonomische Panel. Neben diesen nationalen Umfrageprogrammen entstanden eine Reihe international vergleichender Erhebungen. Besonders einflussreich und paradigmatisch war die Studie Political Action (Barnes, Kaase et al. 1979). Aus dem Bereich der akademischen Forschung folgten 1981 die European Values Study, die alle neun Jahre wiederholt wird, das seit 1984 jährlich durchgeführte International Social Survey Programme, die seit 1994 im Rhythmus von nationalen Wahlen erhobene Comparative Study of Electoral Systems und der seit 2002 durchgeführte European Social Survey. Eine detaillierte Beschreibung dieser Entwicklung gibt Smith (2010).

Der Erfolg und die Nachhaltigkeit dieser Erhebungsprogramme basiert auf einer weiteren wichtigen Innovation: der Schaffung von Infrastruktureinrichtungen für die Sozialwissenschaften. Erst diese Einrichtungen, wie das Zentralarchiv für Empirische Sozialforschung oder das Zentrum für Umfragen, Methoden und Analysen, die heute beide in GESIS - Leibniz-Institut für Sozialwissenschaften aufgegangen sind, konnten das notwendige langfristige Engagement für diese Erhebungen sicherstellen.

Die Produktion und Verwertung der genannten Umfrageprogramme basiert jedoch noch auf weiteren hier zu nennenden Neuerungen: Der Entwicklung geeigneter Erhebungsverfahren im Rahmen der Umfragemethodik (Survey Methodology), der Entwicklung statistischer Auswertungsverfahren sowie der Entwicklung geeigneter Hard- und Software zur Ausführung entsprechender Analysen. Auf der Seite der Erhebungsverfahren sind vor allem zu nennen die Weiterentwicklungen der standardisierten Befragung, die Etablierung unterschiedlicher Befragungsformen, die Entwicklung geeigneter Stichprobenverfahren sowie die systematische Erforschung der Interaktion von Erhebungsinstrument, Interviewer – so vorhanden - und Befragtem im Rahmen der Survey Methodology (zusammenfassend Groves et al. 2010). Auf Seiten der Auswertungsverfahren sind vor allem der Import statistischer Verfahren der multivariaten Statistik aus anderen Disziplinen und ihre Weiterentwicklung zu nennen. Von besonderer Bedeutung war und sind die lineare Regression, Mehr-Ebenen-Modelle, Faktorenanalysen oder Strukturgleichungsmodelle. Daneben spielen auch Verfahren zur Analyse kategorialer Daten, wie etwa log-lineare Modelle oder Korrespondenzanalyse, eine wichtige Rolle. Einen Überblick über den derzeitigen Kanon der sozialwissenschaftlichen Datenanalyse bieten Wolf und Best (2010).

Die ersten zwei Beiträge im vierten Abschnitt dieses Bandes analysieren die hier nur skizzierten Entwicklungen eingehender. Christian Fleck beleuchtet Veröffentlichungen im Bereich der empirischen Sozialforschung in Deutschland im Vergleich zu den USA. Dazu untersucht er die in der Kölner Zeitschrift für Soziologie und Sozialpsychologie sowie der American Sociological Review zwischen 1948 und 2008 publizierten Forschungsarbeiten. Hans-Jürgen Andreß legt den Schwerpunkt seines Beitrags auf Entwicklungen im Bereich der Datenanalyse. Dabei beleuchtet er dieses Feld aus der Perspektive der statistischen Methoden, der Hardware, der Software, der Daten, der beteiligten Personen und Institutionen. Zudem schlägt er eine Phaseneinteilung der Entwicklung der Forschungsfragen seit Mitte des letzten Jahrhunderts vor. Einen etwas anderen Blickwinkel nimmt Marek Fuchs im letzten Beitrag dieses Bandes ein. Er beschäftigt sich mit Qualitätsproblemen und der Qualitätssicherung von Umfragen, der wichtigsten Datenerhebungstechnik der empirischen Sozialforschung. Dabei konzentriert sich Fuchs vor allem auf fünf Herausforderungen der Umfrageforschung: Non-response Bias, Mixed-Mode Erhebungen, Online Befragungen, Nutzung moderner Informations- und Kommunikationstechniken sowie die Folge komplexer Stichprobendesigns für das statistische Testen. Abschließend schlägt er vor, die Umfrageforschung zu einer eigenen (Teil-)Disziplin zu machen, eine, je nach Standpunkt, professionspolitisch interessante oder brisante Vorstellung, die jedoch zeigt, zu welchem Grade sich die Empirische Sozialforschung und insbesondere die Umfrageforschung professionalisiert hat.

Literatur

Barnes, Samuel H., Max Kaase et al. (Hg.), 1979: *Political Action. Mass Participation in Five Western Democracies*. Beverly Hills, CA: Sage.

Groves, Robert M., Floyd J. Fowler, Mick P. Couper, James M. Lepkowski, Eleanor Singer, und Roger Tourangeau. 2010. *Survey Methodology*. 2. Auflage. Hoboken, NJ: Wiley.

Smith, Tom W., 2010: The Globalization of Survey Research. S. 477-484 in: janet A. Harkness et al. (Hg.): Survey Methods in Multinational, Multireguional, and Multicultural Contexts. Hoboken, NJ: Wiley.

Wolf, Christof, und Henning Best (Hg.), 2010. *Handbuch der sozialwissenschaftlichen Datenanalyse*. Wiesbaden: VS Verlag.

Ungleiche Verteilungen und ungleiche Chancen

Zur Entwicklung sozialer Ungleichheiten in der Bundesrepublik

Martin Diewald

1 Einleitung

Sechzig Jahre Ungleichheitsentwicklung nachzeichnen zu wollen ist in diesem begrenzten Rahmen ein fast unmögliches Unterfangen. Es erfordert von vornherein Einschränkungen im Gegenstandbereich. Zum ersten blende ich die Entwicklungen in der DDR vor dem Beitritt 1990 aus. Zum zweiten konzentriere ich mich im Hinblick auf die betrachteten Ungleichheitsdimensionen auf diejenigen Dimensionen, für die ich, erstens, mit guten Gründen eine konstant hohe Bedeutung für die Ungleichheitsstruktur insgesamt annehmen kann, und die, zweitens, geeignet sind, Einflüsse wirtschaftlichen und gesellschaftlichen Wandels auf die Ungleichheitsstruktur widerzuspiegeln. Dies gilt wohl unbestritten einerseits für Geld in Form von Einkommen und Vermögen und andererseits für Erwerbsbeteiligung und die berufliche Positionierung. Trotz einiger Abgesänge auf die Arbeitsgesellschaft bereits vor einigen Jahrzehnten (Gorz 1983) und trotz des vielbeschworenen „Fahrstuhleffekts" (Beck 1986) der gesamtgesellschaftlichen Wohlstandsentwicklung bilden beide Bereiche wohl unbestritten immer noch den Kern der Ungleichheitsstruktur und der Voraussetzungen für gesellschaftliche Teilhabe auch in anderen Lebensbereichen. Allerdings muss bei einer Betrachtung längerfristiger Entwicklungen bedacht werden, dass sich die Bedeutung einzelner Ungleichheitsdimensionen ändern kann. Bei den Einkommen gilt es die Relation zwischen Individuellem Arbeitseinkommen und dem Äquivalenzeinkommen zu beachten, bei beruflichen Positionen im Zusammenhang mit der Destandardisierung von Beschäftigung neben den üblichen Gratifikationen auch die Entwicklung von damit verknüpften Anforderungen und Belastungen Schließlich soll, als wesentliche Vorbedingung für den Zugang zu Geld und Beruf, als weitere zentrale Ungleichheitsdimension der Zugang zu (höherer) Bildung betrachtet werden. Die Betrachtung dieser Ungleichheiten über die historische Zeit orientiert sich an drei Fragen:

1. Wie entwickelt sich das Gesamtvolumen dessen, was verteilt werden kann?
2. Wie ungleich ist es insgesamt verteilt?
3. Wie ungleich sind die Chancen des Zugangs dazu zwischen verschiedenen Bevölkerungsgruppen verteilt, nämlich zwischen höheren und niedrigeren Bildungs- und Statusgruppen, Männern und Frauen, verschiedenen Altersgruppen und Lebensformen sowie Migranten und Deutschen?

Damit werden im Folgenden sowohl *Verteilungsungleichheiten* als auch *Chancenungleichheiten* dargestellt. Chancenungleichheiten kommt dabei insofern eine herausragende Bedeutung zu, als sie als Verletzungen des meritokratischen Prinzips und deshalb im Hinblick auf Gerechtigkeitsurteile als besonders problematisch angesehen werden. Weniger eindeutig ist die Bewertung des Ausmaßes an Verteilungsungleichheiten, denn Ungleichheiten gelten auch als Leistungsanreize. Allerdings gibt es eine Reihe von Evidenzen, dass große Verteilungsungleichheit mit einer Reihe gesellschaftlicher Nachteile im Hinblick auf die Lebensqualität einhergeht (Wilkinson/Pickett 2009), und zwar vor allem in Verbindung mit einer geringen Durchlässigkeit.

Bei der Betrachtung der entsprechenden Entwicklungen orientiere ich mich nicht einer Abfolge von Dezennien, sondern unterscheide zwischen zwei Entwicklungslinien, nämlich erstens einer Auflistung von vergleichsweise unbestrittenen Entwicklungen in Wirtschaft und Gesellschaft: Was ist in den letzten 60 Jahren passiert, das zumindest theoretisch Auswirkungen auf Struktur und Wandel sozialer Ungleichheiten haben sollte (Abschnitt 2)? Da jedoch die Geschichte der Ungleichheitsentwicklung in der Bundesrepublik auch eine Geschichte der Ungleichheitsdeutungen ist (vgl. Mayer 2007, Haller 2007), werde ich zweitens auch eine knappe Liste von gängigen soziologischen Realitätskonstruktionen der Ungleichheitsentwicklung aufgreifen (Abschnitt 3). Beide dienen als Deutungsfolien für die im folgenden vierten Abschnitt referierten tatsächlichen sozialstrukturellen Ungleichheitsentwicklungen. Dabei wird sich zeigen, dass es neben beträchtlichen Kontinuitäten in den Ungleichheitsstrukturen auch markante Veränderungen gegeben hat. Der abschließende fünfte Abschnitt fasst die Ungleichheitsentwicklungen noch einmal zusammen und gleicht sie mit geläufigen soziologischen Realitätskonstruktionen ab. Es zeigt sich bei einer differenzierten Sichtweise, dass letztere insgesamt besser mit sozialstrukturellen Entwicklungen harmonieren, als es die häufigen Divergenzen oder gar Animositäten zwischen der sozialstrukturellen Ungleichheitsforschung auf der einen und Trends von Repräsentationen sozialer Ungleichheit auf der anderen Seite vermuten lassen.

2 Kurzer Abriss gesellschaftlicher Entwicklungen

In der Betrachtung von Phasierungen der deutschen Nachkriegsgeschichte, die zu Veränderungen in der Struktur sozialer Ungleichheiten geführt haben könnten, verzichte ich im Folgenden bewusst auf die Behauptung geschlossener, gesamtgesellschaftlich definierter Perioden, wie es das Spiel mit den „Bindestrich-Gesellschaften" betreibt. Stattdessen betrachte ich zunächst getrennt die Entwicklung in vier Bereichen der Gesellschaftsentwicklung, die theoretisch plausibel direkt für die Ungleichheitsentwicklung relevant sein sollten: (1) die Integration neuer Bevölkerungsgruppen in die Gesamtgesellschaft, (2) kulturelle Entwicklungen, (3) wirtschaftliche Entwicklung und Beschäftigung sowie (4) die Entwicklung des Wohlfahrtsstaats.

Die *Integration neuer Bevölkerungsgruppen* ist für die Betrachtung der Ungleichheitsentwicklung insofern relevant, als sie unmittelbar identitäre, kulturelle und rechtliche Grenzziehungen innerhalb der Bevölkerung bedingen können, die einer Gleichbehandlung im Wege stehen und zur Unterschichtung der einheimischen Bevölkerung führen können. In der Zeit nach dem Zweiten Weltkrieg stand zunächst die Aufnahme mehrerer Millionen Flüchtlinge und Vertriebene vor allem aus den ehemals deutschen Ostgebieten, Polen und der Tschechoslowakei an, immerhin knapp zehn Millionen Menschen allein in der Bundesrepublik. Hinzu kamen zwischen zweieinhalb und drei Millionen Flüchtlinge aus der DDR bis zum Mauerbau 1961. Mit der Migration aus der DDR anfangs überlappend wurden in der Zeit des sogenannten Wirtschaftswunders ab 1955 bis zum Anwerbestopp 1973 und den Regelungen für den Nachzug von Familienangehörigen 1979 dringend benötigte Arbeitskräfte angeworben, die sogenannten „Gastarbeiter", die zu einem beträchtlichen Teil jedoch in der Bundesrepublik blieben statt in ihre Herkunftsländer zurückzukehren. Die 1980er und 1990er Jahre waren geprägt von verschiedenen Zuwanderwellen der Konventionsflüchtlinge, Asylbewerber, Bürgerkriegsflüchtlinge, Kontingentflüchtlinge, Juden aus den Staaten der ehemaligen Sowjetunion sowie Illegale. Schließlich stand mit der deutschen Wiedervereinigung 1990 die Integration der Bevölkerung der ehemaligen DDR auf der gesamtdeutschen Tagesordnung. Die Ungleichheitsstruktur der Bundesrepublik war und ist wesentlich auch dadurch geprägt, in welchem Umfang und in welchem Tempo diese verschiedenen Bevölkerungsgruppen in die bundesrepublikanische Gesellschaft integriert wurden.

Kulturelle Entwicklungen sind für die Ungleichheitsentwicklung mehrfach relevant. Zum einen sind sie mit verantwortlich für die Durchlässigkeit der sozialen Klassen, indem mit Klassenlagen mehr oder weniger stark verkoppelte, mehr oder weniger distinkte kulturelle Praktiken Klassengrenzen zementieren helfen und damit Aufwärtsmobilität erschweren können (Bourdieu 1982). Zum anderen prägen kulturelle Entwicklungen Ansprüche und Gerechtigkeitsvorstellungen, was nicht nur die Bewertung vorhandener Ungleichheiten beeinflusst, sondern auch institutionelle Veränderungen zu deren Wandel anstoßen kann. Für die Nachkriegszeit bis in die Phase des Wirtschaftswunders hinein hat Schelsky (1965) von einer „nivellierten Mittelstandsgesellschaft" gesprochen. Damit ist nicht nur ein sozialstrukturelle Einschmelzung einer differenzierten Klassenstruktur gemeint, sondern auch eine Einschmelzen ständischer Orientierungen und Klassengrenzen zu einer „Vereinheitlichung der sozialen und kulturellen Verhaltensformen" (ebda, S. 332) in Form eines universellen Aufstiegs- und Leistungsstrebens, gleichwohl verbunden mit Ansprüchen an den sich entwickelnden Wohlfahrtsstaat. Mit „*1968*" folgte eine kulturelle Liberalisierung und Wertedifferenzierung, die die Anerkennung differenzierter Lebensvorstellungen neben materielle Ansprüche stellte. Damit verbanden sich umfassende Gleichheitsansprüche von Frauen gegenüber Männern sowie Forderungen nach ungehindertem Zugang bisher benachteiligter Bevölkerungsgruppen zu höherer Bildung. In den 1980er Jahren schließlich wurde *Individualisierung* sowohl als Chance zu Autonomie als auch als individuelle Verantwortung, als Auf-sich-selbst-gestellt-sein bis hin zu der Gefahr der Anomie, thematisiert (Beck 1986): Einerseits befreit sich das individuelle Wollen aus den Zwängen fester sozialstruktureller Prägungen wie insbesondere klassenspezifischer Milieus. Andererseits wird angesichts eines Zwangs zur reflexiven Lebensführung und einer Adressierung an Selbstverantwortung die Identitäts- und Sinnfindung immer mehr zu einer eingeforderten individuellen Leistung, ebenso wie Erfolg und Misserfolg im Leben.

Die Entwicklung von *Wirtschaft und Beschäftigung* lässt sich für die unmittelbare Nachkriegszeit nach Schelskys Deutung zunächst als eine Zeit der blockierten Chancen beschreiben – trotz des universellen Aufstiegsstrebens. Dies änderte sich jedoch seit dem Einsetzen des sogenannten Wirtschaftswunders Mitte der 1950er Jahre, das für circa 20 Jahre bis zum Ölpreisschock zu einem „kurzen Traum immerwährender Prosperität" (Lutz 1984) mit beträchtlichen, vergleichsweise konstanten Wachstumsraten der Wirtschaft, Vollbeschäftigung und permanentem Einkommensaufstieg für Alle führte. Mit der Mitte der 1970er Jahre wurde die ökonomische und die Beschäftigungsentwicklung unstetiger, und Massenarbeitslosigkeit etablierte sich als Dauerphänomen. Danach beschleunigte sich statt eines „Endes der Arbeitsgesellschaft" der Umbau zur Dienstleistungsgesellschaft und mit der IT-Revolution entstanden nicht nur rasch neue Berufe, sondern es veränderten sich die Tätigkeiten und Organisationsstrukturen insgesamt. Seit ca. den 1990er Jahren schließlich ist eine Reorganisation der Wirtschaft als Reaktion auf verschärften globalen Wettbewerb und technologischen Wandel zu beobachten, wobei es nach 1995 zu einer zunehmenden Destandardisierung der Beschäftigungsformen, unter anderem verbunden mit mehr Erwartungsunsicherheit in den einzelnen Beschäftigungsverhältnissen wie der gesamten Karriereentwicklung kommt (Struck/Köhler 2004).

Auch der *Wohlfahrtsstaat* hat sich seit dem Ende des Zweiten Weltkriegs erheblich verändert. Bereits in der unmittelbaren Nachkriegszeit hatte er mit dem Lastenausgleich eine wichtige, breite Bevölkerungsschichten erfassende kollektive Solidaritäts- und Integrationsaufgabe. Im Verein mit dem Wirtschaftswunder folgte das „goldene Zeitalter" eines „sorgenden Staats" (de Swaan 1993) bis in die 1980er Jahre hinein. Danach geriet der Wohlfahrtsstaat unter erheblichen ideologischen Druck durch den Aufstieg des Neoliberalismus und unter finanziellen Druck durch die steigenden Belastungen infolge von Arbeitslosigkeit und gestiegener Lebenserwartung, während das Wirtschaftswachstum sank und unstetiger wurde. Diese finanziellen Belastungen wurden durch die Wiedervereinigung, die zu nicht geringem Anteil durch die Sozialkassen finanziert wurde, noch einmal erheblich verschärft. Nach 2000 wurde dann im Rahmen europäischer Leitideen wie „employability", „trainability", „flexicurity" der faktische Umbau des Sozialstaats unter der „Agenda 2010" vorangetrieben: Mit Reformen wie den sprichwörtlich gewordenen Hartz IV-Regelungen gab es einen Paradigmenschwenk hin zu selbstverantwortlicher Aktivität statt einer vorbehaltlosen Versorgung und Statussicherung (Lessenich 2008).

Welche gängigen Thesen beziehungsweise welche Gesellschaftskonstruktionen hinsichtlich Konstanz und Wandel von Ungleichheitsstrukturen gibt es, und wie knüpfen sie an diese Entwicklungen an?

3   Prominente Realitätskonstruktionen der Soziologie sozialer Ungleichheit

Die bereits beschriebene *„nivellierte Mittelstandsgesellschaft"* Schelskys war sicherlich nicht nur eine der ersten, sondern auch eine der insgesamt wirkmächtigsten Realitätskonstruktionen der deutschen Nachkriegssoziologie. Anknüpfend daran hat sich für die Zeit des Wirtschaftswunders die von Beck (1986) aufgegriffene Metapher des *„Fahrstuhleffekts"* durchgesetzt: Im Zuge einer beträchtlichen gesamtgesellschaftlichen Wohlstandssteigerung haben sich zwar die Ergebnisungleichheiten hinsichtlich des materiellen Wohlstands und auch des Zugangs zu Bildung nicht wesentlich verändert, das heißt die Abstände zwischen Besser- und Schlechterverdienenden sind in etwa gleich geblieben. Es gibt jedoch – ein kollektives Mehr an Einkommen, Bildung, Mobilität, Recht, Wissenschaft, Massenkonsum" (S. 122) – das jedoch nicht für Alle dieselbe Bedeutung hat: Während die unteren Schichten dadurch zum ersten Mal Zugang zu bisher gänzlich verschlossenen Welten höherer Bildung und Massenkonsumgütern wie Autos, Fernreisen oder Wohnungseigentum erhalten, bedeutet dies für die oberen Schichten „nur" ein Mehr dessen, was sie im prinzipiell schon kannten. Insofern werden soziale Ungleichheiten für das Denken, Handeln und Fühlen der Gesellschaftsmitglieder weniger prägend.

Eine dritte Realitätskonstruktion akzentuiert die Kombination aus Fahrstuhleffekt, der kulturellen Liberalisierung von *„1968"* und der folgenden *Bildungsexpansion* als Startpunkt für eine generelle Nivellierung von Chancen-Disparitäten zwischen verschiedenen Bevölkerungsgruppen, insbesondere den Geschlechtern und Herkunftsklassen. Dabei sind verschiedene Varianten anzutreffen (zusammenfassend: Diewald 1994, Rössel 2005). In der Variante der *Entschichtung* wird eine abnehmende Prägekraft der vertikalen Strukturierung der Gesellschaft behauptet. In der Variante der *Entstrukturierung* geht es um eine Reduktion der Zusammenhänge zwischen Bildung, Beruf und der Verfügung über Einkommen und Vermögen (Beck 1986). Dabei sei es insbesondere zu einer *Bildungsinflation* und damit einer Entwertung höherer Bildungsabschlüsse gekommen (Collins 1979). Allerdings gibt es dazu auch eine ebenfalls prominente Gegenerzählung, nämlich die einer bemerkenswerten, für Deutschland besonders charakteristischen institutionellen Starre der Mechanismen der Chancenzuweisung. In dieser Sichtweise hat sich an der frühen Schließung von Chancen im Lebenslauf, den patriarchalischen Strukturen und der Benachteiligung der Arbeiterkinder nichts geändert (Mayer/Blossfeld 1990, Mayer 2006).

Eine vierte Überzeugung richtet sich auf die These einer dauerhaften, sogar generationenübergreifenden Diskriminierung und daraus resultierenden *Unterschichtung durch Migranten* als neuer zusätzlicher Ungleichheitslinie in der Bevölkerung. Diese geringe Integrationskraft der deutschen Gesellschaft wird später dann auch im Hinblick auf die deutsche Wiedervereinigung repliziert: Ostdeutschland erscheint hierin als dauerhafte Gesellschaft zweiter Klasse unter der westdeutschen.

Welche der beiden bereits beschriebenen Seiten der Individualisierung, Autonomie oder Anomie stärker betont wird, unterlag Schwankungen. Unter dem Eindruck der beträchtlichen realen Wohlstandentwicklung und des Fahrstuhleffekts wurden in den 1980er Jahren bis hinein in den Anfang der 1990er Jahre, wie oben beschrieben, eher die verbliebenen sozialen Ungleichheiten relativiert. *„Anything goes"* war die Devise, Lebensstile und Lebensformen schienen frei wählbar (z.B. Berking/Neckel 1990). Dagegen scheinen in krassem Bruch zu dieser Interpretation in den ersten Jahren des neuen Jahrtausends plötzlich zunehmend *Bedro-*

hungs- und Unsicherheitszenarien zum Thema zu werden, nun nicht mehr vor dem Hintergrund einer Relativierung verbleibender sozialer Ungleichheiten, sondern als Folge einer zunehmenden sozialen Spaltung und Refeudalisierung an beiden Enden der Statushierarchie: Auf Kosten einer partiell prekarisierten Mitte kommt es zur Ausdehnung und Verfestigung einer neuen Unterklasse wie auch zur Abkoppelung der Oberklasse (z.b. Vogel 2006). Gestiegene Herausforderungen und Belastungen führend dazu, dass selbst die materiellen Gewinner des Wandels mit einem Verlust stabiler Bindungen und an Lebensqualität zu kämpfen haben (Sennett 1998). Dass 2001 der erste und 2008 der dritte Armuts- und Reichtumsbericht der Bundesregierung vorgelegt wurde steht dafür, dass auch die Politik dieses neue Bedrohtheitsgefühl wahrgenommen hat.

4　Tatsächliche Entwicklungen sozialer Ungleichheiten

Wie verhalten sich diese akzentuierten Deutungen zu real beobachtbaren Entwicklungen? Sicherlich sind von vorneherein keine perfekten Passungen zwischen solchen Deutungsangeboten und Langzeitbeobachtungen sozialstruktureller Verteilungen zu erwarten. Denn während Deutungsangebote, um Aufmerksamkeit auf sich zu ziehen, Diskontinuitäten akzentuiert darstellen müssen, sind dramatische Veränderungen innerhalb kurzer Zeit in institutionell vergleichsweise stabilen Gesellschaften theoretisch nicht plausibel. Allerdings kann auch die zeitliche Verzögerung zwischen Erhebungszeitpunkten und darauf basierenden Datenaufbereitungen und Analysen auf der einen und sich neu abzeichnenden Entwicklungen auf der anderen Seite zu solchen Diskrepanzen beitragen.

4.1　Der zu verteilende Kuchen: Geld, Jobs und Verteilungsungleichheiten

Betrachtet man die langfristige Entwicklung der *Realeinkommen* (BMAS 2001), so wird zunächst deutlich, dass sich über die Zäsur des Ölpreisschocks Anfang der 1970er Jahre hinaus eine stetige, steile Aufwärtsentwicklung der individuellen Bruttoeinkommen bis in den Anfang der 1990er Jahre hinein feststellen lässt. Im Lauf der 1990er Jahre wird die Kurve dieser Aufwärtsentwicklung allerdings deutlich flacher, um ab dem Ende der 1990er Jahre, gerechnet für alle Einkommensbezieher, sogar um ein knappes Prozent über einen Zehnjahreszeitraum abzusinken (Becker et al. 2008). Vollzeiterwerbstätige haben immerhin noch einen sehr geringen Anstieg zu verzeichnen. Die Entwicklung der *Nettoäquivalenzeinkommen* verläuft sehr ähnlich (BMSA 2001). Allerdings geschieht hier die Abwärtsbewegung um wenige Jahre versetzt. Offensichtlich konnten durch

Erwerbsbeteiligungsstrategien von Haushalten bis in den Anfang der 2000er Jahre hinein noch Steigerungen des Haushaltseinkommens erzielt werden, ab da allerdings nicht mehr (Becker et al. 2008). Verglichen mit den im zweiten Abschnitt skizzierten Entwicklungen und den Szenarien des dritten Abschnitts wird deutlich, dass auch nach dem Ende des Traums von der immerwährenden Prosperität durch die Zäsur des Ölpreisschocks eben jene Prosperität noch lange, wenigstens im Durchschnitt, weiterhin beträchtlich anstieg. Erst die Zeit um die Jahrtausendwende, verbunden mit einem spürbarer werdenden Globalisierungsdruck und der gleichzeitigen Absenkung der bisherigen Besitzstandsgarantien des Wohlfahrtsstaates, machte damit Schluss. Dies gilt auch für die Verteilung der Einkommen. War die Einkommensungleichheit in Deutschland lange Zeit stabil, stieg sie in den 1990er Jahren leicht und nach 2000 deutlich an (Becker et al. 2008). Zwar wird die Ungleichheit der Markteinkommen durch Sozialtransfers erheblich reduziert; doch kann diese Umverteilung den Anstieg der Ungleichheit nicht mehr so stark kompensieren wie noch in den 1990er Jahren (Göbel/Krause 2007). Gleichzeitig ist auch der Umverteilungseffekt der privaten Haushalte deutlich zurückgegangen, der dadurch entsteht, dass Erwerbstätige ihre Ressourcen im Haushalt mit Kindern, Älteren und anderen nicht- oder teilweise erwerbstätigen Haushaltsmitgliedern teilen: „Die Veränderung in der Zusammensetzung der Erwerbseinkommen und der Erwerbsbezieher innerhalb der Haushalte hat somit nicht unwesentlich zu der zunehmenden Ungleichheit zwischen den Haushalten beigetragen." (ebenda, S. 830). Noch stärker als die Einkommensungleichheit insgesamt stieg im selben Zeitraum deshalb das Armutsrisiko an. Mit einem deutlich überdurchschnittlichen Anstieg der Ungleichheit innerhalb der zwanzig Jahre zwischen 1985 und 2005 liegt Deutschland mittlerweile dicht am Durchschnitt aller OECD-Länder, was das Ausmaß von Einkommensungleichheit und Armut angeht, während es Mitte der 1980er noch deutlich unter dem Durchschnitt lag (OECD 2008).

Auf der Ebene der *beruflichen Positionen* ist die von Braverman (1977) vorhergesagte Proletarisierung der Arbeitnehmerschaft nicht eingetreten. Im Gegenteil ist die *Struktur der Beschäftigung* kontinuierlich, am rasantesten in den 1970er und 1980er Jahren, höherwertiger im Sinne qualifikatorischer Anforderungen geworden (Lott 2010). Das heißt, der Anstieg der Einkommen beruhte auch auf einem Kompositionseffekt, indem geringerwertige Beschäftigung seltener wurde und hochqualifizierte Beschäftigung anteilsmäßig anstieg. Dass diese Entwicklung jedoch lediglich eine Seite der Medaille darstellt wird beim Blick in die Arbeitslosenentwicklung nur allzu deutlich (Sachverständigenrat 2010). Hier wird der Epochenbruch deutlich, nämlich die Mitte der 1970 er Jahre entstehende und dann rasant angestiegene Arbeitslosigkeit, die seitdem kaum einmal unter 9

Prozent gesunken ist. Die verdeckte Arbeitslosigkeit ist dabei nicht einmal mit eingerechnet. Sie erhöht die offizielle Arbeitslosenquote um noch einmal ca. ein Viertel bis ein Drittel. Vielleicht noch schwerer wiegt der auch im internationalen Vergleich auffällige und seit Mitte der 1980er Jahre erfolgende Aufbau eines hohen Anteils von ca. 30, mittlerweile sogar 40 Prozent Langzeitarbeitslosen an allen Arbeitslosen (ebenda). Zwischen 1975 und 1980 lag dieser Anteil noch bei rund 15 Prozent. Auf der Ebene der Erwerbsbeteiligung und Beschäftigungsstruktur zeigt sich also die Entwicklung hin zu einer im Vergleich zum Wirtschaftswunder stärker gespaltenen Gesellschaft schon recht früh und ausgeprägt, während die Einkommensentwicklung noch lange ein rosigeres Bild zeichnete.

Wenn wir die Beschäftigungsentwicklung betrachten, so ist neben den Einkommen und der Qualifikationsstruktur auch die Entwicklung von Beschäftigungsbedingungen zu beachten, die für die Ungleichheitsbetrachtung relevant sind und sich mit der Destandardisierung der Erwerbsarbeit ausdifferenziert haben. Dies gilt vor allem für berufliche Belastungen und die Unsicherheit der Beschäftigung. Bis in die 1980er Jahre hinein war eher ein Abbau beruflicher Belastungen zu konstatieren, da die traditionell gesundheitsgefährdenden, schwerindustriellen Arbeitsplätze stark abgebaut wurden. Die „saubere" Büroarbeit nahm dagegen zu. Seit der zweiten Hälfte der 1990er wurden jedoch zunehmende Belastungen der Arbeitnehmer in Form von unerwünschter und nicht abgegoltener tatsächlicher Arbeitszeit registriert (Bauer et al. 2004, Lehndorf 2003). Zudem haben gerade bei den qualifizierten und hochqualifizierten Angestellten psychische Belastungen deutlich zugenommen (Siegrist/Theorell 2006), unter anderem verbunden mit einer Verdopplung des Zeitdrucks in den 1990er Jahren (Garhammer 2007). Zudem haben Belastungen in Form von unsicherer Beschäftigung und geringerer Erwartungssicherheit bezüglicher der Karriereentwicklung seit etwa der Mitte der 1990er Jahre tatsächlich zugenommen (Diewald/Sill 2004, Sachverständigenrat 2010), nachdem sie bereits längere Zeit vorher als Zukunft der Arbeit thematisiert wurden (Berger/Sopp 1992). Demnach vermitteln die Einkommensentwicklung und das Upgrading der Beschäftigungsstruktur allein ein schiefes Bild: Die Zeiten sind auch für die gut positionierten Arbeitsplatzbesitzer seit zehn bis fünfzehn Jahren spürbar härter geworden, denn Erfolge müssen teurer erkauft werden. Dies gilt selbst für diejenigen, die die berufliche Etablierung hinter sich haben, denn Aufstiege sind weniger selbstverständlich geworden. Die Neueinsteiger trifft es allerdings noch mehr.

Bildung und *Ausbildung* gelten als legitimierte Zugangsvoraussetzung zu hohen Einkommen und begehrten Positionen sowie als wichtige Voraussetzung für die Wohlstandsentwicklung. Die Ausrufung des Bildungsnotstands in den 1960er Jahren führte denn auch unbestritten zu einer allgemeinen Bildungsexpansion, in deren Folge sich die Bildungschancen *aller* Bevölkerungsgruppen entscheidend verbessert haben. Die Hauptschule, die 1952 noch fast vier Fünftel aller Schülerinnen und Schüler zum Schulabschluss führte, ist heute nur noch eine „Restschule" für ein Fünftel eines Jahrgangs. Umgekehrt ist das Gymnasium zu häufigsten Schulform geworden und hat eine frühere Exklusivität verloren. Im internationalen Vergleich wird allerdings von der OECD ein deutlicher Rückstand Deutschlands im tertiären Bildungssektor moniert (OECD 2008b). An dieser Schwelle scheint speziell in Deutschland die Bildungsexpansion entscheidend an Schwung verloren zu haben (Geißler 2006:285). Allerdings hinkt der Vergleich, weil er nicht in Rechnung stellt, dass es in Deutschland im Unterschied zu fast allen Vergleichsländern ein hohes Niveau an beruflicher Ausbildung gibt, die viele Bereiche abdeckt, die anderswo mit Bachelorabschlüssen bedient werden. Eine neu belebte Diskussion dreht sich allerdings genau darum, ob berufliche Ausbildung heute noch jene allgemeinen Kompetenzen adäquat bereitstellt, die für höherwertige Beschäftigung erforderlich sind (Baethge 2007). In dem Maße, in dem sie das nämlich nicht tut, stärkt sie die Bedeutung der Herkunftsfamilie für die Produktion solcher Kompetenzen und verfestigt damit herkunftsbedingte Ungleichheiten (Jackson /Goldthorpe/ Mills 2005). Trotz dieser Kritik und der unbestreitbaren Erosionstendenzen vor allem in Ostdeutschland lässt sich jedoch feststellen, dass die Bedeutung von Bildung und Ausbildung für die Platzierung am Arbeitsmarkt ungebrochen ist. Deshalb lässt sich auch kein Anstieg eines dauerhaften Mismatches zwischen Ausbildungs- und Beschäftigungsniveau im Kohortenvergleich feststellen (Pollmann-Schult/Mayer 2005).

4.2 Das Ausmaß von Chancenungleichheiten

Insbesondere dann, wenn die Ungleichheit steigt, wird die Frage virulent, wie verfestigt diese Ungleichheitsstrukturen sind, das heißt, wie stark Oben und Unten lebenslang festgelegt sind. Nimmt man dafür die *intergenerationale* Mobilität zum Maßstab, also den Vergleich der Klassenpositionen von Eltern und ihren Kindern, zeigt sich für Westdeutschland seit den 1970er Jahren bis heute eine leichte Tendenz zur Öffnung der Chancenstruktur, die seit den 1990er Jahren eingesetzt hat (Pollak 2008; s. a. Mayer 2006:1345). Bereinigt man die Berechnungen um die Veränderung der Randverteilungen, ist der Trend für Männer noch deutlicher ausgeprägt (ebenda, Abb. 1). Sowohl Aufstiege als auch Abstiege sind bei den Männern leicht gestiegen, wobei sich das Verhältnis zwischen beiden in Richtung Abstiege verschoben hat: von 2,4 auf 2,0 Aufstiege pro Abstiege. Hervorzuheben ist demgegenüber die günstige Entwicklung für westdeutsche Frauen, die verstärkt vorteilhafte Positionen erlangen und unvorteilhafte Positionen vermeiden können: Betrug die Aufwärtsmobilität zwischen 1976 und 1980 noch 26

Prozent, waren es 2000-2006 bereits 37 Prozent. Umgekehrt sank die Abwärtsmobilität von 33 auf 24 Prozent. Das Verhältnis von Aufstiegen zu Abstiegen verändert sich dementsprechend deutlich von 0,8 auf 1,5. Betrachtet man einzelne
Klassenlagen, resultieren diese begrenzten Öffnungen vor allem aus gestiegenen
Aufstiegschancen aus unteren Klassen sowie der deutlich gestiegenen Fähigkeit
westdeutscher Frauen, die obere Klassenposition ihrer Väter zu reproduzieren.
Die Situation in Ostdeutschland sieht im Zeitvergleich 1991-1996 und 2000-2006
wesentlich schlechter aus: Abstiege nehmen zu, Aufstiege ab, und zwar für beide
Geschlechter. Eine Trendaussage scheint hier aber wegen der besonderen Bedin-
gungen direkt nach der Wiedervereinigung schwer möglich. Man kann jedoch
mindestens von einer intergenerationalen Aufstiegsblockade sprechen. Für eine
Angleichung der ostdeutschen Entwicklung an die westdeutsche gibt es keine
Indizien.

In der Betrachtung der *intragenerationalen Mobilität* lassen sich auf der Ebene
von Klassenpositionen keine Trends für die auf die im internationalen Vergleich
eher geringe Mobilität feststellen. Anders sieht es bei der Betrachtung der *Ein-
kommensmobilität* aus. Seit etwa Mitte bis Ende der 1990er Jahre und dann verstärkt nach der Jahrtausendwende verändert sich die Situation deutlich (Grabka/
Frick 2008, 3. Armuts- und Reichtumsbericht der Bundesregierung). Arme bleiben demnach länger arm, denn die Aufstiegschancen sind in den unteren Klassen gesunken. Dies ist der wohl unbestrittenste Befund (s.a. Schank et al. 2008,
Kalina 2008). Aber auch die Mitte ist unter Druck geraten: Abstiegsmobilität
überwiegt jetzt Aufstiegsmobilität, und damit schrumpft die Mitte insgesamt
(Grabka/Frick 2008). Dies ist ein Bruch mit der bis zum Beginn des neuen Jahrtausends herrschenden sehr stabilen Situation (Goebel/Habich/Krause 2004).
Dazu dürfte unter anderem beigetragen haben, dass quasi-automatische Aufstiege
über Senioritätsregeln und innerbetriebliche Karriereleitern erodiert sind (Die-
wald/Sill 2004). Erträge höherer Bildungsabschlüsse sind unsicherer geworden
(Giesecke/Verwiebe 2009). Dennoch scheint in der Gesamtbetrachtung der Analysen zumindest bisher die Abkopplung der unteren Einkommensschichten der
dramatischere Befund im Vergleich zu den Erosionstendenzen in der Mitte. Rei-
che können dagegen noch besser ihre Position oben in der Einkommenshierarchie
behaupten und sogar ausbauen. Sie haben sich erfolgreich vom Negativtrend für
den großen „Rest" der Erwerbsbevölkerung abkoppeln können.

Eine ähnliche Richtung nimmt die Entwicklung der *Geld- und Sachvermögen*
(Frick/Grabka 2009, 3. Armuts- und Reichtumsbericht). Allein zwischen 2002
und 2007 stieg der Anteil des Gesamtvermögens in den Händen der reichsten
zehn Prozent der Bevölkerung von bereits 57 auf 60 Prozent. Zudem entwickeln
sich seit einigen Jahren die Einkommen aus Erwerbstätigkeit und Einkommen aus

Vermögen zunehmend auseinander: Die Kapitaleinkommen wuchsen von 1997 bis 2007 um 4,2 Prozent p. a., während die Arbeitnehmerentgelte nur um 1,6 Prozent p. a. zulegten. (Statistisches Bundesamt, verschiedene Jahrgänge). Mit anderen Worten: die Bedeutung der eigenen Arbeitskraft für Wohlstandsgewinne sinkt tendenziell. Zusammengenommen zeigt sich eine Verfestigung des Oben und Unten in der Bevölkerung bei gestiegenen Risiken in der Mitte. Dem steht lediglich für westdeutsche Frauen eine bemerkenswerte Öffnung der intergenerationalen Mobilitätschancen gegenüber, während für westdeutsche Männer keine wesentliche Öffnung vor dem Hintergrund einer im internationalen Vergleich eher geringen Mobilität stattfindet und für Ostdeutschland sogar eine Schließung stattgefunden hat.

4.3 Chancenungleichheiten: Disparitäten zwischen Bevölkerungsgruppen

Gibt es im Zeitverlauf dezidierte Gewinner- und Verlierergruppen innerhalb der Bevölkerung? Betrachten wir zunächst unterschiedliche *Qualifikationsniveaus*. Hier zeigt sich in den Analysen des IAB (Reinberg/Hummel 2007) eine Mitte der 1970er Jahre einsetzende, anhaltende Auseinanderentwicklung der Beschäftigungschancen zu Lasten von Personen ohne Berufsabschluss. Im Vergleich dazu stieg das Arbeitslosigkeitsrisiko von Personen mit Lehr- oder Fachschulabschluss moderater an, während Personen mit Hoch- oder Fachhochschulabschluss gar keine Erhöhung des Arbeitslosigkeitsrisikos zu vergegenwärtigen hatten. Auch bei Denjenigen, die beschäftigt sind, konzentrieren sich die Risiken sinkender Reallöhne auf Geringqualifizierte (Giesecke/Verwiebe 2009), so dass es nicht verwundert, dass es auch eine zunehmende Konzentration des Armutsrisikos auf Personen ohne Abschluss gibt (3. Armuts- und Reichtumsbericht). Umgekehrt profitieren nicht alle Personen mit Abschluss von steigenden Bildungsrenditen. Es gibt Hinweise dafür, dass die Chance für Lohngewinne zunehmend nur dann gegeben zu sein, wenn berufliche Positionen sich nicht nur durch besondere qualifikatorische Anforderungen auszeichnen, sondern auch machtbasierte Vorteile bieten, was vor allem auf Toppositionen zutrifft (Giesecke/Verwiebe 2009b). Es gibt jedoch noch erheblichen Forschungsbedarf hinsichtlich der genauen Mechanismen hinter den disparaten Einkommensentwicklungen. Allerdings bliebe dieses Bild unvollständig, wenn nicht auf einige Veränderungen in den Beschäftigungsverhältnissen hingewiesen würde. So haben gerade für hochqualifizierte Beschäftigte die realen wöchentlichen Arbeitsstunden zugenommen (Wagner 2001). Hohe Einkommen werden häufiger nur gegen die Inkaufnahme von Unsicherheit gewährt (Giesecke/Groß 2007) oder sind mit hohen Belastungen verbunden (vgl. Siegrist/Thorell 2006), die auch negative Auswirkungen auf das Privatleben haben (Jurczyk et al. 2009, Diewald/Böhm 2010). Dass die zweifellos gestiegenen Belastungen im Arbeitsleben (European Foundation for the Improvement of Living and Working Conditions, 2007) sich bei den Niedrigqualifizierten bündeln während die Hochqualifizierten sich dagegen wehren können dürfte mittlerweile als widerlegt gelten. Mit anderen Worten: Es gibt Hinweise, dass hohe Einkommen zunehmend teurer erkauft werden.

Was die Entwicklung der Chancenverteilung zwischen *Frauen und Männern* angeht so wurde bereits darauf hingewiesen, dass sich die intergenerationalen Mobilitätschancen für westdeutsche Frauen deutlich verbessert haben. Das Gleich gilt für den Bildungsbereich. War der Rückstand der Frauen gegenüber den Männern beim Erreichen höherer Bildungsabschlüsse eine der Hauptdisparitäten vor der Bildungsexpansion, haben mittlerweile die Frauen bei den allgemeinbildenden Schulabschlüssen und -noten nicht nur aufgeholt, sondern die Männer bereits leicht überholt. Dies hängt mit größerem Fließ und systematischerem Arbeiten zusammen (Prenzel et al. 2006), aber es gibt auch Hinweise auf eine Benachteiligung von Jungen gegenüber Mädchen bei der Leistungsbeurteilung (Ditton 2004). Auch bei Studienabschlüssen haben Frauen, ausgehend von einem Fünftel der Absolventen Anfang der 1970er Jahre, mittlerweile die 50 Prozent-Marke knapp überschritten (Statistisches Bundesamt, verschiedene Jahrgänge). Bei der beruflichen Bildung sind Frauen jedoch im Hintertreffen, und sie wählen zudem fast ungebrochen vor allem Ausbildungsberufe und Studienfächer, die weniger einkommens- und prestigeträchtig sind (BMFSFJ 2005).

Auch im Bereich der Erwerbsarbeit lässt sich ein markanter Abbau von Geschlechterunterschieden für Westdeutschland beobachten. Dies gilt zunächst und vor allem für die Erwerbsbeteiligung und hier besonders für Mütter. Im internationalen Vergleich liegt Deutschland trotz dieser Steigerung jedoch nur im Mittelfeld vergleichbarer Länder (BMFSFJ 2005). In Ostdeutschland liegt die Erwerbsbeteiligung von Frauen generell und Müttern im besonderen deutlich höher als in Westdeutschland. Ausgehend von der DDR mit einer der weltweit höchsten Erwerbsquoten ist allerdings eine Ausbreitung von Teilzeitarbeit und Nichterwerbstätigkeit zu beobachten, die hauptsächlich der schwierigen Arbeitsmarktlage geschuldet ist (Holst/Schupp 2008). Zudem ist das Ausmaß einer nicht ausbildungsadäquaten Beschäftigung im Kohortenvergleich (Geburtskohorten 1919 bis 1971) trotz der anhaltenden Abgesänge auf das duale Ausbildungssystem zwar insgesamt bemerkenswert konstant, doch haben Mismatches zwischen Ausbildung und Beruf für Männer leicht zugenommen, während sie für Frauen drastisch abgenommen haben (Pollmann-Schult/Mayer 2005).

Trotz dieses Aufholens gibt es weiterhin markante Ungleichheiten. Frauen tragen ein höheres Arbeitslosigkeitsrisiko, sie haben mehr Erwerbsunterbrechungen aufgrund familialer Verpflichtungen und haben ein geringeres Einkommen (Rosenfeld/Trappe/Gornick 2004, Kurz 1998), haben immer noch ein erhöhtes Risiko unterwertiger Beschäftigung (Büchel 1998), und sie gelangen nur sehr schwer in Führungspositionen (BMFSFJ 2009). In der Perspektive des internationalen Vergleichs scheint der Wandel dennoch nur langsam vonstatten zu gehen und bleibt vor allem hinter dem in Skandinavien erreichten Stand weit zurück (Peterson/Morgan 2001). Geschlechterstereotype sind zählebig, Chancen werden bereits durch die oben angesprochene Fächerwahl in Ausbildung und Studium ungleich strukturiert sowie durch ungleiche Bezahlung in geschlechtersegregierten Berufen strukturiert (Achatz 2005). Allerdings scheint der Einfluss dieser Faktoren insgesamt zurückzugehen und sich mehr auf hierarchische Unterschiede innerhalb von Berufsgruppen zu konzentrieren (Aisenbrey/Brückner 2008).

Gleichzeitig besteht die ungleiche Verteilung der Hausarbeit zulasten der Frauen fort, auch wenn es eine Angleichung gegeben hat. Immer noch gilt, dass mit zunehmender Ehedauer sogar eine Retraditionalisierung stattfindet (Schulz/ Blossfeld 2006). Ob sich daraus in der Addierung mit dem Umfang der Erwerbsarbeit auch weiterhin eine Benachteiligung in der Gesamtarbeitszeit ergibt ist allerdings umstritten.

Die Ungleichheitslage von *Migranten* im Vergleich zur deutschstämmigen Bevölkerung hat sich im Zeitverlauf nicht verbessert und stellt heute eines der großen gesellschaftlichen Probleme dar. Bereits für die Flüchtlinge und Vertriebenen nach dem Zweiten Weltkrieg gab es durchaus massive Benachteiligungen im Bildung- und Beschäftigungssystem, obwohl hier keine großen Barrieren durch kulturelle Unterschiede und Sprachprobleme existierten. Es hat eine ganze Generation gebraucht, bis diese Benachteiligungen überwunden waren (Lüttinger 1989). Dagegen zeichnet sich für die nachfolgenden Migrantengruppen eine dauerhafte und sich nicht stabil positiv verändernde Unterschichtung der deutschstämmigen Bevölkerung ab, die sich in Bildungschancen, Chancen auf dem Arbeitsmarkt, Armutsrisiken und gesellschaftlicher Partizipation zeigt. Dabei gibt es allerdings erhebliche Unterschiede zwischen den verschiedenen Migrantengruppen. Vor allem die türkischstämmigen Migranten erweisen sich als wenig erfolgreich im Bildungs- und Beschäftigungssystem (Söhn 2008). Eine Verbesserung der Situation findet nur schleichend statt. Ursachen für die Schlechterstellung im Bildungssystem sind allerdings wohl weniger in ethnischen Grenzziehungen zu finden als vielmehr in Sprachproblemen, dem niedrigen Bildungsniveau und der niedrigen beruflichen Position der Migrantenfamilien (Kalter/Granato/Kristen 2007).

Migranten stellen schließlich auch auf dem Arbeitsmarkt eine schlechter gestellte Gruppierung dar, und eine Verbesserung erfolgt nur langsam und in der Abfolge der Generationen. Durchschnittlich niedrigere berufliche Qualifikationen und Anerkennungsprobleme von Qualifikationen, die im Herkunftsland erworben wurden, stellen hierfür einen wesentlichen Mechanismus dar. Sie können jedoch nicht die gesamte Schlechterstellung erklären. Hier besteht noch erheblicher Forschungsbedarf im Hinblick auf spezifische Migrantengruppen mit ihren je unterschiedlichen Voraussetzungen (Kalter 2005). Vor allem türkische Jugendliche haben erhebliche Probleme mit der Arbeitsmarktintegration und fallen auch quantitativ als spezielle Gruppierung ins Gewicht.

Lebensformen und Alter sind als neue Determinanten der Ungleichheitsstruktur zunehmend in den Fokus der Ungleichheitsforschung geraten, da sich hier über die letzten Jahrzehnte mehrere bemerkenswerte Verschiebungen ergeben haben. Im Zeitverlauf gab es eine Verschiebung der dominanten Armutsrisiken weg von älteren Frauen, die in den 1960er Jahren weitaus am stärksten von Armut betroffen waren, hin zu jüngeren Menschen, vor allem Kindern und Jugendlichen (zusammenfassend: Hradil 2001:252ff). Vor allem Alleinerziehende und Familien mit mehreren Kindern gehören zu den am stärksten und immer häufiger betroffenen Risikogruppen. Diese Entwicklung hält derzeit weiterhin an, auch wenn in Folge unstetigerer Erwerbsverläufe und der demografischen Entwicklung Altersarmut in Zukunft wohl wieder ansteigen dürfte.

Die mit der Flexibilisierung der Erwerbsarbeit einhergehenden Arbeitsmarktrisiken konzentrieren sich ebenfalls bei den Jüngeren, nämlich den Berufseinsteigern, die eine längere Zeit bis zur beruflichen Etablierung benötigen (vgl. die Beiträge in Szydlik 2008). Dadurch werden auch Pläne der Familiengründung erschwert, das heißt für jüngere Menschen ist die Abstimmung zwischen Berufs- und Privatleben zu einem lebensphasenspezifischen, ungleichheitsrelevanten Problem geworden, das es in dieser Form unter den Bedingungen der „alten Arbeitsgesellschaft" nicht gegeben hat (Brose/Diewald/Goedicke 2004).

Die Abhängigkeit der Erwerbsbeteiligung und der Erfolgschancen auf dem Arbeitsmarkt von der familialen Konstellation hat sich jedoch insgesamt über die letzten Jahrzehnte markant verringert. Mutterschaft stellt zwar immer noch ein Karrierehindernis dar, aber weniger ausgeprägt. Umgekehrt hat sich für Männer die positive Bedeutung von Ehe und Vaterschaft für beruflichen Erfolg abgeschwächt (Pollmann-Schult 2010). Insgesamt ändert dies nichts daran, dass Familie und Alter mittlerweile zu den mit am häufigsten thematisierten, auch unter Gerechtigkeitspunkten als problematisch angesehenen Ursachen sozialer Ungleichheiten geworden sind (Kaufmann 2005).

Mit der deutschen Wiedervereinigung 1990 kam schließlich auch die Angleichung der Lebensverhältnisse in *Ost- und Westdeutschland* auf die Tagesordnung. Die beiden zentralen Fragen lauten: Gibt es nach den erwartbaren Anpassungsproblemen der ersten Transformationsphase in beiden Teilen eine Entwicklung hin zu einem vergleichbaren Lebensniveau oder verharren die Unterschiede auf dem Niveau einer Unterschichtung Westdeutschlands durch die östlichen Bundesländer? Und zweitens: Gibt es in beiden Teilen Deutschlands eine vergleichbare Chancenstruktur? Trotz der raschen Anhebung der materiellen Lebensbedingungen nach der Wende muss hinsichtlich der ersten Frage ein stabil bleibender beträchtlicher Niveauunterschied zwischen Ost- und Westdeutschland konstatiert werden (Diewald et al. 2006). Er betrifft zunächst die Arbeitsmarkrisiken und die durchschnittlichen Löhne und Gehälter, auch wenn die Unterschiede in der Kaufkraft deutlich geringer ausfallen als im nominalen Vergleich. Die beruflichen Aufstiegschancen sind vor allem aufgrund schlechterer zwischenbetrieblicher Arbeitsmärkte geringer als in Westdeutschland, während das Arbeitslosigkeitsrisiko bei etwa dem doppelten des westdeutschen Niveaus stagniert, zudem mit einem höheren Anteil an Dauerarbeitslosigkeit (Diewald 2006). Auch bei der intergenerationalen Mobilität (Pollak 2008) zeigt sich eine unterschiedliche Chancensituation: Die mittlerweile gleiche Häufigkeit von Auf- und Abstiegen in Ostdeutschland stellt nicht nur im innerdeutschen Vergleich, sondern auch im internationalen Maßstab eine besonders schlechte Sondersituation dar. Zudem ist der Trend in den letzten Jahren negativ gewesen. Schließlich gibt es auch deutlich geringere Chancen auf Vermögensbildung (BMAS 2008), etwa durch Erbschaften (Schupp/Szydlik 2004).

Die Chancenstruktur Ostdeutschlands zeigt unterschiedliche Tendenzen im Hinblick auf eine Angleichung an Westdeutschland. Die Chancenungleichheiten zwischen verschiedenen Bevölkerungsgruppen haben sich insgesamt weitgehend angeglichen. Dies gilt allerdings auch für weniger wünschenswerte Entwicklungen. Die ehemals deutlich höhere Chancengleichheit zwischen Männer und Frauen auf dem Arbeitsmarkt hat stark abgenommen. Es zeigen sich gegenläufig zu längerfristigen Entwicklung in Westdeutschland sogar neue problematische Tendenzen einer zunehmenden Schließung von Klassenschicksalen, indem sich der Einfluss der sozialen Herkunft auf die Klassenlage im letzten Jahrzehnt spürbar vergrößert hat. Der langjährige, im Hinblick auf Geschlecht und Qualifikation selektive Bevölkerungsverlust Ostdeutschlands ist das wohl sichtbarste Menetekel dieser Schlechterstellung Ostdeutschland, auch wenn die Abwanderung mittlerweile gestoppt zu sein scheint.

5 Resümee: Fiktionen und Fakten

Wie hat sich nun, alles in allem betrachtet, die Ungleichheitsstruktur in Deutschland über die Jahrzehnte entwickelt? Bis kurz vor der Jahrtausendwende wäre es nach der Überwindung der Nachkriegsturbulenzen nicht überzogen, von einer langen Phase stabiler Verhältnisse bei zunächst steil, dann langsamer steigendem Wohlstand für fast alle zu sprechen. Jedoch ist es mehr als ein Wermutstropfen, dass sich zu Beginn der 1970er Jahre eine Massenarbeitslosigkeit etablierte und verfestigte, die vor allem die gering Qualifizierten immer mehr aus der dauerhaften Integration in den Arbeitsmarkt hinausgedrängt hat und weiter drängt. Gegen die Schicksalhaftigkeit mancher Darstellungen dieses Sachverhalts muss zudem eingewendet werden, dass Deutschland im internationalen Vergleich keineswegs gut dasteht, sondern gerade der Verfestigung von Dauerarbeitslosigkeit in anderen Ländern besser begegnet wurde. Nicht zuletzt darin zeigt sich die ungebrochene Bedeutung von Bildung für Arbeitsmarkt- und Lebenschancen.

Dennoch scheinen selbst für diese Zeit Darstellungen einer wie in Stein gemeißelten Chancenstruktur deutlich überzogen. Insbesondere die Chancenentwicklung für Frauen bildete davon eine Ausnahme und war insgesamt bemerkenswert positiv, sowohl im Bildungssystem als auch in der Beschäftigungsentwicklung und auf dem Arbeitsmarkt. Im internationalen Vergleich führte sie allerdings Deutschland nicht auf einen Spitzenplatz, sondern blieb gemessen an den propagierten Gleichheitspostulaten und der Entwicklung in anderen Ländern zurück. Für Ostdeutschland bedeutete die Entwicklung nach der Wende sogar einen Rückschritt. Auch wenn Universitäten immer noch Bastionen der Bildung höherer Schichten sind: Die Chancenerweiterung ist nach neueren Ergebnissen nicht nur für unterschiedliche Regionen und Konfessionen, sondern auch für Herkunftsklassen insgesamt nicht mehr zu bestreiten. Die vielfache Diagnose eines besonders rigiden und starren Zusammenhangs zwischen Herkunft, Bildung und Beruf ist insofern korrekturbedürftig, aber im internationalen Vergleich steht Deutschland dennoch auch hier keineswegs an der Spitze der Chancengleichheit. Deutschland besitzt immer noch ein frühe Schließungen produzierendes Lebenslaufregime mit erheblichen Diskrepanzen zwischen als gerecht geltenden und realen Chancenverteilungen. Die Wahrnehmung und Bewertung dieser Diskrepanzen unterscheidet sich jedoch erheblich zwischen einer historisch und einer international vergleichenden Perspektive.

Es gibt zudem zwei große und wichtige Ausnahmen dieser Chancensteigerung: Weder Migranten noch Ostdeutsche konnten Benachteiligungen aufholen, und dies gilt beides generationenübergreifend. Die Ursachen dafür liegen nicht direkt sichtbar auf der Hand. Bei den Migranten gibt es intern große Unterschiede

im Integrationsgrad, und ein Großteil der Benachteiligung im Bildungssystem
dürfte letztlich auf den Einfluss der geringen Bildung und des geringen Status
der Eltern zurückzuführen sein, weniger auf ethnische Zugehörigkeit oder den
Migrantenstatus per se. Ähnliches gilt hinsichtlich der schlechteren Integration
und der geringeren Chancen in den Arbeitsmarkt. In Ostdeutschland wurden nicht
etwa besonders diskriminierende Bedingungen etabliert sondern die gleichen
Institutionen wie in Westdeutschland – dies jedoch zu einem Zeitpunkt, zu dem
diese bereits selbst in Diskredit gerieten und nicht in der Lage waren, die Bedingungen für eine dynamische Entwicklung angesichts des gestiegenen globalen
Wettbewerbs zu schaffen. Die schlechte Chancenstruktur zu Beginn des Transfor-
mationsprozesses wurde damit konserviert. In beiden Fällen manifestieren sich
die Grenzen eines Systems der Chancenverteilung zur Integration neuer Bevölkerungsgruppen, wenn die wirtschaftsstrukturelle Entwicklung keine passenden
Vakanzen zur Verfügung stellt. Das Hochqualitäts-Produktionsregime der Bundesrepublik basiert auf hoher Produktivität der Arbeitsplätze, um international
konkurrenzfähig zu sein, und das Bildungssystem auf der langjährigen Zuarbeit
der Eltern.

Abgesehen von diesen beiden wichtigen Einschränkungen war die Ungleichheitsentwicklung der Nachkriegszeit bis in die späten 1990er Jahre hinein bemerkenswert stabil. Das Ausmaß sozialer Ungleichheiten war im *internationalen Vergleich* unterdurchschnittlich (OECD 2008), allerdings mit nur mäßigen intergenerationalen wie intragenerationalen Aufstiegschancen. In der zweiten Hälfte der
1990er Jahre und dann verstärkt nach der Jahrtausendwende bekam dieses Bild
der Stabilität mit einzelnen Chancenöffnungen einige deutliche Risse. Über die
Dramatik dieser Entwicklungen und die Gewichtung spezifischer Betroffenheiten
mag man geteilter Meinung sein. Sowohl die Reduktion von beruflichen Aufstiegen als Quasi-Automatismus als auch vermehrte Risiken von Einkommens-
Abwärtsmobilität, die Verfestigung von Armuts- und Armutsrisikolagen und die
Abkopplung der „happy few" am oberen Ende der Ressourcenverteilung stellen
einen deutlichen Bruch mit der bisherigen Entwicklung dar. Diese Entwicklungen
fügen sich international in einen allgemeinen Trend der Zunahme von Ungleichheiten ein, doch das Spezifische an der deutschen Entwicklung ist die Geschwin-
digkeit der Zunahme, die deutlich größer als in fast allen anderen OECD-Ländern ist und Deutschland binnen vergleichsweise weniger Jahre von einer eher
niedrigen zu einer mittleren Position im Ausmaß der Ungleichheit geführt hat.
Quantitativ bedeutsam ist dabei vor allem die zunehmende Abkopplung der unteren Bildungs- und Einkommensschichten und das zunehmende Problem von
„working poor" trotz Vollzeitbeschäftigung (Nollmann 2009, Lohmann 2010).
Trotz durchaus vorhandener Tendenzen in diese Richtung dürfte eine „pluto-

cracy reborn" (The Nation 2008), wie vor allem in die USA thematisiert, weniger ins Gewicht fallen. Der Arbeitsmarkt ist zwar aufnahmefähig, doch heterogener und gespaltener, schwierig nicht nur für gering Qualifizierte, sondern auch für ältere Arbeitnehmer und Mütter. Zusammengenommen erscheint der Bruch mit der Phase der Konstanz groß genug, um die verbreitete Zunahme der Unzufriedenheit mit dem Haushalteinkommen, die Zunahme an Sorgen und subjektiver Bedrohung, den Verlust der Sicherheits- und Aufstiegserwartungen plausibel zu machen (Groh-Samberg 2005), auch wenn diese subjektiven Wahrnehmungen ein alarmierenderes Bild produzieren als es die tatsächliche Zunahme von Abstiegen und Prekarisierungen indiziert.

Ob die Rede von einer „prekarisierten" oder „schrumpfenden Mittelschicht" die beste Gesamt-Diagnose für diese Entwicklungen ist, kann in Zweifel gezogen werden. Sie suggeriert eine Annäherung der ehemals sicher- und bessergestellten breiten Mittelschicht an die Lebensverhältnisse der unteren Schichten. Für eine solche Diagnose scheinen die empirisch zweifelsfrei diagnostizierten zunehmenden Ängste ebenso wie der Umstand zu sprechen, dass es auch für bisher eher ungefährdete Bevölkerungsgruppen offensichtlich schwieriger geworden ist, ein sicheres, stabiles und gutes Einkommen zu erwirtschaften. Problematisch an dieser Diagnose ist allerdings, dass die Abstände entlang mehrerer Ungleichheitsdimensionen zwischen denen in der Mitte und denen unten deutlich gewachsen sind, während sich nur eine relativ kleine Minderheit sorgenfrei von einer *allgemein* zunehmenden Bedrohung abkoppeln kann.

Für diese offensichtlich gewordenen Veränderungen in der Ungleichheitsstruktur scheint die erst um die Jahrtausendwende herum eingetretene Kumulation und Konvergenz mehrerer Entwicklungen in Gesellschaft, Staat und Wirtschaft verantwortlich zu sein, die je für sich schon länger in den Sozialwissenschaften thematisiert wurden. Am frühesten, bereits in den 1970er und 1980er Jahren, fanden die kulturelle Durchsetzung individualistischer Orientierungen und die sich daran anschließende Pluralisierung von Lebensformen und Lebensstilen statt. Im Arbeitsmarkt wurden ebenso früh dramatische Veränderungen prognostiziert, doch haben sich größere Verwerfungen in Richtung einer Destandardisierung und Flexibilisierung der Erwerbsarbeit erst deutlich später ausgebreitet. Offensichtlich haben die Trägheit der entsprechenden Institutionen und der verzögerte Umbau von Arbeitsorganisationen die faktische Umsetzung der prophezeiten Veränderungen hinausgezögert. Möglicherweise hat sich bereits hier eine stärkere Ausdifferenzierung von Ungleichheitslagen ergeben, die die sozialstrukturelle Forschung mangels dafür geeigneter Konzepte – zu nennen wäre die Unterscheidung komplexer Beschäftigungsverhältnisse (Brose/Diewald/Goedicke 2004, Coyle-Shapiro et al. 2004) oder von Mikroklassen (Grusky/Weeden 2008) – nicht adäquat erfasst hat. Erst nachdem zusätzlich ab 2003 durch die Agenda 2010 die Individualisierung auch in den wohlfahrtsstaatlichen Institutionen umgesetzt wurde, wurden die Veränderungen in der Ungleichheitsstruktur in Deutschland in der Fläche sichtbar.

Damit komme ich abschließend zum Verhältnis zwischen soziologischen Realitätskonstruktionen der Ungleichheitsentwicklung und den Evidenzen der empirischen Sozialforschung zurück. Sicher gibt es inhärente Diskrepanzen zwischen immer neuen Deutungen und behaupteten Trendbrüchen einerseits und den in empirischen Untersuchungen manifestierten – aber auch theoretisch erwartbaren – Kontinuitäten von Ungleichheitsstrukturen andererseits (Mayer 2006). Wie schon bei der Diskrepanz zwischen den Perspektiven des historischen und des internationalen Vergleichs deutlich geworden ist, kann auch nicht regelhaft von einer Deckungsgleichheit von sozialstrukturellen Ungleichheiten und Repräsentationen von Ungleichheit ausgegangen werden (Barlösius 2005, Haller 2007). Bei genauerer Betrachtung erweisen sich einige Diskrepanzen allerdings auch nicht einfach als Inkongruenz, sondern sie sind zum Teil auf Diffusionsprozesse zurückzuführen, die Zeit benötigen und in der Diffusionsgeschwindigkeit überschätzt wurden: (Kulturelle) Entwicklungen in einem Teilbereich der gesellschaftlichen Entwicklung werden wahrgenommen und auf ihre Auswirkungen auf die Ungleichheitsstruktur hin thematisiert. Deren volle Wirkung entfaltet sich jedoch erst dann, wenn (institutionelle) Diffusionsprozesse vorangeschritten sind, und wie eben dargestellt kann dann die kulturelle Liberalisierung nicht wie ursprünglich in den Vordergrund gestellt vertikale Ungleichheitslinien untergaben sondern sogar umgekehrt längerfristig zu ihrer Verfestigung beitragen.

Stellt man dies alles in Rechnung, erscheint die Kritik Wehlers (2008:117f) an der soziologischen Analyse und Deutung der Ungleichheitsentwicklung im Nachkriegsdeutschland in einem anderen Licht. Sie trifft sich mit der Einschätzung vieler Soziologen in dem Punkt, dass das „anything goes" und die weitgehende Relativierung von Macht und Hierarchie in der kulturalistischen Wende der Ungleichheitsforschung in den 1980er Jahren eine bereits damals und mehr noch von heute aus rückblickend betrachtet befremdliche Realitätskonstruktion gewesen ist. In der Gesamteinschätzung der soziologischen Ungleichheitsdiagnose überhöht seine Kritik jedoch paradoxer Weise gerade diese Fehlleistung, indem er in der Soziologie selbst immer vorhandene theoretische Kritik an dieser Strömung und die zentral in der Soziologie und Mikroökonomie geleistete gesellschaftliche Dauerbeobachtung der Ungleichheitsentwicklung nur kurz erwähnt und vor lauter berechtigtem Verweisen auf die Persistenz der Klassenstruktur die Entdeckung neuer Ungleichheitsstrukturen unter Einschluss von Generationen und Lebensformen übersieht. Der kontinuierliche und andauernde Ausbau der

Sozialforschungs-Infrastruktur, v. a. im Hinblick auf Längsschnitt, spielte und spielt weiterhin eine wichtige Rolle für die Analyse sozialer Ungleichheiten, die sich aus guten Gründen eben nicht allein auf deren Repräsentationen und Bünde-lung zu schlagwortartigen oder bindestrichgesellschaftsartigen Gegenwartsdiag-nosen verlassen kann. Aber es gilt auch: In der Auseinandersetzung mit zunächst nicht sozialstrukturell verifizierten, über die bisherige Langzeitbeobachtung hin-ausreichenden oder auch davon abweichenden Gesellschaftsdiagnosen kann die empirische Analyse von Ungleichheitsstrukturen mit Revisionen ihres Instrumen-tariums reagieren und darüber zu neuen Deutungen kommen. Im Hinblick auf die Auswirkungen der Individualisierung hat sie dies nicht ausreichend getan, denn die dort thematisierten Persönlichkeitseigenschaften und psychischen Pro-zesse wurden lange nicht in die Dauerbeobachtung gesellschaftlichen Wandels aufgenommen, ihre Auswirkungen damit genauso wenig adäquat abgeschätzt wie in deren Originalversion, der dies zum Vorwurf gemacht wurde (Diewald/Mayer 2009).

Literatur

Achatz, J., 2005: Geschlechtersegregation auf dem Arbeitsmarkt. In: Abraham, M./Hinz, T. (Hg.): Arbeitsmarktsoziologie. Probleme, Theorien, empirische Befunde. Wiesbaden: VS, 263-302.

Aisenbrey, S.; Brückner, H., 2008: Occupational aspirations and the gender gap in wages. In: European Sociological Review, Vol. 24, No. 5, S. 633-649.

Baethge, M., 2007: Das deutsche Bildungs-Schisma: Welche Probleme ein vor-industrielles Bildungssystem in einer nachindustriellen Gesellschaft hat. In: SOFI-Mitteilungen 34, 13–27.

Barlösius, E., 2005: Die Macht der Repräsentation. Common Sense über soziale Ungleichheiten. Wiesbaden: VS Verlag.

Bauer, F.; Groß, H.; Lehmann, K.; Munz, E.(2004): Arbeitszeit 2003. Arbeitszeit-gestaltung, Arbeitsorganisation und Tätigkeitsprofile. ISO Institut zur Erfor-schung sozialer Chancen. Köln 2004.

Beck, U., 1986: Risikogesellschaft. Auf dem Weg in eine andere Moderne. Frank-furt: Suhrkamp, 121-160.

Berger, P.; Sopp, P., 1992: Bewegte Zeiten? Zur Differenzierung von Erwerbsver-laufsmustern in Westdeutschland. In: Zeitschrift für Soziologie 21, 166-185.

Berking, H.; Neckel, S., 1990: Die Politik der Lebensstile in einem Berliner Bezirk. Zu einigen Formen nachtraditionaler Vergemeinschaftung. In: Peter

A. Berger und Stefan Hradil (Hrsg.): Lebenslagen, Lebensläufe, Lebensstile (Soziale Welt, Sonderband 7), Göttingen: Schwartz, 481 - 500.

Becker, I.; Grabka, M.; Frick, J. und Westerheide, P., 2008: Integrierte Analyse der Einkommens- und Vermögensverteilung, Bundesministerium für Arbeit und Soziales, Berlin.

BMFSFJ (Bundesminsterium für Familie, Senioren, Frauen und Jugend), 2009: Führungskräfte-Monitor 2001 – 2006. Bearbeitet von E. Holst u.a. Forschungsreihe Band 7. Baden-Baden: Nomos

BMFSFJ (Bundesminsterium für Familie, Senioren, Frauen und Jugend), 2005: Gender-Datenreport. Bonn.

BMAS (Bundesminsterium für Arbeit und Soziales)(Hrsg.), 2001: Lebenslagen in Deutschland. Materialband zum ersten Armuts- und Reichtumsbericht der BRD. Bonn.

Bourdieu, P., 1982: Die feinen Unterschiede. Kritik der gesellschaftlichen Urteilskraft. Frankfurt a. M.: Suhrkamp.

Braverman, H., 1977: Die Arbeit im modernen Produktionsprozess, Frankfurt am Main, New York: Campus.

Brose, H.G.; Diewald, M.; Goedicke, A., 2004: Arbeiten und Haushalten. Wechselwirkungen zwischen betrieblichen Beschäftigungspolitiken und privater Lebensführung. In: Olaf Struck und Christoph Köhler (Hrsg.), Beschäftigungsstabilität im Wandel? München/Mering: Rainer Hampp Verlag, 287-310.

Büchel, F., 1998: Unterwertig Erwerbstätige - Eine von der amtlichen Statistik übersehene Problemgruppe des Arbeitsmarktes. In: Jürgen Schupp; Felix Büchel; Martin Diewald (Hrsg.), Arbeitsmarktstatistik zwischen Realität und Fiktion, Berlin, 113-129.

Coyle-Shapiro, J./Shore, L. M./Taylor, S./Tetrick, L. (eds.):The Employment Relationship: Examining Psychological and Contextual Perspectives. Oxford University Press, Oxford.

De Swaan, A., 1993: Der sorgende Staat: Wohlfahrt, Gesundheit und Bildung in Europa und den USA der Neuzeit. Frankfurt/New York: Campus.

Diewald, M.; Goedicke, A.; Mayer K.-U., 2006: After the Fall of the Wall. East German Life Courses in Transition Stanford: Stanford University Press.

Diewald, M. 2006. The Quest for a Double Transformation. Trends of Flexibilisation in the Labor Markets of East and West Germany. In After the Fall of the Wall. East German Life Courses in Transition, eds. Martin Diewald, Anne Goedicke und Karl Ulrich Mayer. Stanford: Stanford University Press, 269-292.

Diewald, M., 1994: Strukturierung sozialer Ungleichheiten und lebensstil-Forschung. In: Richter, R. (Hrsg.): Sinnbasteln. Wien: Böhlau, 12-35.

Diewald, M.; Böhm, S., 2010: Work and Nonwork Determinants of the Work-to-Family-Conflict. Presentation at the BSA Annual Conference, Glasgow, 7th April 2010.

Diewald, M./Mayer, K. U., 2009: The Sociology of the Life Course and Life Span Psychology. Integrated Paradigm or Complementing Pathways?, in: Advances in Life Course Research 14, 5-14.

Diewald, M.; Sill, S., 2004: Mehr Risiken, mehr Chancen? Trends in der Arbeitsmarktmobilität seit Mitte der 1980er Jahre. In: Olaf Struck und Christoph Köhler (Hrsg.), Beschäftigungsstabilität im Wandel? München/Mering: Rainer Hampp Verlag, 39-62.

Ditton, H., 2004: Der Beitrag von Schule und Lehreren zur Reproduktion von Bildungsungleichheit. In: Becker, R. und Lauterbach, W. (Hrsg.): Bildung als Privileg? Erklärungen und Befunde zu den Ursachen der Bildungsungleichheit. Wiesbaden: VS Verlag, 251-280.

Bundesministerium für Arbeit und Soziales. (BMA), 2008: Der Dritte Armuts- und Reichtumsbericht der Bundesregierung. Berlin.

European Foundation for the Improvement of Living and Working Conditions, 2007: Work-related stress. Dublin.

Frick, J.; Grabka, M., 2009: Gestiegene Vermögensungleichheit in Deutschland. Wochenbericht des DIW Berlin 76(4), 54-67.

Garhammer, M., 2007: Time Pressure and Quality of Life, in: van der Lippe, Tanja et al. (eds.): Competing Claims in Work and Family Life, Cheltenham: Edward Elgar 2007, S. 21-40

Geißler, R., 2006: Die Sozialstruktur Deutschlands. Wiesbaden: VS Verlag (4. Aufl.).

Giesecke, J.; Groß, M., 2007: Flexibilisierung durch Befristung. Empirische Analysen zu den Folgen befristeter Beschäftigung. In: Bernd Keller und Hartmut Seifert (Hrsg.). Atypische Beschäftigung - Flexibilisierung und soziale Risiken. Berlin: edition sigma, 83-105.

Giesecke, J.; Verwiebe, R., 2009: The Changing Wage Distribution in Germany between 1985 and 2006. Journal of Applied Social Science Studies 14, 191-202.

Giesecke, J.; Verwiebe, R., 2009b: Wachsende Lohnungleichheit in Deutschland. Qualifikations- und klassenspezifische Determinanten der Entlohnung zwischen 1998 und 2006. Berliner Journal für Soziologie 18, 531-555.

Goebel, J.; Habich, R.; Krause, P., 2004: Einkommen, Verteilung, Armut und Dynamik. In: Statistisches Bundesamt (Hrsg.): Datenreport 2004. Bonn, 623-638.

Gorz, A., 1983: Wege ins Paradies. Thesen zur Krise, Automation und Zukunft der Arbeit. (Originaltitel: Les chemins du paradis. Aus dem Französischen von Eva Moldenhauer.) Berlin: Rotbuch Verlag.

Grabka, M.; Frick, J., 2008: Schrumpfende Mittelschicht in Deutschland – Anzeichen einer dauerhaften Polarisierung der verfügbaren Einkommen. Wochenbericht des DIW Berlin 75 (10), 101-108.

Groh-Samberg, O. 2005: Zur Aktualität der sozialen Frage. Trendanalysen sozialer Ausgrenzung 1984-2004, WSI-Mitteilungen 58, Heft 11, 616-623.

Grusky, D. B./Weeden, K. A., 2008: Are There Social Classes? An Empirical Test of the Sociologist's Favorite Concept, in: *Lareau, A./Conley, D.* (Hrsg.), Social Class: How Does it Work? New York: Russell Sage Foundation, 65–89.

Haller, M., 2007: Auf dem Weg zu einem europäischen Sozialstrukturparadigma? Folgerungen aus einer wissenssoziologischen Analyse der dominanten Ungleichheitstheorien in Deutschland, Frankreich, Großbritannien und den USA, in: *Rehberg, K. -S* (Hrsg.), Soziale Ungleichheit, Kulturelle Unterschiede. Verhandlungen des 32. Kongresses der Deutschen Gesellschaft für Soziologie in München 2004. Frankfurt a. M./New York: Campus, 293-310.

Holst, E.; Schupp. J., 2008: Situationen und Erwartungen auf dem Arbeitsmarkt. In: Datenreport 2008, Statistisches Bundesamt, Gesis und WZB (Hrsg.), 122-128.

Hradil, S., 2001: Soziale Ungleichheit in Deutschland, 8. Aufl., Opladen: Leske und Budrich.

Jackson, M.; Goldthorpe, J. H.; Mills, C., 2005: Education, Employers and Class Mobility. In: Research in Social Stratification and Mobility 23, 3-33.

Jurczyk, K.; Schier, M.; Szymenderski, P.; Lange, A.; Voß, G., 2009: Entgrenzte Arbeit – entgrenzte Familie. Grenzmanagement im Alltag als neue Herausforderung. Berlin: edition sigma.

Kalina, T., 2008: Niedriglohnbeschäftigung in Deutschland – Sprungbrett oder Sackgasse? Arbeit 17(1), 21-37.

Kalter, F., 2005: Ethnische Ungleichheit auf dem Arbeitsmarkt. In: M. Abraham; T. Hinz, (Hrsg.), Arbeitsmarktsoziologie. Wiesbaden: VS Verlag, 303-332.

Kalter, F.; Granato, N.; Kristen, C., 2007: Disentangling Recent Trends of the Second Generation's Strucutral Assimilation in Germany. In: S. Scherer; R. Pollak; G. Otte; M. Gangl, (Hrsg.); From Origin to Destination. Frankfurt: Campus, 214-245.

Kaufmann, F.X., 2005: Schrumpfende Gesellschaft. Vom Bevölkerungsrückgang und seinen Folgen. Frankfurt a.m.: Suhrkamp.

Lehndorff, S. 2003: The Long Good-Bye? Tarifvertragliche Arbeitszeitregulierung und gesellschaftlicher Arbeitszeitstandard. Industrielle Beziehungen, 10. Jg., Nr. 2, S. 273-295.

Lessenich, S., 2008: Die Neuerfindung des Sozialen. Bielefeld: transcript – verlag für Kommunikation, Kultur und soziale Praxis.

Lohmann, H., 2010: Armut von Erwerbstätigen im europäischen Vergleich: Erwerbseinkommen und Umverteilung. Kölner Zeitschrift für Soziologie und Sozialpsychologie 62: 1-30.

Lott, M., 2010: Soziodemografische Muster der Qualifikationsstruktur von Erwerbstätigkeit und Unterbeschäftigung. IAB-Forschungsbericht Nr. 2/2010. Nürnberg: Institut für Arbeitsmarkt- und Berufsforschung.

Lüttinger, P., 1989: Integration der Vertriebenen. Eine empirische Analyse. Frankfurt a. M./New York: Campus.

Lutz, B., 1984: Der kurze Traum immerwährender Prosperität, Frankfurt a. M./ New York: Campus.

Mayer, K.U., 2006: Sinn und Wirklichkeit. Beobachtungen zur Entwicklung sozialer Ungleichheiten in (West-) Deutschland nach dem zweiten Weltkrieg. In: K.-S. Rehberg (Hrsg.), Soziale Ungleichheit. Kulturelle Unterschiede. Verhandlungen des des 32. Kongresses der Deutschen Gesellschaft für Soziologie 2004. Frankfurt a. M.: Campus, 1329-1356.

Mayer, K.U.; Blossfeld, H.-P., 1990: Die gesellschaftliche Konstruktion sozialer Ungleichheit im Lebenslauf. In: P. A. Berger; S. Hradil (Hrsg.), Lebenslagen, Lebensläufe, Lebensstile. Sonderband 7 der Sozialen Welt. Göttingen: Schwartz, 297-318.

Nollmann, G., Working poor: Eine vergleichende Längsschnittstudie für Deutschland und die USA. Kölner zeitschrift für Soziologie und Sozialpsychologie 61, 33-55.

OECD, 2008: Mehr Ungleichheit trotz Wachstum? - Einkommensverteilung und Armut in OECD-Ländern. Paris.

OECD 2008b: Education at a Glance. Paris

Petersen, T., Morgan, l., 2001: The Within-Job Gender Wage Gap. In: D. B.Grusky (ed.), Social Stratfication. Class, Race and Gender in Sociological Perspective, 2nd revised edition. Boulder. 134-742.

Pollmann-Schult, M.; Mayer, K. U., 2005: Returns to skills: vocational training in Germany 1935-2000. Yale Journal of Sociology, 73-98.

Pollmann-Schult, M., 2010: Marriage and Earnings: Why do married men earn more than single men? European Sociological Review, im Erscheinen.

Pollak, R., 2008: Soziale Mobilität. In: Datenreport 2008. Statistisches Bundesamt, Gesis und WZB (Hrsg.), 180-187.

Prenzel, M. et al., 2006: PISA 2006. Die Ergebnisse der dritten internationalen Vergleichsstudie. Zusammenfassung. PISA Konsortium Deutschland.

Reinberg A.; Hummel M., 2007: Qualifikationsspezifische Arbeitslosigkeit im Jahr 2005 und die Einführung der Hartz-IV-Reform – Empirische Befunde und methodische Probleme. IAB-Forschungsbericht Nr.9/2007. Nürnberg: Institut für Arbeitsmarkt- und Berufsforschung.

Rössel, J., 2005: Plurale Sozialstrukturanalyse. Wiesbaden: VS Verlag.

Rosenfeld, R. A., Trappe, H.; Gornick, J. C., 2004: Gender and Work in Germany. Before and After Reunification. In: Annual Review of Sociology 30, 103-124.

Sachverständigenrat zur Begutachtung der gesamtwirtschaftlichen Entwicklung 2010: Jahresgutachten 2009/10. Wiesbaden: Statistisches Bundesamt.

Schank, T.; Schnabel, C.; Stephani, J., 2008: Geringverdiener: Wem und wie gelingt der Aufstieg? IAB-Discussion Paper 14, Nürnberg.

Schelsky, H., 1965: Die Bedeutung des Schichtungsbegriffes für die Analyse der gegenwärtigen deutschen Gesellschaft. In: ders. (Hrsg.), Auf der Suche nach Wirklichkeit. Gesammelte Aufsätze, Düsseldorf, 331-336.

Schulz, F.; Blossfeld, H. P., 2006: Wie verändert sich die häusliche Arbeitsteilung im Eheverlauf? Eine Längsschnittanalyse der ersten 14 Ehejahre in Westdeutschland. In: Kölner Zeitschrift für Soziologie und Sozialpsychologie, 58, (1), 23-49.

Schupp, J.; Szydlik, M., 2004: Zukünftige Vermögen – wachsende Ungleichheit. In: M. Szydlik (Hrsg.), Generation und Ungleichheit. Wiesbaden: Verlag für Sozialwissenschaften, 243-264.

Sennett, R., 1998: Der flexible Mensch. Die Kultur des neuen Kapitalismus. Berlin-Verlag, Berlin.

Siegrist J.; Theorell T., 2006: Socio-economic position and health. The role of work and employment. In: J. Siegrist, M. Marmot (Eds.), Social Inequalities in Health: New Evidence and Policy Implications. Oxford University Press, Oxford, 73-100.

Statistisches Bundesamt: Statistisches Jahrbuch. Verschiedene Jahrgänge. Wiesbaden.

Szydlik, M., 2008: Flexibilisierung. Folgen für Arbeit und Familie. Wiesbaden: VS Verlag.

The Nation, June 30, 2008: „Plutocracy Reborn. Re-creating the Gap that Gave Us the Great Depression".

Vogel, B., 2006: Soziale Verwundbarkeit und prekärer Wohlstand. Für ein verändertes Vokabular sozialer Ungleichheit. In: Heinz Bude, Andreas Willisch (Hrsg.), Das Problem der Exklusion. Ausgegrenzte, Entbehrliche, Überflüssige. Hamburg: Hamburger Edition, 342-355.

Wehler, H.-U., 2008: Deutsche Gesellschaftsgeschichte. Band 5: Bundesrepublik Deutschland und DDR 1949–1990. München: Beck.

Die Familie im Wandel

Rosemarie Nave-Herz

1 Zur Einführung

Skizzierung der Ausgangslage aufgrund der empirischen Forschungsbefunde und Auflistung der aktuellen Deutungsmuster über den abgelaufenen familialen Wandel.

Die ersten großen empirischen Forschungsprojekte in Deutschland nach dem Zweiten Weltkrieg – vor ca. 60 Jahren – waren nicht industrie- oder stadtsoziologischen oder sozialpolitischen Themen o. ä. gewidmet, wie man aufgrund der Kriegsfolgen und der gesellschaftlichen Situation in der deutschen Nachkriegszeit vermuten möchte, sondern familiensoziologischen. Im Zuge der anglo-amerikanischen Bemühungen um Re-Education wurden zweckgebundene Forschungsgelder aus den USA für Untersuchungen zur Verfügung gestellt. Es sollten untersucht werden: die Veränderungen und Auflösungserscheinungen der familialen Beziehungen durch die Kriegsschicksale (Vertreibung, Abwesenheit der Väter durch Kriegsgefangenschaft, Arbeitslosigkeit, Armut u.a.m.) und ebenso der Zusammenhang zwischen der Sozialisation in deutschen Familien und der Herausbildung autoritärer Persönlichkeitsstrukturen, die für einen „deutschen Nationalcharakter" kennzeichnend sein sollten (vgl. ausführlicher Nave-Herz 1989, 1ff.). Die Ergebnisse dieser Untersuchungen (von Thurnwald 1948, Wurzbacher 1951, Schelsky 1953, Baumert 1954, König 1957/2002, 233ff. u.a.m.) zeigten jedoch, dass den theoretischen Erörterungen, vor allem den zeitkritischen Abhandlungen, die empirischen Befunde widersprachen.

Wenn auch an einigen dieser Untersuchungen methodische Mängel zu konstatieren sind, zeigten sie alle, dass von einer autoritär-patriachalischen Struktur bei der weit überwiegenden Zahl von Familien im damaligen Deutschland nicht die Rede sein konnte. Ferner bewiesen diese Erhebungen, dass sich die moderne Kernfamilie und selbst die Verwandtschaft gerade auch in Notzeiten als stabiler erwiesen hatte, als allgemein in der Öffentlichkeit, aber auch in der Wissenschaft angenommen worden war. Zwar waren die Ehescheidungszahlen Ende der 1949/1950er Jahre auf ihr bis dahin höchstes Niveau gestiegen, u.a. eine Folge vieler übereilter „Kriegstrauungen" (seitdem sanken sie wieder und erreichten diese Höhe erst erneut Ende der 1970er Jahre). Doch dieser Sachverhalt steht ebenso in keinem Widerspruch zu den zuvor genannten empirischen Ergebnissen. Denn analytisch ist zwischen Ehe und Familie zu differenzieren. Schon allein rechtlich ist eine Ehescheidung eine „Vertragskündigung" der ehelichen, nicht der familialen Beziehungen (vgl. Abschnitt 5 in diesem Beitrag). In einer wissenschaftlichen Abhandlung bzw. bei einer Erörterung über die Frage nach dem Wandel der Familie muß deshalb eine begriffliche Klärung am Anfang stehen, was im nächsten Abschnitt erfolgen soll.

Auch für die weitere Zeit galt, dass sowohl die theoretischen Erörterungen als auch das gesellschaftliche Alltagswissen über die Familie eine Reihe von falschen Generalisierungen über die moderne Familie enthielten. Ziel meines Beitrages soll es deshalb sein, einige derzeit gängige theoretische Thesen über den abgelaufenen familialen Wandel von 1949 bis heute mit den Ergebnissen der empirischen Sozialforschung zu konfrontieren. Diese Vorgehensweise bietet sich insofern an, als in den letzten Jahren eine Vielzahl von empirischen Erhebungen über die derzeitige Familiensituation und über den Wandel von Ehe und Familie durchgeführt wurde. Dieser Forschungs-„Output" wurde erleichtert und z. T. angeregt durch die vielen nunmehr zur Verfügung stehenden großen Datensätze und Panel-Erhebungen. Leider werden aber diese Forschungsergebnisse in vielen theoretisch orientierten wissenschaftlichen Abhandlungen, vor allem aber in den Massenkommunikationsmitteln, kaum zur Kenntnis genommen und somit auch die Alltagsvorstellungen über den familialen Wandel in der Öffentlichkeit nicht korrigiert.

So wird und wurde, beginnend bereits im 19. Jahrhundert (vgl. Nave-Herz 2010), in zahlreichen Veröffentlichungen auf die erhöhte Instabilität von Ehe und Familie und auf ihre sinkende Verbindlichkeit hingewiesen und diese Entwicklung als Deinstitutionalisierungsprozess der Familie gedeutet. Einige gegenwärtige Autoren betonen zwar ebenfalls den gestiegenen Traditionsverlust, bedauern aber die zugenommene Auflösung fester Verbindlichkeiten nicht, sondern stellen den damit verbundenen Gewinn an individueller Freiheit heraus und vor allem die damit einhergehende mutmaßliche Chance, zwischen verschiedenen Formen menschlichen Zusammenlebens wählen zu können. Sie benennen diese Entwicklung mit „Individualisierungsprozess" (vgl. z. B. Beck 1986; Beck und Beck-Gernsheim 1990; Zapf 1992; Barabass; Erler 2002). Dieser Wandel resultiere aus der ökonomischen Wohlstandssteigerung, dem sozialstaatlichen Absicherungssystem, dem gestiegenen Bildungsniveau, vor allem der Frauen u.a.m. Er habe auch dazu geführt, dass es „die Familie" nicht mehr gebe, sondern nur „Familien". Während die Deinstitutionalisierungsthese also stärker den Bedeutungsverlust von Ehe und Familie und damit auch den quantitativen Rückgang der „Normalfamilie" (d.h. der Zwei-Eltern-Familie) betont, wird mit der Individualisierungsthese die Aufgabe des begrifflichen Konstruktes „Familie" gefordert und die Pluralität von Familienformen herausgestellt (vgl. hierzu vor allem Beck 1990, 43).

Da in einem kurzen Beitrag nicht alle Dimensionen des familialen Veränderungsprozesses erörtert werden können, konzentriere ich mich im Folgenden auf diese in der Öffentlichkeit und auch in der Wissenschaft gängigen Deutungsmuster über familialen Wandel, nämlich auf die Thesen des „Schrumpfenden Familiensektors" und der „gestiegenen Pluralität von Familienformen" und auf die Behauptung der „Abnahme der subjektiven Wertschätzung der Familie". Hierzu ist - wie bereits betont - als erstes eine Begriffsklärung notwendig. Im letzten Abschnitt meines Beitrages skizziere ich die in den letzten Jahrzehnten sich ausgeprägten Diskontinuitäten zwischen dem allgemeinen Modernisierungsprozess und dem zeitgeschichtlichen Wandel von Familie.

2   Zum Begriff „Familie"

Den Thesen über die „gestiegene Pluralität von Familienformen" und über den „schrumpfenden Familiensektor" ist gemeinsam, dass sie zeitgeschichtlichen Wandel, ausgehend von einem ganz bestimmten engen Familienbegriff, beschreiben, so wie er von Goode oder auch von Parsons geprägt worden ist. Kennzeichen von Familie war für diese Autoren eine bestimmte Rollenstruktur (nämlich das Zusammenleben von Vater, Mutter und Kind/ern) und eine spezifische funktionale Binnendifferenzierung, nämlich die eindeutige interne und externe Aufgabentrennung zwischen den Ehepartnern.

Konnte man nach dem Zweiten Weltkrieg noch bis in die 1970er Jahre hinein davon ausgehen, dass es dieses Familienmodell in den Industriegesellschaften in vielen Dimensionen – nie in allen (vgl. Bertram 2006, 51f.) - gab, so ist nunmehr zu beobachten, dass dieses Modell nur noch für eine Minorität zutrifft. Würde man diesen Familienbegriff zur Beschreibung der gegenwärtigen Familie zugrundelegen, gäbe es heute z. B. in Deutschland kaum noch „Familien". Alle übrigen Familien, z. B. die Alleinerziehenden, die mit erwerbstätiger Mutter usw., wären schlichtweg keine Familien. Ist es aber gerechtfertigt, den Familienbegriff auf ein bestimmtes – zeitlich begrenztes – Familienmodell zu beschränken? Für die Beschreibung von familialem Wandel jedenfalls ist ein derartig enger Familienbegriff sogar unsinnig. Greift man nämlich auf eine solche enge Definition von Familie zur Beantwortung der Frage nach der Pluralität von Familienformen zurück, läuft man Gefahr, durch den gewählten Begriff genau das auszublenden, was man eigentlich untersuchen will. Mit anderen Worten: bei Verwendung dieser

Begrifflichkeit werden bestimmte Veränderungen, z.B. neu entstandene Familienformen, von vornherein ausgeklammert.

Die Antwort auf die Frage nach dem „schrumpfenden Familiensektor" und
der „heutigen Vielfalt familialer Lebensformen" ist also abhängig vom gewählten Begriff von Familie. Untersuchungen über sozialen Wandel setzen in ihrer
Logik Begriffe mit hohem Abstraktionsniveau voraus, um Dynamiken erfassen
und nicht nur statische Zustände beschreiben zu können. Die Wahl eines höheren
Abstraktionsniveaus ist, was nicht vermeidbar, sondern definitionsimmanent ist,
verbunden mit einem geringeren Konkretisierungsgrad.

Zu differenzieren ist zunächst zwischen dem Begriff der „Lebensform" als
übergeordnetem Begriff und dem der „Familie" als eine von vielen Lebensformen.

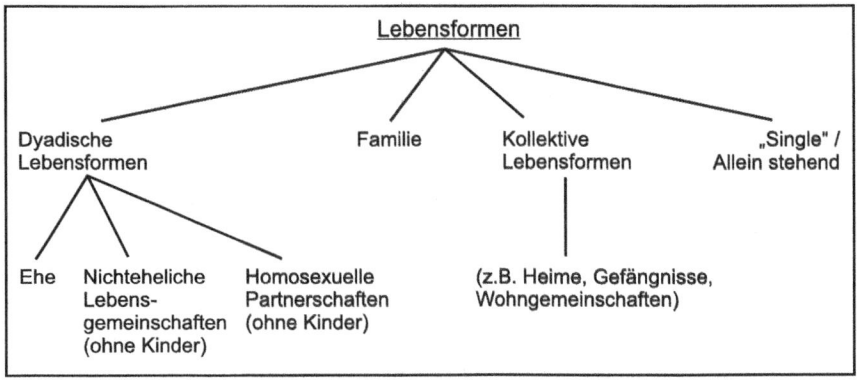

Quelle: Nave-Herz, R. (2006): Ehe- und Familiensoziologie. 2. Aufl., Weinheim, S. 29.

Abbildung 1:   Lebensformen

Unter Berücksichtigung der zuvor angegebenen Forderungen an den Begriff
„Familie" können folgende Kriterien benannt werden, die für die Familie– gleich-
gültig zu welcher Epoche oder zu welcher Kultur sie zählt – bestimmend sind
(Nave-Herz 2006: 29ff.):

- ihre „biologisch-soziale Doppelnatur" (König 1946/2002), aufgrund der Übernahme zumindest der Reproduktions- und Sozialisationsfunktion neben anderen, die kulturell variabel sind;

- die Generationsdifferenzierung ist für sie konstitutiv, und

▪ zwischen ihren Mitgliedern besteht ein spezifisches Kooperations- und Solidaritätsverhältnis, das durch Tradition und/oder durch Gesetz festgeschrieben ist und aus dem heraus die Rollendefinitionen festgelegt sind.

Lange Zeit galt in der Familiensoziologie das Ehesubsystem als weiteres essenzielles Kriterium des Begriffes „Familie". Aber zu allen Zeiten und in allen Kulturen gab es auch Familien, die nie auf einem Ehesubsystem beruht haben oder deren Ehesubsystem im Laufe der Familienbiographie durch Rollenausfall in Folge Tod, Trennung oder Scheidung entfallen ist.

3   Die These von dem „schrumpfenden Familiensektor"

In den letzten Jahrzehnten ist de facto der Anteil der Familien in Deutschland im Vergleich zu anderen Lebensformen stark gesunken, und die Elternfamilien plus der Alleinerziehenden sind quantitativ bei einer Querschnittsbetrachtung in eine Minoritätenstellung geraten. Ca. ein Drittel aller Haushalte sind heute nur noch Familienhaushalte.

Dieser Sachverhalt ist – rein statistisch gesehen – darauf zurückzuführen, dass die Einpersonenhaushalte in Deutschland in den letzten hundert Jahren von 7 % auf heute 37 % angestiegen sind (BIB 2008: 63): Das ist vor allem eine Folge der veränderten Wohnweise der Jugendlichen, aber auch der älteren Bevölkerung aufgrund der Zunahme der Lebenserwartung, der gestiegenen Rüstigkeit und finanziellen Absicherung im Alter. Ferner ist der Anteil an Zweipersonenhaushalte gestiegen: Einerseits durch den Anstieg der Nichtehelichen Lebensgemeinschaften ohne Kinder, andererseits durch die Verlängerung der „nachelterlichen Phase". Denn stark verändert hat sich in den letzten sechzig Jahren der Familienzyklus. Die Familienphase, d.h. die Zeit der Pflege und Versorgung von Kindern, hat sich verkürzt, was auf die geringere Kinderzahl pro Familie und auf die höhere Lebenserwartung der Menschen zurückzuführen ist.

Die längste Phase bildet nunmehr die „nachelterliche Phase". Noch nie in der Geschichte gab es so viele Ehepaare, die ihre „Goldene" und sogar ihre „Gnadenhochzeit" gemeinsam feiern, trotz aller heutigen steigenden Ehescheidungsquoten. Dieser familiale Wandel bewirkte aber ebenso einen Anstieg der Zweipersonenhaushalte. Der These über den „schrumpfenden Familiensektor" ist also – querschnittsmäßig betrachtet – zuzustimmen.

Jedoch kann sie falsche Vorstellungen wecken. Sie könnte so gedeutet werden, dass der Anstieg nicht-familialer Haushalte darauf zurückzuführen wäre, dass heutzutage kaum noch Familien gegründet werden. Aber dieses Deutungsmuster würde mit der sozialen Realität nicht übereinstimmen. Zwar ist die Kinderlosigkeit in den letzten Jahren gestiegen, aber Längsschnittuntersuchungen, wie die aktuelle Analyse des Bundesinstituts für Bevölkerungswissenschaft aufgrund des Generations- and Gender-Surveys von 2005 und von Mikrozensus Daten von 2008 (Ruckesch; Naderi 2009, 2ff.) zeigen, dass noch immer in Deutschland Frauen und Männer – zwar in einem immer späteren Alter in ihrem Leben – aber dennoch überwiegend eine Familie gründen, nämlich 89 % aller Frauen und 78 % aller Männer.

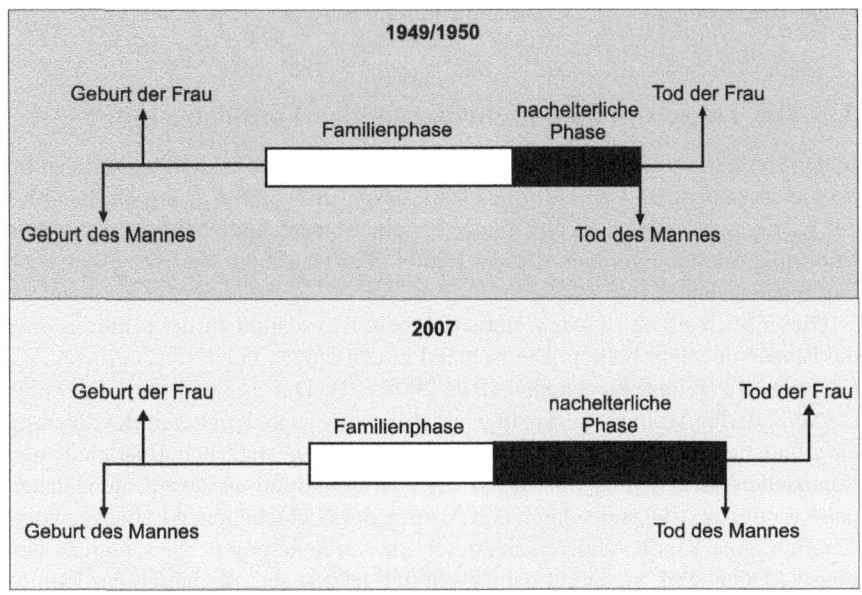

Quelle: Nave-Herz, R. (2009): Familie heute – Wandel der Familienstrukturen und Folgen für die Erziehung, 4. Aufl., Darmstadt, S. 26.

Abbildung 2:   Veränderungen der Familienphasen

Für die wesentlich höhere Kinderlosigkeit von Männern im Vergleich zu Frauen werden verschiedene verursachende Bedingungen genannt, auf die ich hier nicht eingehen kann. Vor allem aber soll u. a. der sog. Birth-Squeeze-Effekt eine bedeutende Rolle spielen, der aus einem Männerüberschuss in den entsprechenden Altersgruppen resultiere.

Das Zusammenleben mit Kindern ist im Leben des Einzelnen – wie gezeigt – eine fast übliche Erfahrung geblieben. Sie ist aber im Lebensverlauf zu einer transitorischen Phase geworden (vgl. Schaubild Nr. 2). Die Familienhaushalte sind zwar querschnittsmäßig betrachtet im Vergleich zu den anderen Lebensformen in eine Minoritäten-Stellung gerutscht, obwohl – um es noch einmal zu betonen – die weit überwiegende Mehrheit unserer Bevölkerung in ihrem Leben eine Familie bildet.

4 Die These über „die gestiegene Pluralität von Familienformen"

Differenziert man zwischen den verschiedenen Familienformen – und zwar im Sinne der These über die „gestiegene Pluralität von Familienformen" – nach den Familienbildungsprozessen und der familialen Rollenzusammensetzung, so haben in der Tat in den letzten Jahren die Zwei-Eltern-Familien zugunsten anderer Familienformen abgenommen. Steinbach hat aufgrund der Daten des „Generations- and Gendersurveys" und eigener Berechnungen festgestellt, dass von allen Haushalten mit Kindern unter 18 Jahren 13,6 % Stieffamilien, 14,8 % alleinerziehende Familien und 0,1 % Adoptiv- oder Pflegefamilien, aber 71,5 % Elternfamilien bilden. Andere Untersuchungen, z. B. aufgrund des Familiensurveys des Deutschen Jugendinstitut (Alt 2003, 240) oder aufgrund der Daten des Mikrozensus (BMFSFJ 2009, 33), weisen zwar andere quantitative Verteilungen zwischen den verschiedenen Familienformen auf (wegen unterschiedlicher Sampleziehungen, Typenbildungen u.a.m.), aber in allen Erhebungen ist die Zwei-Eltern-Familie aufgrund biologischer Elternschaft die quantitativ dominante Familienform geblieben. Die Angaben schwanken zwischen 71 bis 75 % (vgl. die zusammenfassende Darstellung in Nave-Herz 2009, 18ff.).

Fragt man ferner, wie hoch der *Anteil der Kinder* an der Gesamtzahl ist, die heutzutage in der herkömmlichen Kernfamilie (= Zwei-Eltern-Familie mit rechtlich-formaler Eheschließung) aufwachsen, so zeigen die Daten, dass die große Mehrheit der Kinder (= über 75 %) zumindest bis zum 18. Lebensjahr mit beiden leiblichen Eltern zusammenlebt (vgl. Stat. Bundesamt 2003, 10; Steinbach 2008, 170). Aufgrund des Datensatzes der repräsentativen Längsschnittuntersuchung „pairfam" leben von den 15-17-Jährigen (= 4.334 Befragte) mehr als 90% mit ihren Eltern zusammen (Feldhaus; Schlegel 2009, 38). Wie ist dieser Befund des hohen Anteils von Kindern, die mit ihren leiblichen Eltern in der Bundesrepublik Deutschland zusammenleben, zu erklären, da doch heutzutage bereits jede dritte Ehe geschieden wird? Doch: die Ehescheidungsquoten der kinderlosen Ehen sind am höchsten und die der kinderreichen am geringsten; ferner werden relativ viele

Ehen erst in der nachelterlichen Phase, also wenn die Kinder über 18 Jahre alt sind, geschieden.

Nauck differenzierte die Daten des DJI-Familiensurveys in Bezug auf die west- und ostdeutschen Unterschiede: „Als Hauptergebnis ist festzuhalten, dass mehr als 85 % aller minderjährigen Kinder in Westdeutschland und über 75 % der Kinder in Ostdeutschland in einem Kindschaftsverhältnis stehen, das dem Normalitätsentwurf entspricht. Über 90 % werden in Westdeutschland als Kinder verheirateter, zusammenlebender Eltern geboren, doch reduziert sich dieses Kindschaftsverhältnis mit zunehmendem Alter auf etwa 80 %. In Ostdeutschland werden dagegen vergleichsweise viele Kinder vorehelich geboren (22 %) und innerhalb des Kleinkindalters legalisiert, was dazu führt, dass zwischen dem zweiten und vierten Lebensjahr der Anteil der mit verheirateten leiblichen Eltern zusammenlebenden Kinder von 74 % auf 87 % ansteigt, um dann kontinuierlich bis zur Volljährigkeit auf 65 % abzusinken" (Nauck 1993, 150).

In diesem Zusammenhang sei kurz vermerkt, dass zwar insgesamt gerade in den letzten Jahren die nichtehelichen Geburten zugenommen haben, doch wie empirische Untersuchungen zeigen, wird die weit überwiegende Mehrheit der Kinder durch nachträgliche Eheschließung ihrer biologischen Eltern legitimiert (Alt 2001, 227ff.; Bach 2001, 215).

Mit der semantischen Behauptung der „gestiegenen Pluralität von Familienformen" wird vor allem unterschlagen, dass andere Formen von Kernfamilien im gleichen Zeitraum abgenommen haben: Die Zahl der alleinerziehenden Mutterfamilien aufgrund von Verwitwung waren vor allem nach dem Zweiten Weltkrieg sehr hoch. Die Adoptiv- und Pflegefamilien haben wegen fehlenden Angebots an Kindern kontinuierlich abgenommen. Ihr Anteil ist – wie bereits gezeigt – kaum nennenswert mehr. Vor allem hat sich aber in Bezug auf die Kinderzahl eine starke „Uniformierung" von Familienformen ergeben. Die Zahl der Mehrkinderfamilien (drei und mehr Kinder) ist seit Ende der 1970er Jahre stark gesunken. Heutzutage überwiegen die Zwei- und Ein-Kind-Familien mit 80 % (Stat. Bundesamt 2007, 27).

Neue Untersuchungen weisen in Bezug auf die Mehrkindfamilien auf einen interessanten Sachverhalt hin. Alle Familien mit drei und mehr Kindern verfügen entweder über ein sehr niedriges Haushaltsbudget oder umgekehrt über ein sehr hohes. Gleiches gilt bei Differenzierung nach dem Bildungsabschluss der Männer, wie die neue Analyse aus dem Bundesinstitut für Bevölkerungsforschung zeigt (Ruckesch; Naderi 2009, 8). Da Kinder heutzutage eine finanzielle Belastung bedeuten, kann Elternschaft zwar einerseits zur sozialen Deprivation führen, aber andererseits auch ein Symbol für ökonomischen Wohlstand sein. Kinder würden damit – das Phänomen kennen wir bereits aus den USA – auch bei uns zum Statussymbol.

Auf einen weiteren wichtigen Sachverhalt, der ebenso die Pluralitätsthese von familialen Lebensformen in Frage stellt, möchte ich hinweisen:

Bei statistischen Trendverläufen – das ist eigentlich allgemein bekannt, wird aber in der Literatur zu wenig beachtet – ist immer die Künstlichkeit der Ausgrenzung einer bestimmten Zeitepoche zu beachten, m. a. W.: das Problem der Bestimmung der Anfangs- und Endpunkte. Denn, je nachdem, welchen Vergleichszeitpunkt ich wähle, sind unterschiedliche Diagnosen möglich. So gehen die Vertreter der Pluralitätsthese von Familienformen von den statistischen Trendverläufen seit Mitte der 60er bzw. Anfang der 70er Jahre aus, den sog. „Golden Age of Marriage", weil noch nie in der Geschichte unseres Kulturkreises – wie in jener Zeit – so viele Menschen verheiratet waren, so wenige Ehen sich trennten oder geschieden wurden, eine relativ hohe Kinderzahl pro Familie gegeben war und Nichteheliche Lebensgemeinschaften so gut wie unbekannt waren. Gehen wir in der Geschichte weiter zurück, z. B. in die vorindustrielle Zeit, so war der Anteil an Einelternfamilien, Stief- und Adoptionsfamilien, an Pflegefamilien weit höher als heute. Die Entstehungsgründe jedoch waren andere: Verwitwung und Nichtehelichkeit statt – wie heutzutage – überwiegend Trennung und Scheidung.

Ebenso waren die Nichtehelichen Lebensgemeinschaften mit Kindern in der vorindustriellen Zeit verbreiteter als heute, aber nur in den Armutsschichten. Ihr quantitativer Anteil ging erst Ende des 19. Jahrhunderts stetig zurück. Doch nach dem Zweiten Weltkrieg war ihre Zahl in Westdeutschland zunächst wieder hoch. Für sie gab es in der damaligen Zeit sogar eine besondere Bezeichnung, nämlich „Onkel-Ehe", bedingt durch den damals noch geltenden Kuppelei-Paragraphen. Erst nach der Änderung der Sozialgesetzgebung (konkret bezogen auf die Witwenrente) ging ihr Anteil an allen Familien in Deutschland wieder zurück.

Auch die Patchworkfamilie ist keine neuartige Familienform (nur die Bezeichnung ist neu!). In der vorindustriellen Zeit war sie sogar wegen der geringen Lebenswahrscheinlichkeit der Menschen verbreiteter als heute, vor allem in der Haushaltsfamilie mit Produktionsfunktion. Denn nach dem Tod eines Ehepartners war eine Wiederverheiratung (zumeist mit Kindern) vielfach aus betrieblichen Gründen notwendig, weil die Familienrollen gleichzeitig auch Berufsrollen waren.

Die familienstatistischen Trends verlaufen also nicht so geradlinig, wie häufig unterstellt wird. Vor allem – das sei nochmals betont – ist bei ihrer Interpretation die Künstlichkeit der Ausgrenzung bestimmter Zeitepochen zu beachten.

In jener Zeit gab es darüber hinaus Familienformen, die wir nicht oder kaum noch kennen: Geschwisterfamilien ohne Eltern oder Großeltern/Enkelfamilien.

In jener Zeit war also eine viel größere Pluralität von Familienformen gegeben als heute. Die Mehrgenerationenfamilie war dagegen – entgegen weitverbreiteter Vorstellung – eine Seltenheit wegen der sehr geringen Lebenswahrscheinlichkeit und einem – ökonomisch bedingten – relativ hohen Heiratsalter (abgesehen von kurzen epochalen und regionalen Schwankungen, sowie schichtspezifischen Unterschieden). Unser heutiges Heiratsalter entspricht im Übrigen fast dem im Mittelalter in unserem Kulturbereich, dem „European Marriage Pattern", wie die Historiker es benennen (Mitterauer 1989, 182).

Zusammenfassend ergibt sich als Antwort auf die Frage nach der gestiegenen Pluralität von Familienformen, dass weiterhin die Zwei-Eltern-Familie (mit formaler Eheschließung) statistisch die dominante Familienform geblieben ist, dass es zu jeder Zeit die verschiedensten Familienformen nebeneinander gegeben hat; dass ihre quantitativen Verbreitungsgrade zu verschiedenen Zeiten unterschiedlich hoch und schichtabhängig waren und dass die Beurteilung ihres quantitativen Verlaufs abhängt vom historischen Vergleichszeitpunkt.

Zugenommen hat bzw. neu ist allein das heutige quantitative Ausmaß an Drei- und Vier-Generationenfamilien; in der Familiensoziologie spricht man von dem neuen Phänomen der „multi-lokalen Mehr-Generationenfamilie" (Bertram 2002; Lauterbach 2004). Insgesamt überschneiden sich heute die einzelnen Familienphasen zwischen den familialen Generationen in einem bisher nicht gekannten Ausmaß. Die vertikalen Familienbeziehungen zwischen den *erwachsenen* Familienmitgliedern sind die zeitlich längsten geworden (Nave-Herz 2005, 47ff.). Die heutige gegebene lange gemeinsame Lebenszeit zwischen den Generationen ist sowohl in ihren familienendogenen als auch in ihren familienexogenen Auswirkungen forschungsmäßig von der Soziologie bisher kaum beleuchtet worden. Allein viele empirische Untersuchungen haben die materiellen und immateriellen Transferleistungen zwischen den familialen Generationen, das noch geltende familiale Solidaritätsprinzip – auch bei getrenntem Wohnen – nachgewiesen (Kohli; Szydlik 2000; Nave-Herz 2002; Marbach 2009, 14ff.; Steinbach; Kopp 2008, 403ff.). In einer Solidargemeinschaft gibt es selbstverständlich nicht nur gegenseitige positive Gefühle, sondern häufig Gefühlsambivalenzen und Konflikte, die aber bislang sehr selten in unserer Gesellschaft zur völligen Auflösung des Familienverbandes führten.

Analysen des sozio-ökonomischen Panels und des Alterssurveys liefern deutliche Hinweise darauf, dass die schon bestehende soziale Ungleichheit durch die familialen Generationstransfers in Form von Schenkungen und vor allem von Erbschaften verschärft wird (Lauterbach 1998; Migel 2002; Szydlik 2004; Nave-Herz 2007, 505ff.).

5   Veränderungen in der Wertschätzung der Familie?

Die Zwei-Eltern-Familie ist in der BRD nicht nur quantitativ die dominante Familienform, sondern ihr wird weiterhin – wie nach dem Zweiten Weltkrieg – eine hohe subjektive Wertschätzung in der Bevölkerung zuteil, wie aus zahlreichen demoskopischen Umfragen und empirischen Untersuchungen hervorgeht. Selbst diejenigen, die in anderen Daseinsformen leben, würden überwiegend das Leben in einer Eltern-Familie bevorzugen, und die Mehrzahl von ihnen hat ihre jetzige Lebensform nicht als bewusste alternative Lebensform zur traditionellen Eltern-Familie gewählt (Sander 1997; Krüger 1990; Onnen-Isemann 2000; Schneider et. al. 200). Ebenso unternehmen und versuchen viele Adoptions-Familien alles, um als traditionelle Eltern-Familie zu gelten, und möchten keine „Alternativform" sein (vgl. hierzu auch Bien et. al. 2002, 106). Die vielen neuen Kinderstudien (DJE-Kinder-Panel, LBS-Kinder-Barometer, Worldvision Kinderstudie, ZDF Glücksstudie) belegen ebenso, die weit überwiegend positive Einschätzung der Familie seitens der Kinder (Alt 2009, 32ff.).

Die Frage bleibt: Warum genießt die Familie noch immer diese hohe Wertschätzung trotz aller Zerfallsdiagnosen in Bezug auf Ehe und Familie?

Subjektiv verspricht die Familie dem Einzelnen eine Kompensation zur Arbeitswelt, die mit ihren zunehmenden Großorganisationsformen, ihrer gestiegenen Anonymität, Zweckrationalität u.a.m beim Einzelnen das Bedürfnis nach Kleingemeinschaften weckt, in denen er sich nicht als Rollenträger definiert, die ihm hingegen eine ganzheitliche Lebenswelt, Überschaubarkeit, ein personales Angenommensein, versprechen. Diese Sehnsuchtserwartungen an die Ehe und Familie und die Bedürfnisse nach Kompensation der heute gegebenen hoch spezialisierten, differenzierten und komplexen Gesellschaftsstrukturen mögen einerseits gerade durch die Emotionalisierung und Intimisierung der heutigen familialen Binnenstruktur erfüllt werden, andererseits können diese hohen Ansprüche an sie jedoch auch die Ausprägung neurotischer Störungen beim Individuum und das Scheitern der Ehe begünstigen.

Denn die gestiegenen und derzeit hohen Scheidungszahlen weisen nicht auf einen Bedeutungsverlust, auf ein In-Frage-Stellen oder auf eine Abneigung gegen Ehe und Familie hin. Statistische Datenreihen stellen keine Motivanalysen dar, und so zeigen die Ergebnisse empirischer Untersuchungen über die verursachenden Bedingungen für Ehescheidungen, dass die Instabilität der Ehe – wenn auch nicht allein – gerade wegen ihrer hohen subjektiven bzw. psychologischen Bedeutung für den Einzelnen zugenommen und die Belastbarkeit für unharmonische Partnerbeziehungen abgenommen hat. Gleichzeitig verstärkt die abnehmende Notwendigkeit, Ehen – mehr oder weniger allein – aufgrund zwanghafter Kohäsion zu erhalten, z. B. infolge des sozialen Ansehens, der ökonomischen Lage, vor allem für die Ehefrauen u.a.m., diesen Prozess. (vgl. ausführlicher Nave-Herz 2009, 118ff.; Esser 2003, 117ff.). Ob das neue veränderte Unterhaltsrecht – vor allem für ältere Ehefrauen – u.U. hier eine Rückentwicklung bewirken wird, bleibt abzuwarten.

Im Übrigen muss in diesem Zusammenhang erneut betont werden, dass Ehescheidungen nur eine „Vertragskündigung" an den Ehepartner bedeutet. Von wenigen Ausnahmen abgesehen, bleibt die Familie, wenn auch mit reduzierter Rollenerfüllung seitens eines Rollenträgers, in veränderter Form weiterhin existent. Denn das Ehesystem kann sich in unserer Gesellschaft auflösen, das Eltern-Kind-System nicht. Es kann allein seine Form verändern; vor allem durch die reduzierten Kontaktmöglichkeiten mit dem aus der Haushaltsgemeinschaft ausgeschiedenem Elternteil.

Zusammenfassend ist zu betonen, dass die Familie quantitativ in den letzten Jahren zwar abgenommen hat, aber dennoch die dominante familiale Lebensform geblieben ist. Ihr kommt ferner in der Bevölkerung (auch bei den Jugendlichen; vgl. z. B. Busch; Scholz 2006) eine hohe Priorität in der Wertschätzung zu. Auf normativer Ebene gilt weiterhin die Eltern-Familie als Ideal. Rechtlich wurden die familialen Beziehungen sogar noch verfestigt.

Das gilt nicht in gleichem Maße für die Ehe. Ihre subjektive Wertschätzung wird in der Bevölkerung zwar betont, aber durch den Wandel der Abnahme ihres institutionellen Charakters zugunsten einer Beziehungsgemeinschaft ist sie fragiler geworden. Begrifflich ist deshalb – gerade in Bezug auf das Thema „familialer Wandel" – die Trennung zwischen Ehe und Familie – wie ich in meinem Veröffentlichungen immer wieder betont habe – für die Analyse der Gegenwart unbedingt notwendig.

6   Diskontinuitäten zwischen dem allgemeinen Modernisierungsprozeß und dem zeitgeschichtlichen Wandel von Familie

Als Charakteristika des abgelaufenen Modernisierungsprozesses wird u.a. die Zunahme der Revisionsmöglichkeiten von individuellen Entscheidungen genannt sowie die funktionale Spezialisierung und Differenzierung der gesellschaftlichen Teilbereiche, ferner die durch den Wissenszuwachs u.a.m. vermehrte Professionalisierung von Berufen. In Bezug auf die Familie ist jedoch eher eine gegenläufige Entwicklung zu diesen genannten Kriterien des Modernisierungsprozesses zu beobachten.

Die Zunahme der Revisionsmöglichkeit von individuellen Entscheidungen gilt zwar im Hinblick auf die Ehe (hier ist – wie betont – eine Vertragskündigung gegenüber dem Partner möglich); die Verbindung zum Kind kann allerdings für einen Elternteil durch die Scheidung nur gelockert, aber rechtlich kaum gekündigt werden. Noch im vorigen Jahrhundert hätte z. B. die Weggabe von Kindern an vermögende kinderlose Verwandte oder an die Kirche keine Verletzung einer sozialen Norm bedeutet. Die Pensions- und Internatserziehung genoss Prestige u.a.m. Die Entscheidung zum Kind ist heutzutage dagegen (vor allem für Mütter) so gut wie irreversibel. Ebenso fordert das neue Sorge- und Besuchsrecht - selbst bei Trennung, Scheidung oder Nichtehelichkeit - eine stärkere Verantwortung von den Vätern gegenüber ihren Kindern.

Was die funktionale Spezialisierung und Differenzierung von gesellschaftlichen Teilbereichen anbetrifft, so dominierte lange Zeit in der soziologischen Diskussion die These vom „Funktionsverlust der Familie". Auf diese soll hier nicht weiter eingegangen werden. Erwähnt sei nur, dass die Familie für einige in diesem Zusammenhang häufig genannten Funktionen gar nicht zuständig war, sondern die Verwandtschaft. Insgesamt aber setzte sich de facto seit der zweiten Hälfte des 18. Jahrhunderts die funktionale Differenzierung von Familie in unserem Kulturbereich durch. Als spezialisierte Leistung werden von der Ehe und Familie die Funktionen erwartet:

- der Nachwuchssicherung (Geburt, Pflege und Erziehung von Kindern) und
- die physische und psychische Regeneration und Stabilisierung aller ihrer Mitglieder (jung bis alt).

Systemtheoretisch formuliert: Als spezialisierte Leistungen werden seitdem bis heute von der Familie die Produktion und Stabilisierung der personellen Umwelten für alle übrigen Sozialsysteme erwartet und diese Leistung - volkswirtschaftlich formuliert - : die grundlegende Bildung und Erhaltung von „Humanvermögen" (Krüsselberg 1997, 139 ff.) wird der Familie mehr oder weniger exklusiv zugesprochen, eine Leistung, auf die sämtliche anderen gesellschaftlichen Teilbereiche angewiesen sind. Ob die einzelnen Familien diese Erwartungen erfüllen oder nur zum Teil erfüllen, ist – unter dieser Makroperspektive – nicht die Frage.

Mac Iver hat bereits am Anfang der 1920er Jahre diesen Prozess positiv beschrieben. Er betonte: "as the family lost function after function its found its own" und damit meinte er, dass die Familie von allen nicht-familialen Aufgaben entlastet würde und sich in stärkerem Maße der physischen und psychischen Regeneration und Stabilisierung ihrer Mitglieder widmen könne.

Auf die vielen Fakten, die an diesem Veränderungsprozess mitgewirkt haben, kann in diesem Beitrag nicht eingegangen werden. Infolge der gegenseitigen

Verflechtung dieser Faktoren ist ferner kaum auszumachen, welche als verursachende, auslösende und bedingte Kräfte letztlich anzusehen sind.

Seit den 1970er Jahren ist aber eine teilweise Rückverlagerung von einigen Funktionen zu konstatieren.

So hat vor allem die Schule in Deutschland – ohne großes öffentliches Aufsehen zu erregen – die Mütter bzw. die Eltern zu Hilfslehrern „berufen", indem sie ihnen die Hausaufgabenbetreuung faktisch zugewiesen hat. Das wird zuweilen von den Lehrerinnen und Lehrern direkt oder zumindest indirekt erwartet und gefordert, vielfach aber auch von den Eltern freiwillig übernommen wegen ihrer heute in allen sozialen Schichten gegebenen höheren Bildungsaspiration im Hinblick auf ihre Kinder. Dieses hohe elterliche Engagement bedeutet nicht nur eine hohe zeitliche, sondern zudem eine gestiegene psychische Belastung für beide Seiten, für Mütter/Väter und Kinder, und hat zur Folge, dass die schulische Betreuung von Kindern durch Eltern zu einer primären Quelle für Spannungen und Konflikte in familialen Beziehungen geworden ist. In den höheren Klassen delegieren die ökonomisch besser gestellten Eltern diese Aufgabe an bezahlte „professionelle Helfer". Aber damit wurde und wird die ökonomische und soziale Ungleichheit gesamtgesellschaftlich verstärkt, obwohl die Schulen – historisch gesehen – durch die Einführung des Leistungsprinzips ständische Privilegien im Hinblick auf zukünftige Berufspositionen durchbrechen und jedem die gleiche Chance des sozialen Aufstiegs garantieren sollten und sollen.

In den Schulen wurde ferner noch vor Jahrzehnten die Gesundheitsvorsorge organisiert. Ärzte und Zahnärzte unersuchten mit präventiver Zielsetzung regelmäßig die Kinder und führten die notwendigen Impfungen durch. Dagegen sind heute diese gesundheitlichen Vorsorgeuntersuchungen und -maßnahmen von den Eltern selbst zu organisieren.

Weitere Steigerungen der Leistungsanforderungen an die Eltern in der unmittelbaren Gegenwart wurden bedingt durch den Leistungszuwachs anderer gesellschaftlicher Teilsysteme, vor allem des Wissenschaftssystems. Neue Erkenntnisse über den Ablauf von Sozialisationsprozessen fordern von den Eltern die Übernahme neuer Erziehungsnormen. De facto haben sich auch zeitgeschichtlich die elterlichen Erziehungsziele und das Erziehungsverhalten gegenüber ihren Kindern enorm verändert, auch juristisch durch das Prinzip des Kindeswohls abgesichert. Die heutige überwiegend gewählte „Versprachlichung der Erziehung" stellt hohe Ansprüche an die verbale und kognitive Kompetenz der Eltern (vgl. ausführlicher Nave-Herz 2009). Dabei können gesellschaftliche Erwartungen und praktisches Verhalten aufgrund des Bildungsniveaus, bestimmter Persönlichkeitsvariablen u.a.m. oft weit auseinander klaffen mit entsprechenden möglichen negativen Folgen.

Auch die neuen Medien haben die Erziehungsleistung der Eltern erschwert. Das gilt nicht nur für das Fernsehen, sondern ebenfalls für das Internet. Wie unsere eigene Untersuchung zeigte, kann nach Ansicht der Eltern die Anschaffung eines Internetzugangs die schulische Bildung ihrer Jugendlichen fördern; aber sie müssen die Internetnutzung auch kontrollieren können. Mit dieser Aufgabe fühlen sich viele Eltern überfordert (Nave-Herz; Feldhaus;Loggemann 2006).

Ebenso hat die fehlende Geschwistergemeinschaft die Anforderungen an die Leistungserfüllung der Eltern und den familialen Alltag verändert. Noch vor 60 Jahren bildeten Geschwister ein eigenes System innerhalb der Familie. Damit wurden einerseits die Eltern in der Betreuungsfunktion entlastet, andererseits waren die Kinder weniger auf die ständige Präsenz der Eltern oder eines Elternteils als Ansprechpartner angewiesen, als dies heutzutage der Fall ist.

Insgesamt sind die Leistungsanforderungen an die Eltern – z. T. von außen gefordert, z. T. von ihnen selbst gewählt – in den letzten Jahren stark angestiegen. Die hierzu notwendige elterliche Erziehungskompetenz hat sich zeitgeschichtlich kaum erhöht; noch immer gilt überwiegend die Alltagsvorstellung, dass allein die biologische Mutter- bzw. Vaterschaft die Erziehungskompetenz garantieren würde. Analog zu anderen Berufsbereichen zeichnen sich – trotz der gestiegenen öffentlichen Leistungs- und Wissenserwartungen an die Eltern – keine Professionalisierungstendenzen, die den Familienbereich betreffen, ab. Dadurch besteht aber die Gefahr, dass bei manchen Eltern heutzutage eine Leistungsüberforderung gegeben ist, die den Sozialisationsprozess der Kinder gefährden kann.

Schlussbemerkung

Abschließend möchte ich noch einmal nachdrücklich darauf hinweisen, dass unilineare gesamtgesellschaftliche Entwicklungstrends – wie sie in einigen hier diskutierten gängigen Deutungsmustern über den abgelaufenen zeitgeschichtlichen familialen Wandel indirekt zum Ausdruck kommen und von mir hier problematisiert wurden – als zu grobe Vereinfachungen erscheinen. Es wird mit ihnen gerade das Entscheidende übersehen, dass nämlich im Alltag des Familienlebens moderne und traditionelle Trends nebeneinander und sogar miteinander verzahnt verlaufen. Das bedeutet, dass allein eine detaillierte empirische Forschung die Differenziertheit moderner Familien erkennen und benennen kann.

Literatur

Alt, Ch. (2001): Kindheit in Ost und West – Wandel der familialen Lebensformen aus Kindersicht. Opladen.

Alt, Ch. (2009): Kinderstudien im Vergleich - Kinder wollen glücklich sein - dem Glück auf der Spur. In: DJI Bulletin 85, H.1 hrsg. v. Dt. Jugendinstitute e. V. München.

Bach, A. (2001): Die Renaissance der Ein-Eltern-Famile? Herbolzheim.

Barabas, F. K.; Erler, M. (2002): Die Familie – ein Lehr- und Arbeitsbuch für Familiensoziologie und Familienrecht. Weinheim.

Baumert, G. (1954): Deutsche Familien nach dem Kriege. Darmstadt.

Beck, U. (1986): Risikogesellschaft. Auf dem Weg in eine andere Moderne. Frankfurt am Main.

Beck, U. (1990): Der Konflikt der zwei Modernen. In: Die Modernisierung moderner Gesellschaften – Verhandlungen des 25. Deutschen Soziologentages in Frankfurt am Main, hrsg. i. A. der DGS von W. Zapf. Frankfurt am Main, S. 40-54.

Beck, U.; Beck-Gernsheim, E. (1990): Das ganz normale Chaos der Liebe. Frankfurt am Main.

Bertram, H. (2002): Die multilokale Mehrgenerationenfamilie – Von der neolokalen Gattenfamilie zur multilokalen Mehrgenerationenfamilie. In: Berliner Journal für Soziologie, Jg. 12, S. 517-529.

BIB – Bundesinstitut für Bevölkerungsforschung (2008): Bevölkerung – Daten, Fakten, Trends zum demographischen Wandel in Deutschland. Wiesbaden.

Bien, W.; Hartel, A.; Teubner, M. (2002): Stieffamilien in Deutschland. DJI-Survey 10. Opladen, S. 80-108.

BMFSFJ (2009): Familienreport 2009. Berlin.

Busch, F. W.; Scholz, W.-D. (Hrsg).; (2006): Familienvorstellungen zwischen Fortschrittlichkeit und Beharrung – Ergebnisse einer empirischen Untersuchung von Ehe- und Familienvorstellungen Jugendlicher im internationalen Vergleich. Reihe Familie und Gesellschaft, Bd. 19. Würzburg.

Esser, H. (2003): Soziale Einbettung und eheliche (In-)Stabilität. In: Feldhaus, M.; Logemann, N.; Schlegel, M. (Hrsg.): Blickrichtung Familie – Vielfalt eines Forschungsgegenstandes. Würzburg, S. 117-139.

Feldhaus, M.; Schlegel, M. (2009): Vielfalt (mobiler) Lebensformen? In: Lebensentwürfe. Reihe: Aus Politik und Zeitgeschichte, 41, Bonn.

Kohli, M.; Kühnemund, H. (Hrsg.; 2000): Die zweite Lebenshälfte. Gesellschaftliche Lage und Partizipation im Spiegel des Alters-Survey. 2. Aufl., Wiesbaden 2005.

König, R. (2002): Schriften – Ausgabe letzter Hand, Bd. 14 Familiensoziologie, hrsg. v. R. Nave-Herz. Opladen.

Krüger, D. (1990): Alleinleben in einer paarorientierten Gesellschaft. Pfaffenweiler.

Krüsselberg, H.-G.(1997): Ethik, Vermögen und Familie. Stuttgart.

Lauterbach, W. (1998): Familiensystem und Vermögensübertragung – Zur Bedeutung einer Erbschaft für Erben und Erblasser. In: Wagner, M.; Schütze, Y. (Hrsg.): Verwandtschaft. Stuttgart, S. 237-263.

Lauterbach, W. (2004): Die multilokale Mehrgenerationenfamilie; Reihe: Familie und Gesellschaft, Bd. 19, Würzburg.

Marbach, J.(2009): Das Oma-Prinzip. In: DJI Bulletin 86, München.

Migel, M. (2002): Erben in Deutschland – Volumen, Psychologie und gesamtgesellschaftliche Auswirkungen, hrsg. v. Deutschen Institut für Altersversorgung. Köln.

Mitterauer, M. (1989): Entwicklungstrends der Familie in der europäischen Neuzeit. In: Nave-Herz, R.; Markefka, M. (Hrsg.): Handbuch der Familien- und Jugendforschung, Bd. 1 Familienforschung. Neuwied; Frankfurt am Main, S. 179-194.

Nauck, W. (1993): Sozialstrukturelle Differenzierung der Lebensbedingungen von Kindern in West- und Ostdeutschland. In: Markefka, M.; Nauck, W. (Hrsg.): Handbuch der Kindheitsforschung. Neuwied; Berlin, S. 143-164.

Nave-Herz, R. (1989): Gegenstandsbereich und historische Entwicklung der Familienforschung. In: Nave-Herz, R.; Markefka, M. (Hrsg.): Handbuch der Familien- und Jugendforschung, Bd. 1 Familienforschung. Neuwied; Frankfurt am Main, S. 1-18.

Nave-Herz, R. (2005): Die Mehrgenerationenfamilie unter familienzyklischem Aspekt. In: Steinbach, A. (Hrsg.): Generatives Verhalten und Generationsbeziehungen. Wiesbaden, S. 47-60.

Nave-Herz, R. (2006): Ehe- und Familiensoziologie. 2. Aufl., Weinheim.

Nave-Herz, R. (2007): Die soziologische Relevanz von Vererbungspraktiken in Deutschland. In: Gesellschaft. Wirtschaft. Politik. Jg. 56, H. 4, S. 505-516.

Nave-Herz, R. (2009): Familie heute – Wandel der Familienstrukturen und Folgen für die Erziehung, 4. Aufl., Darmstadt.

Nave-Herz, R. (2009): Geschwisterbeziehungen. In: Lenz, K.; Nestmann, F. (Hrsg.): Handbuch persönliche Beziehungen. Weinheim; München, S. 337-352.

Nave-Herz, R. (2010): Die Geschichte der Familiensoziologie in Portraits. Reihe „Familie und Gesellschaft" Bd. 25. Würzburg.

Nave-Herz, R. (Hrsg.; 2002): Family change and intergenerational relations in different cultures. Reihe Familie und Gesellschaft, Bd. 9, Würzburg.

Nave-Herz, R.; Feldhaus, M.; Logemann, N. (2006): Verstärken die neuen Informations- und Kommunikationstechnologien Handy und Internet im privaten Raum die De-Institutionalisierung von Familie? In: Heine, H.; Schumann, M.; Wittke, V. (Hrsg.): Wer den Ast absägt, auf dem er sitzt, kann deshalb noch längst nicht fliegen – Innovationen zwischen institutionellem Wandel und Pfadkontinuitäten. Berlin, S. 25-38.

Onnen-Isemmann, C. (1999): Wenn der Familienbildungsprozeß stockt... Eine empirische Studie über Streß und Coping-Strategien reproduktionsmedizinisch behandelter Partner. Heidelberg.

Ruckdeschel, K; Naderi, R (2009): Fertilität von Männern. In: Bevölkerungsforschung Aktuell, Mitteilungen aus dem BIB, 04, S. 2-9.

Sander, D. (1997): Warum (noch) ledig? Warum nicht Ehe? – Lebensformen lediger Erwachsener. Bielefeld.

Schelsky, H. (1953): Wandlungen der deutschen Familie in der Gegenwart. Dortmund.

Schneider, N. F.; Krüger, D.; Lasch, W.; Limmer, R., Matthias-Bleck, H. (2001): Alleinerziehen – Vielfalt und Dynamik einer Lebensform. Weinheim.

Statistisches Bundesamt (2007): Geburten in Deutschland. Wiesbaden.

Steinbach, A. (2008): Stieffamilien in Deutschland. In: Zeitschrift für Bevölkerungswissenschaft, Jg. 33, H. 2, S. 153-180.

Steinbach, A.; Kopp, J. (2008): Intergenerationale Beziehungen. Theoretische Diskussionen, empirische Befunde und offene Fragen. In: Neuere Entwicklungen in der Beziehungs- und Familienforschung, hrsg. v. Feldhaus, M.; Huinink, J.; Reihe: Familie und Gesellschaft, Bd. 23, Würzburg.

Strohmeier, K. T. (1993): Pluralisierung und Polarisierung der Lebensformen in Deutschland. In: Aus Politik und Zeitgeschichte. Beilage zur Wochenzeitung „Das Parlament" B 17, S. 11-22.

Szydlik, M. (1999): Erben in der Bundesrepublik Deutschland. In: Kölner Zeitschrift für Soziologie und Sozialpsychologie, Jg. 51, H. 1, S. 80-104.

Szydlik, M. (2000): Lebenslange Solidarität? – Generationenbeziehungen zwischen Erwachsenen, Kindern und Eltern. Opladen.

Szydlik, M.; Schupp, J. (2004): Wer erbt mehr? Erbschaften, Sozialstruktur und Alterssicherung. In: Kölner Zeitschrift für Soziologie und Sozialpsychologie, Jg. 56, H. 4, S. 609-629.

Wurzbacher, G. (1951): Leitbilder gegenwärtigen deutschen Familienlebens. Stuttgart.

Zapf, W. (1992): Entwicklung und Sozialstruktur moderner Gesellschaften. In: Korte, H.; Schäfers, B. (Hrsg.): Einführung in die Hauptbegriffe der Soziologie. Opladen, S. 181-194.

Kulturumbruch und Wiedervereinigung

Wertwandel in Deutschland in den letzten 60 Jahren

Heiner Meulemann

Solange sozialwissenschaftliche Institute, wie sie in der ASI zusammengeschlossen sind, Bevölkerungen befragt haben, solange haben sie nicht nur Wahlabsichten und Konsumwünsche, sondern auch Werte erfragt. Anders als Wahlabsichten oder Konsumwünsche aber richten sich Werte nicht auf jedermann bekannte Objekte der sozialen Welt, sondern sind Vorstellungen im Kopfe des einzelnen Menschen. Die Sozialforschung erfragt beides von jedem und zählt die Ergebnisse für alle zusammen. Dass ein Drittel der Bevölkerung nach Selbstverwirklichung strebt, klingt dann ebenso eindeutig wie, dass ein Drittel im letzten Jahr nach Mallorca gefahren ist. Aber während die Fahrten nach Mallorca sich problemlos addieren lassen, weiß niemand genau, ob man nicht Äpfel und Birnen zusammenzählt, wenn man die Antworten auf eine Frage nach der Selbstbestimmung addiert. Heißt die Selbstbestimmung des einen sich durchzusetzen und die des anderen sich einbringen, die eines dritten etwas zu leisten und eines vierten etwas zu erleben? Ein Wert kann vieles bedeuten, und fast alle Vorstellungen eines Menschen kann man als Wert bezeichnen. Will eine Untersuchung von Werten nicht in Beliebigkeit stecken bleiben, so sollte sie damit beginnen, ihre Auswahl von Werten zu begründen.

Das Problem der Beliebigkeit verschärft sich, wenn der Wandel von Werten betrachtet werden soll. Wenn Werte ein unerschöpfliches Thema sind, dann wird der Wertwandel eine unendliche Geschichte. Irgendeine der Vorstellungen der Menschen, die sie über ihr Leben und die Welt hegen, verschiebt sich immer. Als Wertwandel sollte man jedoch nur mehrere Veränderungen bezeichnen, die in die gleiche Richtung weisen und sich einheitlich benennen lassen und die mehr oder minder gleichzeitig einsetzen und aufhören. Ein Wertwandel hat seine Tendenz und seine Zeit. Je nachdem, ob Tendenz oder Zeit eher von der Öffentlichkeit oder der Umfrageforschung entdeckt werden, kann man zwei Fälle unterscheiden. Im ersten Fall sind Tendenz oder Zeit schon von der Öffentlichkeit bemerkt und diskutiert worden, bevor sie von der Umfrageforschung identifiziert werden. Der Wertwandel ist eine endogene Entwicklung im Bereich der Kultur, der die Umfrageforschung auf die Spur kommen soll. Im zweiten Fall geben erst Zäsuren der wirtschaftlichen und kulturellen Entwicklung der Öffentlichkeit Anlass die Umfrageforschung nach gewandelten Werten der Bevölkerung zu fragen. Der Kultur exogene Ereignisse rufen also das Interesse der Öffentlichkeit für Werte hervor und fordern die Umfrageforschung zu einer Antwort heraus. Schaut man auf Deutschland, so findet sich für beide Fälle ein Beispiel.

Für den ersten Fall ist das Beispiel der kulturelle Umbruch der alten Bundesrepublik in den späten sechziger Jahren. Er hat die Öffentlichkeit bewegt, lang bevor die Umfrageforschung seine Tendenz herausgearbeitet und seinen Anfang und Ende bestimmt hat. Dieser Wertwandel ist heute zwar in zwei Hinsichten Geschichte: er betrifft nur einen Teil des heutigen Deutschland, und er war abgeschlossen, bevor die alte Bundesrepublik zu existieren aufgehört hat. Er ist in die Geschichte der alten Bundesrepublik gleichsam eingekapselt, durch seinen eigenen Anfang und sein eigenes Ende definiert. Aber er gibt die Folie ab die Betrachtung der weiteren Entwicklungen im heutigen Deutschland. Ich will ihn deshalb in Abschnitt 1 zusammen mit meiner Begründung für die Auswahl der Werte nur kurz behandeln.

Für den zweiten Fall ist das Beispiel die deutsche Wiedervereinigung, die die Sozialordnung Westdeutschlands auf das Gebiet der früheren DDR übertragen hat. Hat sie zwei Bevölkerungen mit unterschiedlichen Werten zusammengebracht, die sich im Laufe der Zeit einander annähern? Diese Frage ist nicht historisch, sondern bis heute aktuell. Sie kann bis heute nicht bündig beantwortet werden. Die Umfrageforschung muss sie daher weiter verfolgen. Ich werde sie daher in Abschnitt 2-4 ausführlich behandeln und versuchen In Abschnitt 5 eine Antwort zu geben. Dabei schreibe ich Zeitreihen fort, die ich zuletzt vor fast einer Dekade (Meulemann 1996, 2002a, 2002b) analysiert habe und die sich auf allgemein zugängliche Datensätze stützen: Die Allgemeine Bevölkerungsumfrage der Sozialwissenschaften, ALLBUS (http://www.gesis.org/dienstleistungen/daten/umfragedaten/allbus/); das International Social Survey Program, ISSP (http://www.issp.org/); den Europäischen Sozialen Survey, ESS (http://www.european-socialsurvey.org); und die Europäische Werte-Studie, EVS (http://www.europeanvaluesstudy.eu/).

1   Werte und Wertwandel in der alten Bundesrepublik

Werte sind Konzepte des Wünschbaren, die über Wünsche entscheiden. Werte sind abstrakt, oft unscharf, aber dennoch jedem geläufig: Jeder kennt das Wort, das den Wert benennt. Es gibt nicht unendlich viele, sondern nur eine begrenzte Zahl von Werten. Welche Werte sollte man also betrachten?

Die ersten beiden Werte, die ich behandeln will, *Gleichheit* und *Leistung,* regeln die Verteilung erarbeiteter Ressourcen auf die Menschen in arbeitsteiligen Gesellschaften: Jeder will gleiche Chancen haben – aber nach seiner Leistung mehr bekommen. Gleichheit und Leistung sind ein *Wertpaar*, das einen *Gegensatz* zusammenbringt: Wer Gleichheit will, darf sich nicht durch Leistung auszeichnen. Wer sich durch Leistung auszeichnen will, kann nicht jede Gleichheit akzeptieren, sondern nur die, die durch eine gleiche Leistung erworben wurde. Gleichheit und Leistung sind also zwei Werte, die Unterschiede zwischen Menschen in einer Gruppe erklären – oder als nicht berechtigt erweisen. Sie vergleichen Menschen mit Menschen, sie richten sich auf die Beziehungen unter Menschen.

Werte regeln aber nicht nur die Beziehungen zwischen Menschen, sondern auch die Beziehungen zwischen Menschen und Institutionen. Auch hier will ich zwei Werte betrachten. Zuerst den Wert der *Mitbestimmung.* Er soll in Lebensbereichen, in denen Entscheidungen von Instanzen jenseits der Betroffenen getroffen werden, den Betroffenen eine Chance der Einwirkung geben. Mitbestimmung soll in der Politik, im Bildungswesen und in der Familie denen, die nach Macht und Möglichkeit nicht entscheiden können, eine Chance der Mitsprache geben. Das Gegenstück zur Mitbestimmung in Institutionen ist die selbstverständliche Hinnahme von Institutionen, die ich *Akzeptanz* nenne. Akzeptanz wird durch die Moral und die Religion hervorgerufen, die beide die Neigung fördern, eigene Interessen an denen anderer und am Wohle des Gemeinwesens zu messen und, wenn nötig, zurückzustellen.

Von diesen vier Werten – Gleichheit und Leistung, Mitbestimmung und Akzeptanz – bleibt in der alten Bundesrepublik Gleichheit konstant, aber Leistung, Mitbestimmung und Akzeptanz ändern sich. In allen Zeitreihen zu diesen drei Werten, die in die fünfziger Jahre zurückreichen, kann man eine Periode relativer Konstanz zwischen 1950 und den frühen sechziger Jahren, einen akuten Wandel in den späten sechziger und frühen siebziger Jahren und eine zweite Periode relativer Konstanz seit den späten siebziger Jahren entdecken (Meulemann 2002b: 41-44). Zeitlich gesehen können alle Wertewandlungen in einem Wertwandel erfasst werden, in dem Konstanz, Umbruch und Wiederverfestigung aufeinanderfolgen. Auf dem Hintergrund dieser bemerkenswerten Gleichzeitigkeit fragt sich, was sich gewandelt hat. Wie können die Wandlungen von Leistung, Mitbestimmung und Akzeptanz auf einen Nenner gebracht werden? Kann man die Wertewandlungen als einen Wertwandel verstehen? Um diese Frage zu beantworten, sind in Abbildung 1 für Leistung und Akzeptanz je eine Zeitreihe dargestellt – sowie für Mitbestimmung zwei Zeitreihen, eine für politische Teilhabe und eine für Egalitarismus in der Erziehung.

Nehmen wir zum Ausgangspunkt, dass der Wert Akzeptanz in der Bevölkerung zurückgeht, wie es der rückläufige Kirchgang zeigt. Akzeptanz kann insofern als fundamentaler Wert angesehen werden, als sie nicht auf spezifische strukturelle Bedingungen einer Gesellschaft, sondern auf die Voraussetzungen des menschlichen Lebens und des sozialen Zusammenlebens überhaupt antwortet. Akzeptanz ist die Voreinstellung der Person, die Vorgaben von Institutionen hierzu als selbstverständlich zu übernehmen. Ein Rückgang von Akzeptanz muss die Anforderungen an das Individuum steigern, auf eigene Faust Lebenssinn zu finden. Dabei geht es nicht darum, eine intellektuell stichhaltige Lösung zu finden, sondern ein - weitgehend implizites - Selbstverständnis, das im Alltag trägt. Das entscheidende Problem ist, dass Lebenssinn nicht mehr als Traditionsgut übernommen werden kann, sondern in einer glaubhaften Weise geschaffen werden muss. Wo kann das Individuum nun Werte, also Vorstellungen des Wünschbaren finden, wenn sie ihm nicht mehr selbstverständlich mitgegeben werden?

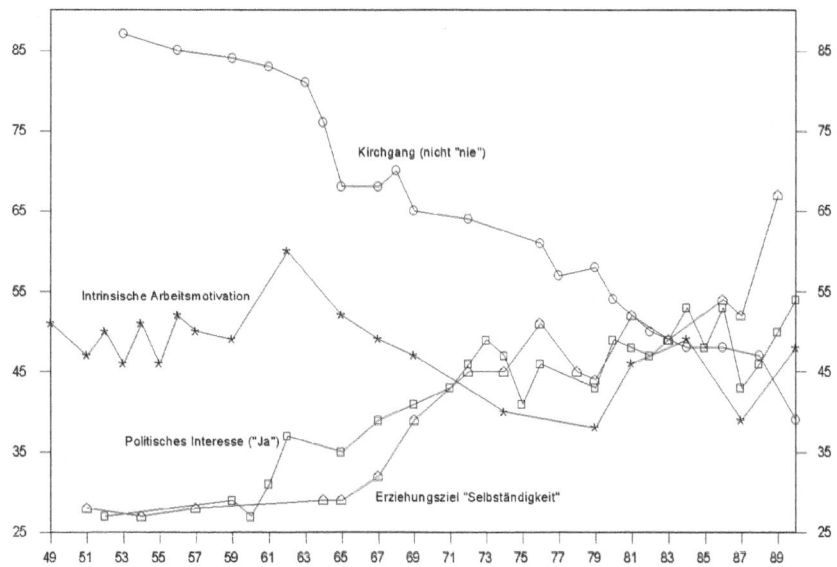

Abbildung 1   Leistung, Mitbestimmung, Akzeptanz: Trends in Westdeutschland 1949-1989

Als erstes bietet sich an, in der Berufsarbeit und im beruflichen Erfolg Ruhe vor dem Problem zu finden. Berufliche Tätigkeit und beruflicher Erfolg können um ihrer selbst willen als wünschbar angesehen werden, unabhängig von der Einsicht in die Notwendigkeit der Arbeit und unabhängig vom materiellen Ertrag der Arbeit. Aber wie das Schwinden einer intrinsischen Arbeitsmotivation zeigt, geht die Bewertung von Arbeit als Leistung zurück. Ob tatsächlich nachlässiger und mit weniger Hingabe gearbeitet wird oder nicht, ist dabei nicht ausgemacht. Es ist auch gar nicht bedeutsam; entscheidend ist, dass Arbeit immer weniger als Selbstzweck und damit immer weniger als möglicher Lebenssinn gesehen wird. Es wäre durchaus denkbar, dass man seine Pflicht treu erfüllt, ohne die Pflichterfüllung im geringsten als persönlichen Lebenssinn zu betrachten. Wenn nun Akzeptanz zurückgeht und Leistung nicht als ein Weg, Lebenssinn zu finden, gewählt wird, so bleiben noch zwei andere Wege offen: die Identifikation mit der Familie und die Teilhabe an der Politik; Sinn kann im privaten oder im öffentlichen Leben gesucht werden.

Identifikation mit der Familie heißt, für die Kinder leben und arbeiten; auch wenn dies nur eine Verschiebung des Problems sein sollte, so ist es doch eine sehr wirksame und langfristig gültige Verschiebung. Die wachsende Bedeutung des Erziehungsziels Selbständigkeit verweist auf die wachsende Bedeutung der Familie als einer Quelle von Lebenssinn. Auch hier ist es wiederum nicht wichtig, ob tatsächlich mehr auf Selbständigkeit und weniger auf Ordnung hin erzogen wird; wichtig ist vielmehr, dass sich die Idee durchgesetzt hat, dass in einem bewussten und wissenschaftlichen Stil erzogen werden sollte. Naive, auf den Vollzug der Erziehung gerichtete Ziele werden durch die Person des Kindes betonende, stärker wissenschaftlich begründete Erziehungsziele abgelöst. Eine solche Rationalisierung der Erziehung schließt Liebe und Intimität keineswegs aus, sondern als wissenschaftlich begründete Methodik und wissenschaftlich legitimiertes Ziel geradezu ein. Noch allgemeiner steht das Anwachsen des Erziehungsziels Selbständigkeit für ein gestiegenes, von Psychologie und Soziologie angeleitetes Interesse an der Regelung familialer Beziehungen, das unmittelbar als Reaktion auf die nachlassende Selbstverständlichkeit von Institutionen, auf schwindende Akzeptanz verstanden werden kann.

Teilhabe an der Politik heißt, zugespitzt formuliert, für größere Gemeinschaften in einer selbstbezogenen Form leben. Sich in einem breiteren Horizont zu bewegen und auf Geschehnisse weit entfernt vom privaten Alltag Einfluss zu haben - solche Gefühle können eine Orientierung auch für das persönliche Leben geben. Das Anwachsen des politischen Interesses verweist auf die wachsende Bedeutung der Politik als einer Quelle von Lebenssinn. Auch hier wiederum deutet dieses Anwachsen nicht notwendig auf ein Anwachsen realer politischer Einflussnahme, sondern viel eher auf eine neue Sichtweise auf die Politik. Während die politische Realität früher selbstverständlich hingenommen wurde, gelten politisches Inter-

esse und Engagement heute als eine Chance persönlicher Selbstverwirklichung.
Und weil diese neue Sichtweise sich auf die Ideale der Aktivität und der Teilhabe
beruft, kann sie wiederum als eine Reaktion auf schwindende Akzeptanz verstanden werden.

Die Identifikation mit der Familie und die Teilhabe an der Politik steigen
gleichzeitig im Wert und reflektieren einen Rückgang von Akzeptanz. Das rechtfertigt nachträglich die Zusammenfassung beider Entwicklungen unter der Überschrift steigender Mitbestimmung. Schon in der Realität sozialer Werte, nicht erst
in den beschreibenden Begriffen, verschwimmen - zumindest in Teilen - Lebensbereiche, die früher klar getrennt zu sein schienen. Die Entwicklung des Wertes
Mitbestimmung verwischt Grenzen zwischen Familie und Politik, zwischen privaten und öffentlichen Lebensbereichen. Auf der einen Seite werden familiäre
Beziehungen aus der Perspektive rationaler Regelung und Planung gesehen. Aber
rationale Planung ist ein Ideal öffentlicher Lebensbereiche, wo die beteiligten
Personen grundsätzlich austauschbar sind und alle persönlichen Interessen sich
grundsätzlich rechtfertigen müssen. Die ansteigende Bewertung rationaler Planung rückt die Familie näher an die Politik, wo rationale Planung ein strukturell passender Wert ist. Auf der anderen Seite wird politisches Interesse als ein
Medium persönlicher Selbstverwirklichung gesehen. Politische Teilhabe verlangt
nicht, dass etwas vom Privatleben abgegeben wird; sie ist Teil des privaten Alltagslebens. Die ansteigende Bewertung von politischer Teilhabe rückt die Politik
näher an die Familie, wo das private alltägliche Leben in erster Linie beheimatet
ist. Keiner dieser beiden Trends ist als solcher neu; neu aber ist, dass beide Trends
Breitenerscheinungen geworden sind.

Der Wertwandel hinter den Wertewandlungen kann nun in zwei Sätzen
zusammengefasst werden. Erstens: Der Rückgang von Akzeptanz bedeutet, dass
Lebenssinn nicht mehr von Institutionen übernommen werden kann, sondern
in einer alltäglichen tragfähigen Form geschaffen werden muss. Zweitens: Da
Lebenssinn in beruflicher Leistung nicht mehr gefunden wird, wird er in der Mitbestimmung gesucht - sei es im Familienleben, das nach dem Muster öffentlicher
Lebensbereiche gedeutet wird, sei es in politischer Teilhabe, die als Teil des privaten Alltags gilt. Dieser Wertwandel kann als eine Art zweiter Säkularisierung
verstanden werden, die auf die Säkularisierung des 19. Jahrhunderts folgt und
deren soziale Basis erweitert. Während die erste Säkularisierung in elitären Segmenten der Bevölkerung religiöse Motive auf die Berufsarbeit umgelenkt hat,
ist die zweite Säkularisierung durch eine gleichzeitige Abwertung religiöser und
beruflicher Motive in der breiten Bevölkerung charakterisiert. Dieser neuerliche
Verlust der Religion an sozialer Verbindlichkeit kann nicht mehr auf die gleiche Weise wie zuvor kompensiert werden; er trifft auf eine breitere soziale Basis

und fordert andere Lösungen heraus. Aus diesem Grunde ist der Rückgang von Akzeptanz in den sechziger Jahren von einem Rückgang beruflicher Leistungswerte begleitet und durch einen Anstieg der Mitbestimmung kompensiert. Pointiert gesagt: Was die Religion nicht mehr bietet, wird nicht im Beruf, sondern in der Freizeit gesucht.

In der alten Bundesrepublik haben sich also nicht nur Werte gewandelt, sondern es hat in den späten sechziger Jahren ein Wertwandel stattgefunden, der als Säkularisierung verstanden werden kann. Dieser Wertwandel war abgeschlossen, lange bevor 1989 die neuen Bundesländer aufgenommen wurden und sich die Frage stellte, wie stark sich die Werte Gleichheit, Leistung, Mitbestimmung und Akzeptanz zwischen West- und Ostdeutschland unterscheiden.

2 Gleichheit und Leistung: Die ostdeutsche Identität ist nach dem Ende der DDR entstanden

Erste Zeitreihe: Lösung des Konflikts von Gleichheit und Leistung

Die innere Spannung des Wertpaars Gleichheit und Leistung wurde im ALLBUS mit zwei Aussagen ausgedrückt. Erstens: „Die Rangunterschiede zwischen den Menschen sind akzeptabel, weil sie im Wesentlichen ausdrücken, was man aus den Chancen, die man hatte, gemacht hat" – im Folgenden „Ungleichheit aus Leistung" genannt. Zweitens: „Nur wenn die Unterschiede im Einkommen und im sozialen Ansehen groß genug sind, gibt es auch einen Anreiz für persönliche Leistung" – im Folgenden „Ungleichheit als Leistungsanreiz" genannt. Die Befragten konnten zu diesen Aussagen auf vier Stufen zwischen „Stimme voll und ganz zu" (Code 1) und „Stimme überhaupt nicht zu" (Code 4) Stellung nehmen. Wer zustimmt, unterstützt das mit der *Chancengleichheit* gekoppelte *Leistungsprinzip*; wer nicht zustimmt, unterstützt das in der *Ergebnisgleichheit* eines Minimalstandards erfasste *Bedarfsprinzip*. „Ungleichheit als Leistung" erfasst die Spannung zwischen Gleichheit und Leistung genetisch oder mit Blick auf die Rechtfertigung sozialer Unterschiede, „Ungleichheit als Leistungsanreiz" hingegen funktional oder mit Blick auf den Nutzen sozialer Unterschiede.

Die alte Bundesrepublik verstand sich als differenzierende Leistungsgesellschaft, die DDR als sozialistische Gemeinschaft gleicher Produktionsmittelbesitzer. Wenn dieses Selbstverständnis fortwirkt, dann sollten *erstens* die Ostdeutschen gleich nach der Wiedervereinigung die Ergebnisgleichheit und die Westdeutschen die Chancengleichheit stärker betonen. Nachdem aber die Sozialverfassung der Bundesrepublik auch auf Ostdeutschland übertragen wurde, sollten *zweitens* die Ostdeutschen sich den Westdeutschen annähern. Wie die Entwicklung tatsächlich verläuft, ist in Abbildung 2 dargestellt. In West- und Ostdeutschland entwickelt sich die Stellungnahme zu beiden Aussagen so einheitlich, dass auf sie nicht einzeln eingegangen werden muss.

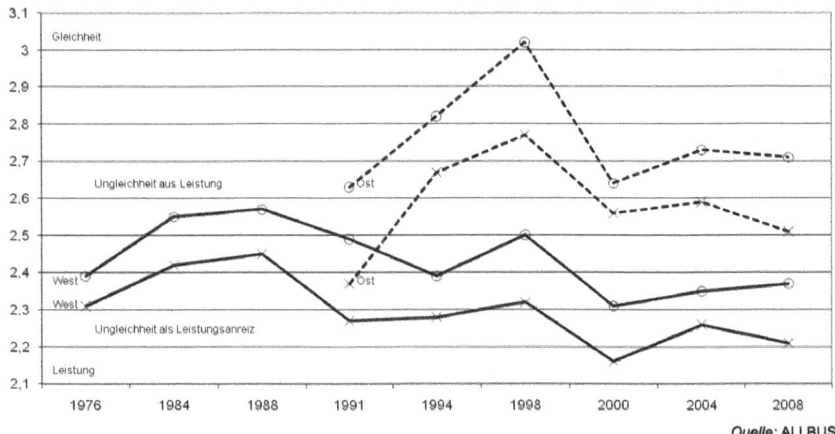

Quelle: ALLBUS

Abbildung 2   Ungleichheit aus Leistung und als Leistungsanreiz in West- und Ostdeutschland 1976-2008

In Westdeutschland bleibt die Zustimmung zum Leistungsprinzip über die ganze Zeitspanne im Wesentlichen konstant; insbesondere verändert sie sich nicht durch die Wiedervereinigung. In Ostdeutschland findet man eine Entwicklung, die keine der beiden Vermutungen unterstützt. 1991 unterstützen die Ostdeutschen wider Erwarten das Leistungsprinzip genau so stark wie die Westdeutschen. Ab 1994 aber rücken die Ostdeutschen wider Erwarten nicht an die Westdeutschen heran, sondern von ihnen weg; sie unterstützen das Leistungsprinzip deutlich und konstant schwächer als die Westdeutschen. Die erwarteten Unterschiede zwischen den Landesteilen treten also nicht bei der Wiedervereinigung, aber im Laufe der Transformation auf. Und sie bleiben bis 2008. Nicht das Erbe der DDR, sondern die Transformation bringt die Ostdeutschen dazu, vor dem Leistungsprinzip zurückzuschrecken. Wie kann man das erklären?

Die DDR hat ihren Bürgern zwar die Ergebnisgleichheit des Bedarfs gelehrt, aber sie hat ihnen das Leistungsprinzip offenbar nicht verleiden können. Wie Befragungen in Betrieben der DDR zeigen (Meulemann 1996: 192-194, 2002b:

66-67), beklagen die Belegschaften immer wieder das Fehlen einer leistungs-
gerechten Bezahlung. Die Bevölkerung vermisste den Lohn der Leistung, die
Selbstverwirklichung; aber der Staat schützte sie vor den Herausforderungen des
Leistungsprinzips, dem Zwang zur eigenständigen Orientierung und dem Risiko
des Scheiterns. Das Leistungsprinzip war in der DDR zwar von der Bevölkerung
internalisiert, aber in der sozialen Realität nicht institutionalisiert worden. Dass
die Ostdeutschen 1991 das Leistungsprinzip oft bejahen, ist Reaktion auf seine
mangelnde Verwirklichung. Denn die DDR bewirkte zweierlei zugleich. Sie ver-
sagte der Bevölkerung die Chance der Selbstverwirklichung durch Leistung und
ersparte ihr die Erfahrung der Risiken des Leistungsprinzips.

Aber dieser wohlwollende Staat ist 1990 abgetreten, so dass die Ostdeutschen
die Chancen wie Risiken des Leistungsprinzips erfuhren. Die Sozialisation zur
Gleichheit aus der DDR trifft nun auf eine Situation, die den Ostdeutschen Argumente gegen das Leistungsprinzip liefert und die gleichsam unschuldige Begeis-
terung für das Leistungsprinzip dämpfen. Die Ostdeutschen entfernen sich also
nach 1994 von den Westdeutschen, weil sie die Erfahrungen der Transformation
im Lichte ihrer Wertvorstellungen aus der DDR interpretieren. Die Identität der
Ostdeutschen kommt erst nach dem Ende der DDR auf.

Zweite Zeitreihe: Gleichheit und Leistung als Pole

Aber vielleicht sind die Ergebnisse der Abbildung 1 zufällig. In einer zweiten
Zeitreihe zur Spannung zwischen Gleichheit und Leistung, die vom IPOS-Institut, Mannheim, bis 1995 erhoben und dann im ESS weitergeführt wurde, müssen
die Befragten nicht einer vorgegebenen Lösung des Konflikts zwischen Leistung
und Gleichheit zustimmen, sondern sich selber in der Polarität beider Werte ver-
orten – zuerst mit Bezug auf den Lebensstandard, dann auf das Einkommen. Sie
müssen auf einer 7stufigen Skala entscheiden, „wo sie eher leben wollen": in
„einer Gesellschaft, in der der Lebensstandard des einzelnen in erster Linie von
seiner Leistung abhängt" (Code 1) oder „einer Gesellschaft, die dem einzelnen
einen gewissen Lebensstandard sichert, auch wenn er weniger leistet" (Code 7)
– und in „einer Gesellschaft, die Unterschiede in Fähigkeiten, Bildung und Leistung finanziell belohnt" (Wert 1) oder „einer Gesellschaft, die Wert auf ähnlich
hohe Einkommen für jeden legt" (Wert 7), so dass hohe Werte die Entscheidung
für Gleichheit und niedrige Werte die Entscheidung für Leistung darstellen.

Lebensstandard   Einkommen

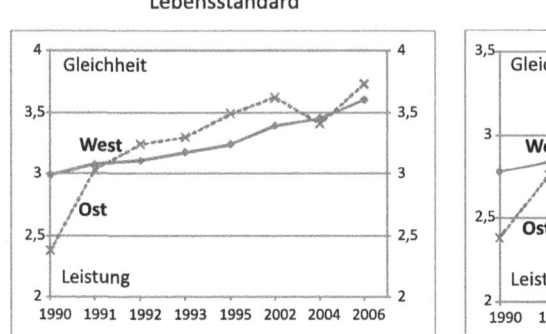 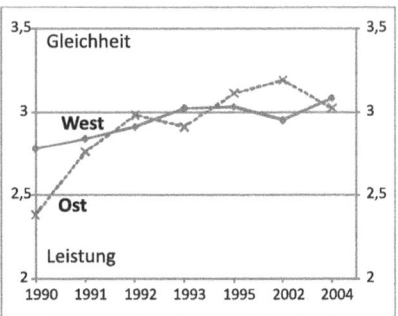

Quelle: IPOS-Institut, ESS

Abbildung 3   Ergebnisgleichheit (Wert 7) und Leistungsprinzip (Wert 1) bezüglich
               Lebensstandard und Einkommen 1990-2006

Die Mittelwerte in West- und Ostdeutschland für beide Entscheidungen sind
in Abbildung 3 dargestellt. In beiden Entscheidungen favorisieren 1990 wider
Erwarten nicht die West-, sondern die Ostdeutschen Leistung stärker. Und bei
beiden Entscheidungen bewegen sich die Westdeutschen nur wenig, 0,6 bzw. 0,4
Skalenpunkte, die Ostdeutschen aber sehr deutlich, 1,2 bzw. 0,6 Skalenpunkte,
von der Leistung weg zur Gleichheit. Die Landesteile unterscheiden sich also
nach der Vereinigung nicht in der erwarteten Weise und können sich daher auch
nicht in der erwarteten Weise einander annähern. Die nach der Wiederverein-
gung erwarteten Unterschiede treten erst in der Transformation auf. Erst nach der
Wiedervereinigung entdecken die Ostdeutschen ihre Vorliebe für die Gleichheit.
Allerdings bewegen sich auch die Westdeutschen von der Leistung zu Gleichheit,
so dass die Landesteile sich ab 1991 kaum mehr unterscheiden. Aber auch hier
gilt: Die ostdeutsche Identität bildet sich erst nach der Wiedervereinigung.

3 Mitbestimmung

3.1 Mitbestimmung in der Politik: Leistungsansprüche im Osten – Wertansprüche im Westen

Um Mitbestimmung geht es in erster Linie in der Politik. Wer nicht entscheidet, aber von Entscheidungen betroffen ist, soll eine Chance haben auf sie Einfluss zu nehmen. Die Unterstützung des Werts Mitbestimmung kann also zuerst am politischen Interesse abgelesen werden. Auf die Frage „Wie stark interessieren Sie sich für Politik?" wurden im ALLBUS fünf Vorgaben von „1 sehr stark" bis „5 überhaupt nicht" vorgegeben. Der Mittelwert der Antworten in Westdeutschland von 1980 bis 2008 und in Ostdeutschland von 1991 bis 2008 ist in Abbildung 4 dargestellt.

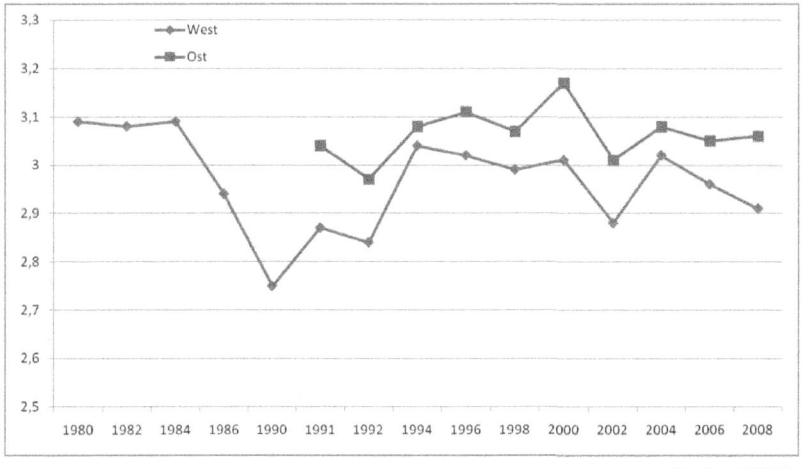

Quelle: ALLBUS

Abbildung 4   Politisches Interesse in Westdeutschland 1980-2008 und in Ostdeutschland 1991-2008

Zwischen 19991 und 2008 schwankt die Differenz zwischen beiden Landesteilen unsystematisch zwischen 0,1 und 0,3 Skalenpunkten zugunsten der Westdeutschen. Die Westdeutsche interessieren sich geringfügig, aber dauerhaft stärker für Politik als die Ostdeutschen. Die Landesteile gleichen sich einander nicht an, aber sie sind auch kaum voneinander entfernt. Mitbestimmung hat also im Westen etwas mehr Anhänger als im Osten, wenn man das Interesse für Politik überhaupt zum Maßstab nimmt. Aber das Interesse für Politik ist kein eindeutiger Indikator für den Wert Mitbestimmung.

In der Politik geht es nämlich um zweierlei: zunächst einmal um die Durchsetzung von Interessen und Ansprüchen wie etwa die Schulgeldfreiheit oder die Sicherung der Rente, im Weiteren aber – wenn Interessenkonflikte gelöst und Ansprüche durch Leistungen der Politik befriedigt sind – um die Verwirklichung von Werten wie etwa den Schutz der Umwelt, ein lohnendes Leben oder Frieden unter den Völkern. Je weiter eine Gesellschaft fortgeschritten ist, desto stärker kann sie anstelle von Leistungsansprüchen Wertansprüche an die Politik stellen. Die Westdeutschen sollten also weniger Leistungsansprüche als die Ostdeutschen stellen – und mehr Wertansprüche.

Leistungsansprüche wurden im ALLBUS durch eine indirekte und eine direkte Frage erhoben. Indirekt werden Leistungsansprüche durch die wahrgenommene Gerechtigkeit der Verteilung erfasst: „Ich finde die sozialen Unterschiede in unserem Land im Große und Ganzen gerecht." Wer diese Aussage ablehnt, stellt implizit Ansprüche an den Staat, Leistungen zur Umverteilung zu gewähren. Direkt werden Leistungsansprüche durch den Wunsch einer staatlichen Sicherung gegen Lebensrisiken erfasst: „Der Staat muss dafür sorgen, dass man auch bei Krankheit, Not, Arbeitslosigkeit und im Altern ein gutes Auskommen hat." Wer dieser Aussage zustimmt, stellt ausdrücklich Ansprüche an den Staat. Abbildung 5 zeigt, wie die Ablehnung der indirekten und die Zustimmung zur direkten Aussagen sich zwischen 1991 und 2008 in West- und Ostdeutschland entwickelt haben.

Die Ostdeutschen halten zwischen 1991 und 2000 um rund 30 Prozentpunkte häufiger als die Westdeutschen die sozialen Unterschiede in Deutschland nicht für gerecht; 2008 schmilzt dieser Unterschied auf 19 Prozentpunkte zusammen. Die Ostdeutschen fordern weiterhin 1991 und 1994 um 28 Prozentpunkte häufiger als die Westdeutschen eine staatliche Vorsorge gegen Lebensrisiken; 2000 und 2004 schmilzt dieser Unterschied auf 19 und 15 Prozentpunkte zusammen. Nach beiden Fragen also stellen die Ostdeutschen deutlich mehr Leistungsansprüche an den Staat als die Westdeutschen; nach beiden Fragen schmilzt diese Differenz ab 2000 etwas zusammen, aber verbleibt noch beträchtlich.

Wenn Leistungsansprüche hinreichend befriedigt sind, kann man Wertansprüche stellen. Wer sich gegen Lebensrisiken gefeit fühlt, kann sich um die Verschönerung der Städte, den Schutz der Umwelt oder den Frieden in der Welt kümmern. Solchen Überlegungen liegt die Vorstellung einer Hierarchie von Werten zugrunde, die mit den wachsenden Möglichkeiten der Menschen Schritt für Schritt abgearbeitet werden. Zuerst kommen die materialistischen, dann die postmaterialistischen Werte; und jeder wird nach dem Stand seiner Bedürfnisbefriedigung die einen oder anderen Werte wählen (Inglehart 1977, 1997). Das wird mit folgender Frage erhoben: „Auch in der Politik kann man nicht alles auf einmal haben. Wenn Sie zwischen den folgenden Dingen wählen müssten, welche zwei erscheinen Ihnen am meisten wünschenswert?" Vorgegeben waren „Aufrechterhaltung von Ruhe und Ordnung", „Kampf gegen steigende Preise", „Mehr Einfluss für das Volk in wichtigen politischen Entscheidungen", „Schutz der Meinungsfreiheit". Die beiden ersten Vorgaben erfassen materialistische, die beiden letzten postmaterialistische Werte. Wer beide materialistischen Vorgaben, wählt gilt als Materialist; wer beide postmaterialistischen Vorgaben wählt, gilt als Postmaterialist; wer eine materialistische und eine postmaterialistische Vorgabe wählt, gilt als Mischtyp.

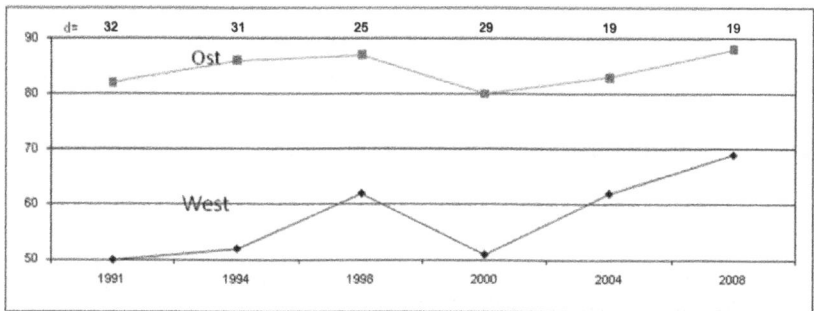

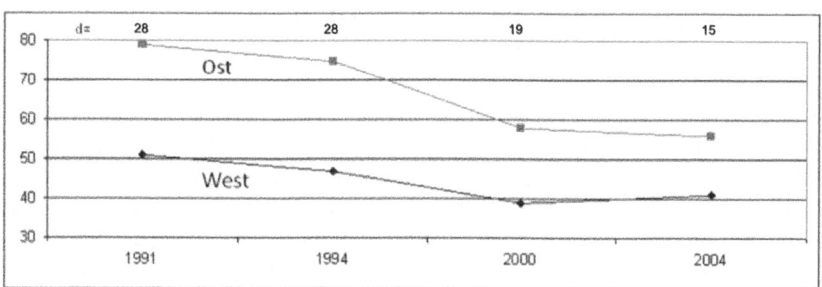

Quelle: ALLBUS

Abbildung 5   Leistungsansprüche an die Politik in West- und Ostdeutschland 1991-2008

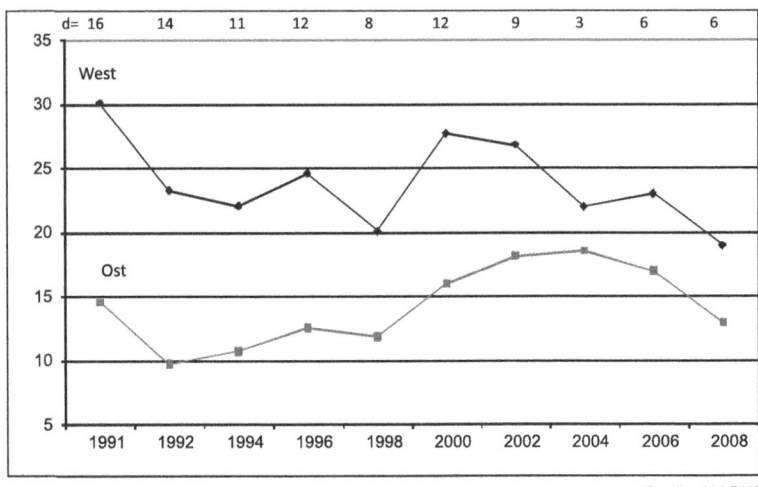

Quelle: ALLBUS

Abbildung 6   Postmaterialismus in West- und Ostdeutschland 1991-2008: % reine Postmaterialisten

Abbildung 6 zeigt, wie sich der Anteil der Postmaterialisten, also der Personen
mit hohen Wertansprüchen an die Politik zwischen 1991 und 2008 entwickelt.
Unter den Westdeutschen finden sich 1991 16 Prozentpunkte, bis 2000 um etwa
12 Prozentpunkte mehr Materialisten als unter den Ostdeutschen; 2002 und 2008
aber schmilzt der Vorsprung auf 9 und schließlich 6 Prozentpunkte zusammen.
    1991 gilt also: Die Westdeutschen stellen mehr Wertansprüche an die Politik
als die Ostdeutschen. Im Vergleich der Landesteile zeigt sich die gleiche Hierarchie wie bei Personen. Weil in Ostdeutschland elementare Bedürfnisse, wie etwa
Arbeit oder Wachstum, weniger gut befriedigt sind als in Westdeutschland, erwarten die Ostdeutschen von der Politik in erster Linie Leistungen und dann erst die
Verwirklichung von Werten. Weil in Westdeutschland die Befriedigung der ele-
mentaren Bedürfnisse weiter fortgeschritten ist, erwarten die Westdeutschen von
der Politik auch die Verwirklichung von Werten. Nach 1991 jedoch nähern sich
die Wertansprüche beider Landesteile zwar nicht vollständig, aber doch weitgehend kontinuierlich einander an. Offenbar gleichen sich die Landesteile nach fast
zwei Jahrzehnten des Zusammenlebens einander auf Dauer an.
    Allerdings ergibt sich die Angleichung aus einem Rückgang der Postmate-
rialisten in Westdeutschland, nicht aus einer Zunahme der Postmaterialisten in
Ostdeutschland. Die Postmaterialisten gehen in Westdeutschland von 30 auf

20 Prozent zurück, während sie in Ostdeutschland bei rund 10 Prozent verharren. Ein Grund für den Rückgang in Westdeutschland kann das Anwachsen der materialistischen Agenda durch die Belastungen der Vereinigung gewesen sein. In Ostdeutschland hingegen bleiben die Belastungen konstant, so dass die materialistische Agenda nicht von einer postmaterialistischen überlagert wird. Die Angleichung ist also eher Nebenfolge der Belastungen durch die Vereinigung als eigenständige kulturelle Entwicklung.

3.2 Mitbestimmung in der Familienerziehung: Gleichheit, Auseinanderdriften und Wiederangleichung

Um Mitbestimmung geht es aber nicht nur in der Politik, sondern in jedem Lebensbereich, in dem einige über das Schicksal anderer entscheiden. Das gilt in der Familie für die Generationsbeziehung. Der Wert der Mitbestimmung wird sichtbar an Erziehungszielen, die innerliche Motive des Kindes über Konformität mit äußerlichen Verhaltensstandards, oder: Autonomie über Konvention stellen. Da die Verfassungs*wirklichkeit* der alten Bundesrepublik, nicht aber der DDR die Autonomie der Person beschützte, sollte Erziehungsziele der Autonomie in Westdeutschland stärker betont werden als in Ostdeutschland.

Schon in der alten Bundesrepublik hatte, wie in Abbildung 1 bereits dargestellt, das EMNID-Institut, Bielefeld, Befragte gebeten, zwischen den Erziehungszielen „Gehorsam und Unterordnung", „Ordnungsliebe und Fleiß" und „Selbständigkeit und freier Wille" zu wählen – wobei die beiden ersten Vorgaben „Konvention" und die letzte „Autonomie" anzeigen und die Nennung von „Kindern" statt von „Schülern" in der Frageformulierung darauf deutet, dass von der Erziehung in der Familie die Rede ist (Meulemann 2002b: 115). Diese Frage wurde 1991, 1995, 1998 und 2001 wiederholt. Die Entwicklung der Antworten in den beiden Landesteilen ist in Abbildung 7 dargestellt.

1991 betonen die Westdeutschen „Selbständigkeit und freier Wille" (aber auch „Gehorsam und Unterordnung") stärker, die Ostdeutschen hingegen „Ordnungsliebe und Fleiß". Aber die Unterschiede betragen nicht mehr als 4 bzw. 7 Prozentpunkte. 1995 verstärken sich zwar die Unterschiede in der erwarteten Richtung, schmelzen aber 1998 und 2001 vollständig zusammen. Im vereinten Deutschland wandeln sich die Erziehungswerte zwischen 1991 und 2001 nicht: „Selbständigkeit und freier Wille" schwankt zwischen 57% und 55%, „Ordnungsliebe und Fleiß" zwischen 35% und 40%, „Gehorsam und Unterordnung" zwischen 5% und 12%. Die Unterschiede zwischen den Landesteilen entwickeln sich also nach folgendem Muster: geringer Vorsprung Westdeutschlands für Autonomie-Werte

1991, großer Vorsprung Westdeutschlands für Autonomie-Werte 1995, Nivellierung 1998 und 2001. Wie lässt sich dieses Muster erklären?

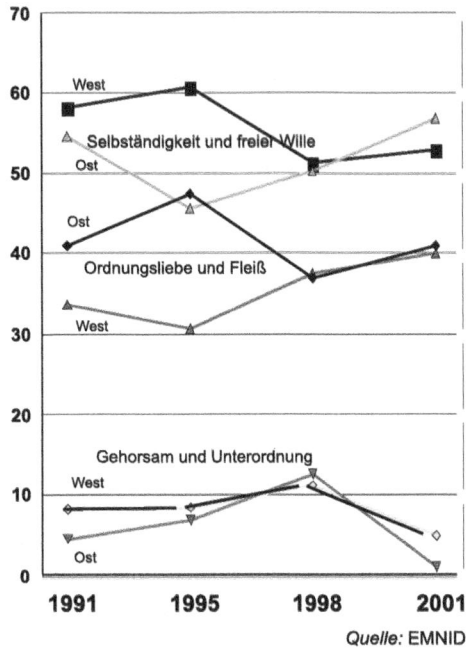

Abbildung 7:   Erziehungsziele für die Familie in den alten und neuen Bundesländern

Der geringe Vorsprung Westdeutschlands 1991 kann sich daraus ergeben haben,
dass in der DDR sich die Familie gegen den Staat einen Freiraum des Privatlebens ertrotzt hat, so dass sich Erziehungsziele wie in der alten Bundesrepublik
von Konvention zu Autonomie verschieben konnten. Die geringen Unterschiede
1991 sind also indirekte Folge des Diktats einer Politik, die alle Lebensbereiche
beherrschen wollte und dadurch das Privatleben in der Familie in den Rang einer
Gegenmacht erhob. Mit der Wiedervereinigung tritt aber der Staat ab, der die
Familie zwang, sich ein Stück Autonomie zu ertrotzen, und eine stabile Umwelt
für ein relativ autonomes Privatleben geschaffen hat. Stattdessen wandelt sich
die soziale Umwelt rapide, mit der die Familie verkehren muss. Das einheitliche
wird durch ein differenziertes Bildungswesen ersetzt, die duale Berufsausbildung
re-etabliert und die Universität umgebaut. Zudem wächst die Arbeitslosigkeit und

die Berufschancen werden unsicher. In einer unsicheren Umwelt aber greift man auf Erziehungsziele der Konvention zurück – wie die Umkehrung der Reihenfolge zwischen „Selbständigkeit und freier Wille" und „Ordnungsliebe und Fleiß" 1995 in Ostdeutschland zeigt. Aber bis zum Ende des Jahrzehnts sind die Reformen des Erziehungswesens abgeschlossen und die Berufschancen der Schulabgänger haben sich zumindest etwas verbessert. Die Turbulenzen der Transformation sind, zumindest was das Erziehungswesen betrifft, überwunden; Erziehungsziele der Autonomie müssen nicht mehr defensiv zurückgenommen werden. Die Ostdeutschen nähern sich daher 1998 den Westdeutschen nicht nur wieder soweit an wie 1991, sondern gleichen sich vollständig an.

4 Akzeptanz

4.1 Moralität: Implosion der staatlich verordneten Moral im Osten – Liberalisierung im Westen

Jede Moral verlangt im Ernstfall des Konflikts die Unterordnung eigener Interessen unter höhere Gesichtspunkte, die entweder durch Kollektivgüter oder durch Werte definiert sind; Moralität ist die entsprechende Voreinstellung der Person, also die Bereitschaft, die Selbstentfaltung des Individuums zugunsten der Verpflichtungen für Gemeinschaften oder der Forderungen von Werten zurückzustecken.

Moralische Gebote können durch Werte und durch die Regel der Reziprozität - „was Du nicht willst, dass man Dir tu, das füg auch keinem andern zu" - begründet werden. Werte rechtfertigen Gebote ohne den Appell an das eigene Interesse der Person; die Regel der Reziprozität begründet Gebote mit dem mehr oder minder langfristigen Appell an das eigene Interesse. Streng genommen lässt sich Moralität - die Unterordnung der Selbstentfaltung unter die Verpflichtung für andere - nur an Geboten messen, die sich durch Werte rechtfertigen. Aber die meisten Gebote bauen sowohl auf der Rechtfertigung durch Werte wie dem Appell an das eigene Interesse auf, so dass die Zuordnung eine Frage des Grades ist. Im Folgenden wird zwischen Geboten unterschieden, die sich überwiegend durch Werte rechtfertigen, und Geboten, die überwiegend durch die Regel der Reziprozität begründet sind. Die erste Gruppe wird zusätzlich nach den Werten in drei Untergruppen aufgeteilt: Die Werte, die in Ehe und Familie verkörpert sind, rechtfertigen z.B. das Verbot der Prostitution; der Wert des fremden Lebens rechtfertigt das Verbot von Tötung und Abtreibung; der Wert des eigenen Lebens das Verbot von Sterbehilfe und Selbstmord. Die Regel der Reziprozität verbietet z.B.

die Steuerhinterziehung und den Missbrauch von Sozialleistungen. In jedem Fall beruht die Zuordnung auf einer dominanten Begründung und schließt alternative Begründungen nicht aus. Auf der einen Seite kann z.b. das Verbot der Prostitution auch mit dem Hinweis auf die gleiche Handlungsmöglichkeit des Partners, auf der anderen Seite z.B. das Verbot der Steuerhinterziehung auch mit dem Hinweis auf das Gemeinwohl gerechtfertigt werden.

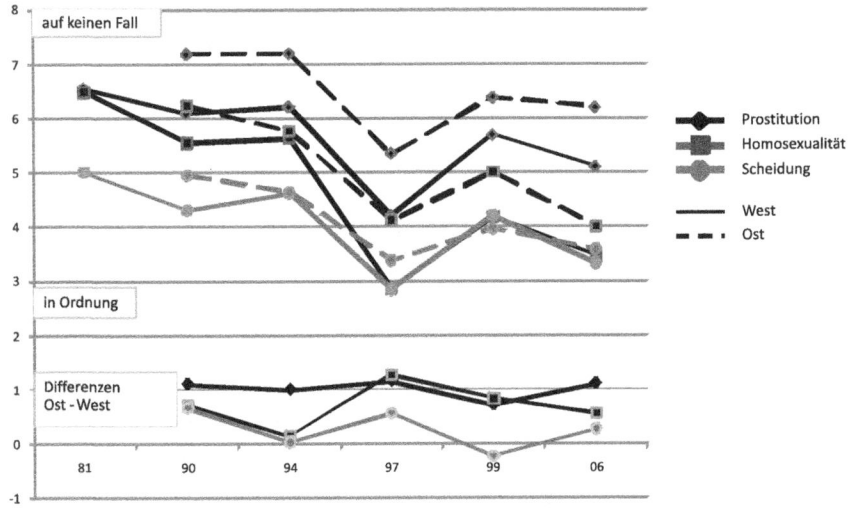

Abbildung 8a. Mittelwerte der Akzeptanz moralischer Gebote in West- und Ostdeutschland 1990-2006: Werte zu Ehe und Familie

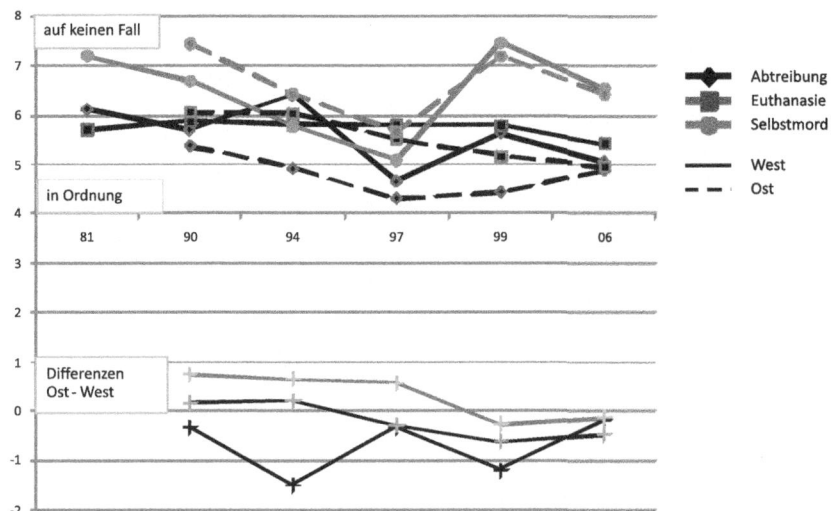

Abbildung 8b. Mittelwerte der Akzeptanz moralischer Gebote in West- und Ostdeutschland 1990-2006: Werte zu eigenem und fremden Leben

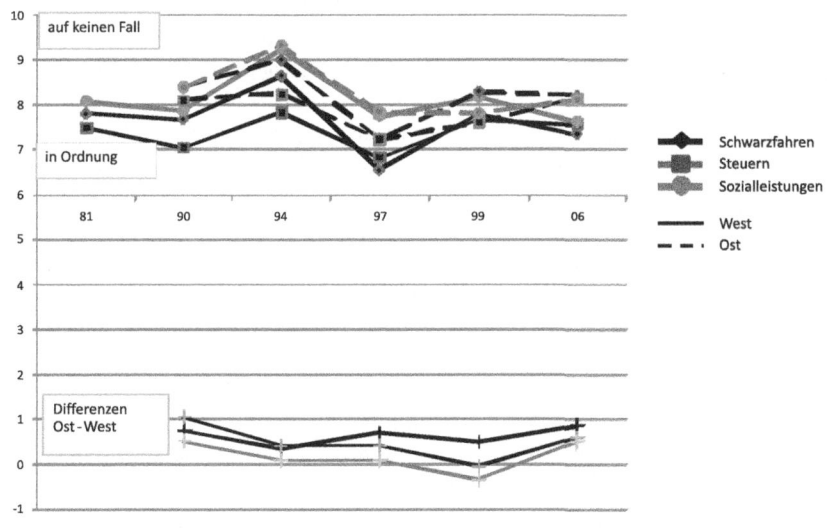

Quelle: EVS

Abbildung 8c. Mittelwerte der Akzeptanz moralischer Gebote in West- und Ostdeutschland 1990-2006: Regeln der Reziprozität

Im EVS mussten nun Verhaltensweisen auf einer Skala zwischen „10 darf man unter keinen Umständen tun" und „1 ist in jedem Fall in Ordnung" eingestuft werden. Wer sagt, etwas dürfe man unter keinen Umständen, drückt ein hohe Akzeptanz moralischer Gebote aus. Die Mittelwerte dieser Skala in West- und Ostdeutschland für Gebote zum Wert von Ehe und Familie, zum Wert des fremden und des eigenen Lebens und zur Regel der Reziprozität in West- und Ostdeutschland zwischen 1981 bzw. 1990 und 2006 sowie die Differenzen zwischen den Landesteilen sind in Abbildung 8a, 8b und 8c dargestellt. Eine positive Differenz sagt, dass die Ostdeutschen eine höhere Akzeptanz moralischer Gebot zeigen, eine negative, dass die Westdeutschen eine höhere Akzeptanz zeigen.

1990 wertet nun der Osten fast immer strenger als der Westen. Im Westen werden sowohl Verstöße gegen Werte der Ehe und Familie, des fremden und des eigenen Lebens wie gegen die Regel der Reziprozität eher akzeptiert als im Osten. Lediglich die Euthanasie wird in beiden Landesteilen etwa gleich bewertet. Und allein die Abtreibung, deren gesetzliche Freigabe in der DDR den Ostdeutschen Akzeptanz nahegelegt hat, wird im Osten mehr akzeptiert. Zwischen 1990 und 1994 geht im Osten die Unterstützung moralischer Gebote auf fast allen Vorgaben zurück, während sie im Westen konstant bleibt, so dass die Differenz zusammenschmilzt. Bei der Wiedervereinigung sind die Ostdeutschen moralischer als die Westdeutschen, aber sehr bald geht ihre Moralität auf das westdeutsche Niveau zurück. Wie kann man diese beiden Sachverhalte verstehen?

Die DDR hat der Bevölkerung mit staatlichem Druck eine rigide Moral oktroyiert. Sie hat von ihr in den „10 Geboten der sozialistischen Moral" Konventionen – „die sozialistische Arbeitsdisziplin festigen", „sparsam sein", „sauber und anständig leben" – gefordert, mit denen man Konformität demonstrieren konnte, und ihr propagandistische Leerformeln – „die internationale Solidarität", „den Geist des Friedens und des Sozialismus" - eingehämmert, die zum Nachsprechen, aber zu keinem Tun verpflichteten. Die Menschen haben diese Moral nachgebetet, ohne ihr unbedingt zu folgen. Wo sie es mussten, demonstrierten sie Konformität; wo sie es konnten, taten sie, was sie wollten. Da kam die Umfrageforschung als ein neues Medium moralischer Bekenntnisse gerade recht – und so erklären sich die hohe Akzeptanz moralischer Gebote in Ostdeutschland 1990.

In der neuen pluralistischen Sozialordnung aber hat die hohe Moralität ihren Sinn verloren. Sie brachte weder Anerkennung bei Autoritäten noch gab sie Orientierung im Alltag. Der einzelne konnte sich nicht mehr an äußere Mächte anlehnen, sondern musste nach verinnerlichten Maßstäben urteilen. Daher *musste* die Fassade hoher Akzeptanz moralischer Gebote zerbrechen, und die innere Schwäche der hohen Moralität trat zu Tage: Sie lebte vom Buchstaben und nicht vom Geist. Weit entfernt davon, Orientierung zu geben, lähmt die hohe moralische

Akzeptanz in der pluralistischen Sozialverfassung. Weit entfernt davon ein „Verfall" zu sein, ist die rückläufige Akzeptanz eine Anpassung an die neuen Lebensbedingungen, die keine demonstrative, sondern eine überzeugte Moral verlangen (Meulemann 1998).

Die staatlich verordnete Moral der DDR ist unter der impliziten Anforderung der gesamtdeutschen Zivilgesellschaft in weniger als einer halben Dekade implodiert. Und sie lebt nach 1994 in Ostdeutschland nicht wieder auf: Die hohen Prozentwerte von 1990 werden in allen folgenden Erhebungen für keinen der betrachteten Tatbestände wieder erreicht. Allerdings entstehen ab 1994 neue Unterschiede zwischen den Landesteilen, die sich bei vielen Tatbeständen dadurch ergeben, dass eine Liberalisierung in Westdeutschland nicht durch eine Liberalisierung in Ostdeutschland begleitet wird.

Betrachtet man zunächst Ehe und Familie, so werden die Westdeutschen zu allen drei Tatbeständen zwischen 1990 und 2006 mit Schwankungen liberaler, während die Ostdeutschen ebenfalls mit Schwankungen zwischen 1994 und 2006 zu Prostitution und Scheidung gleich streng eingestellt bleiben und zur Homosexualität erst 2006 deutlich liberaler eingestellt sind. Zusammen bewirken die landesteilspezifischen Entwicklungen, dass die Ostdeutschen über die Prostitution bis 2006 dauerhaft und die Homosexualität und Scheidung zumindest vorübergehend strenger beurteilen. Die staatlich verordnete Moral lebt nicht wieder auf; aber die westdeutsche Zivilgesellschaft urteilt moralisch weniger streng, ohne dass die Ostdeutschen bereits folgen.

Betrachtet man das fremde und eigene Leben, so findet sich bei der Abtreibung eine ähnliche Entwicklung wie bei Ehe und Familie. Die Westdeutschen werden zwischen 1990 und 2006 mit Schwankungen liberaler, die Ostdeutschen aber werden nach 1994 nicht liberaler, so dass über den gesamten Zeitraum die beiden Landesteile sich fast ganz angleichen. Beim eigenen Leben aber – also Euthanasie und Selbstmord – weichen die Entwicklungen vom bisherigen Muster ab. Zwischen 1994 und 2006 werden die Westdeutschen strenger und die Ostdeutschen liberaler, so dass über den gesamten Zeitraum die größere ostdeutsche einer größeren westdeutschen Strenge weicht. Der Implosion der staatlich verordneten Moral folgt eine Liberalisierung der zivilgesellschaftlichen Moral.

Betrachtet man schließlich die Regeln der Reziprozität, so bleibt Westdeutschland zwischen 1990 und 1999 konstant und wird 2006 liberaler, während Ostdeutschland zwischen 1994 und 2006 konstant bleibt oder sogar strenger wird. Beide Entwicklungen zusammen bewirken, dass der ostdeutsche Vorsprung an Moralität von 1990 bis 2006 ganz oder teilweise wieder auftaucht. Allein bei den Regeln der Reziprozität scheint also die implodierte Moral wiederaufzuleben. Aber es ist fraglich, ob es die alte staatlich verordnete Moral ist. Denn der ostdeutsche Vorsprung wird nicht vor 1997 nennenswert. Viel plausibler ist es wohl, das verzögerte Wiedererscheinen moralischer Strenge als Reaktion auf den anhaltenden Bedarf der Ostdeutschen an staatlicher Unterstützung zur Bewältigung ihres wirtschaftlichen Rückstandes zurückzuführen. Wie in Abbildung 5 gezeigt, stellen die Ostdeutschen höhere Leistungsansprüche an den Staat. Wer höhere Ansprüche stellt und auf ihre Erfüllung angewiesen ist, sollte sensibler werden für die Regeln, nach denen Ansprüche erfüllt werden. Nicht nur der Geber, sondern auch der Empfänger von Transferzahlungen ist daran interessiert, dass sie fair erhoben werden, um Legitimitätseinbußen oder gar die Einstellung der Zahlungen zu vermeiden.

Überblickt man alle Tatbestände, so ist 2006 überwiegend – nämlich bei Ehe und Familie sowie bei den Regeln der Reziprozität – Ostdeutschland moralisch strenger als Westdeutschland. Aber dieser vorläufige Schlusspunkt deutet nicht auf ein Wiederaufleben der implodierten staatlich verordneten Moral. Er ergibt sich aus einer früher oder später einsetzenden Liberalisierung Westdeutschlands. Bei den verbleibenden Tatbeständen – nämlich denen zum Wert des eigenen Lebens – führt eine späte Wende Westdeutschlands zur Strenge und eine Konstanz Ostdeutschlands nach der Implosion dazu, dass aus einem ostdeutschen Vorsprung an moralischer Strenge 1990 ein westdeutscher Vorsprung 2006 wird. In beiden Fällen folgt in Ostdeutschland der Implosion kein Wiederaufleben moralischer Strenge.

Moralität hängt eng mit Religiosität zusammen. Denn die Religionen geben Gründe für moralische Gebote und verheißen Lohn und Strafe für moralisches oder unmoralisches Handeln. Daher korrelieren Moralität und Religiosität auch in Bevölkerungsbefragungen. Die DDR aber war ein soziales Experiment gegen diese Korrelation. Sie oktroyierte Moralität und sie zerstörte Religiosität. Wenn nun nach dem Ende der DDR die oktroyierte Moralität implodiert – lebt die zurückgedrängte Religiosität wieder auf? Folgt der erzwungenen Säkularisierung der DDR eine religiöse Wiederbelebung Ostdeutschlands?

4.3 Religiosität: Folgen der erzwungenen Säkularisierung

Religiosität kann man definieren als die Einstellung zur religiösen Frage, also der Frage nach dem Woher und Wohin des eigenen Lebens und der Welt. Sie äußert sich erstens in der *Mitgliedschaft* in religiösen Vereinigungen, also in Kirchen. Sie äußert sich zweitens in der öffentlich-kirchlichen *Praxis* des Kirchgangs und drittens in der privat-religiösen *Praxis* des Gebets. Sie kann viertens diffus empfunden werden und als religiöse Selbsteinschätzung erhoben werden.

Kirchenmitgliedschaft und Kirchgangshäufigkeit

Die Zugehörigkeit zu einer Kirche bestimmt die Häufigkeiten kirchlicher Praktiken: Sie ist in Westdeutschland viel stärker gegeben als in Ostdeutschland. In Westdeutschland gehören – wie die linke Hälfte der Abbildung 9 zeigt – 1991 11% und 2008 16% keiner Religionsgemeinschaft an, in Ostdeutschland 1991 65% und 2008 74%. Die Prozentsatzdifferenz der Nichtmitglieder wächst von 54 Prozentpunkten 1991 auf 58 Prozentpunkte 2008. Ostdeutschland ist also durch die DDR „entkonfessionalisiert" worden, und die beiden Landesteile nähern sich nicht an. Die erzwungene Säkularisierung Ostdeutschlands besteht bis heute fort; sie hat in der Kirchenmitgliedschaft ihr überdauerndes institutionelles Fundament.

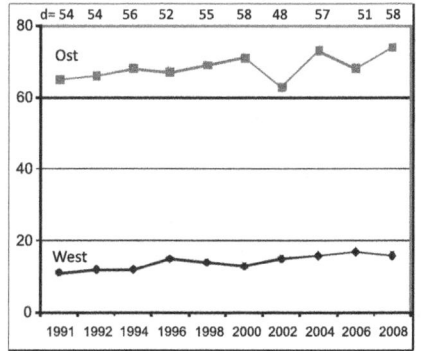 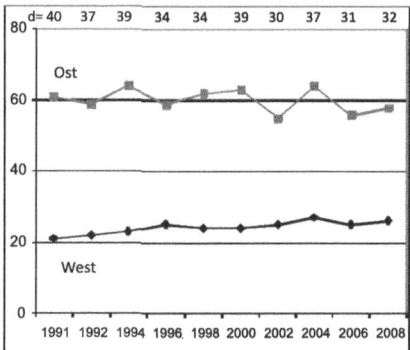

Kirchgang: auch Konfessionslose in Basis. *Quelle:* ALLBUS

Abbildung 9: Konfessionsmitgliedschaft (% keine, links) und Kirchgangshäufigkeit (% „nie", rechts) in West- und Ostdeutschland 1991- 2008

Die Konfessionen sind das institutionelle Fundament der religiösen Praxis. Sie regeln die kirchlichen Praktiken, an erster Stelle die Häufigkeit des Kirchgangs. Wie die rechts Hälfte der Abbildung 9 zeigt, gehen 1991 im Westen 21% und im Osten 60%, 2008 24% bzw. 58% „nie" zur Kirche, so dass die Prozentsatzdifferenz zwischen den beiden Landesteilen von 40 Prozentpunkten auf 32 Prozentpunkte zurückgeht.

Die geringere Kirchgangshäufigkeit in Ostdeutschland kann allerdings die Entkonfessionalisierung Ostdeutschlands widerspiegeln. Denn Konfessionslose gehen seltener in die Kirche als Konfessionsmitglieder und Protestanten seltener als Katholiken und zugleich sind Konfessionslose und Protestanten in Ostdeutschland stärker vertreten. Daher kann es sein, dass der Landesteilunterschied der Kirchgangshäufigkeit durch den Unterschied der Konfessionsverteilung bedingt ist.

Um das zu prüfen, muss man die Kirchgangshäufigkeit in den Landesteilen getrennt für die Konfessionsgruppen betrachten. Verschwinden die Landesteilunterschiede vollständig bei dieser „Kontrolle", so haben sie keinen eigenständigen Einfluss; werden die Landesteilunterschiede jedoch nur reduziert, so verbleibt ein eigenständiger, von der Konfessionszugehörigkeit unabhängiger Einfluss des Landesteils auf die Kirchgangshäufigkeit. In der Tat nivellieren sich, wenn man die Konfessionslosigkeit konstant hält, die Landesteilunterschiede der Kirchgangshäufigkeit fast vollständig. Sie spiegeln also die Landesteilunterschiede der Konfessionsmitgliedschaft wider und stellen keinen eigenständigen Unterschied dar.

Die gleiche Überlegung gilt für alle kirchlichen Praktiken und religiösen Überzeugungen, die durch die Konfessionszugehörigkeit geregelt werden. Die gleiche Prüfung wie für den Kirchgang muss also im Folgenden auch für die weiteren Verhaltensweisen und Überzeugungen durchgeführt werden, bevor sie als eigenständiger Landesteilunterschied gewertet werden können.

Häufigkeit des Gebets

Nicht nur in der Kirche wird gebetet, sondern auch zu Hause. Die Frage „Wie oft beten Sie?" bezieht sich zunächst auf beides. Aber durch die Vorgaben, die von „täglich" bis „nie" reichen, wird deutlich, dass das private Gebet im Hause gemeint ist. Die Verteilung dieser Variable ist in beiden Landesteilen zweigipflig: der häufigste Wert ist „nie", der zweithäufigste „täglich", alle mittleren Kategorien sind seltener besetzt. Daher ist es am besten, den Prozentsatz „nie" als Indikator der Säkularisierung des privaten religiösen Verhaltens zu betrachten.

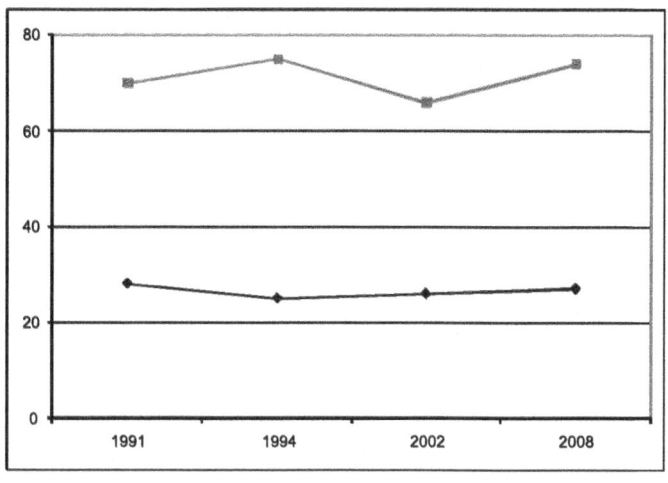

Quelle: ALLBUS

Abbildung 10 Gebetshäufigkeit 1991-2008 in West- und Ostdeutschland: % „Nie"

Abbildung 10 zeigt, dass Nichtbeten zwischen 1991 und 2008 in Ostdeutschland um 40 bis 50 Prozentpunkte häufiger ist als in Westdeutschland. Die Differenz wird nicht kleiner. Die erzwungene Säkularisierung war also nicht nur eine „Entkirchlichung"; sie bringt auch eine Säkularisierung des privaten religiösen Verhaltens mit sich. Aber natürlich ist die Kirchenmitgliedschaft das institutionelle Fundament der religiösen Praxis nicht nur in der Kirche, sondern auch zu Hause. Unterscheiden sich die Gebetshäufigkeit auch dann zwischen den Landesteilen, wenn man die Unterschiede der Kirchenmitgliedschaft aus der Betrachtung nimmt? Um das zu prüfen, werden in Abbildung 11 die Prozentsatzdifferenzen zwischen West- und Ostdeutschland für Protestanten, Katholiken und Konfessionslose getrennt betrachtet.

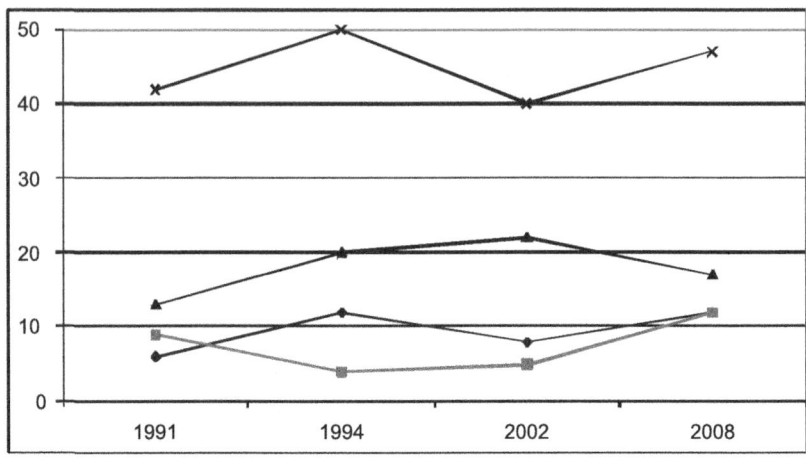

Quelle: ALLBUS

Abbildung 11   Gebetshäufigkeit „Nie": Prozentsatzdifferenz zwischen West- und Ostdeutschland insgesamt, bei Protestanten, Katholiken und Konfessionslo-
sen1991-2008

In der Abbildung sind zuoberst die Prozentsatzdifferenzen zwischen den Landesteilen insgesamt grafisch dargestellt, die als Zahlen bereits oben in Abbildung
10 eingetragen waren und immer über 40 Prozentpunkten liegen. Betrachtet man
nun Protestanten, Katholiken und Konfessionslose getrennt, so muss sich die Differenz natürlich vermindern weil der hohe Prozentsatz von nie betenden Konfessionslosen in Ostdeutschland und der hohe Prozentsatz von häufig betenden
Kirchenmitgliedern in Westdeutschland nicht mehr in die Differenz eingehen.
Aber sie verschwindet nicht. Sie ist bei den Konfessionslosen mit rund 15 Prozentpunkten am höchsten, und beträgt auch bei den Protestanten und Katholiken
noch rund 10 Prozentpunkte. Obwohl also ein Protestant oder Katholik in Ostdeutschland so viel beten sollte wie in Westdeutschland, betet er weniger. Die
Unterschiede zwischen den Landesteilen in der konfessionellen Verteilung können die Unterschiede in der Häufigkeit des Betens nur zum Teil erklären. Bis
heute verbleiben Nachwirkungen der erzwungenen Säkularisierung, die an der
Konfessionsmitgliedschaft gleichsam vorbeigehen. Die erzwungene Säkularisierung der DDR hat nicht nur die kirchliche Religiosität, sondern die Religiosität
überhaupt, das Gespür für die religiöse Frage, zurückgedrängt.

Die Prozentsatzdifferenzen gehen zudem weder bei den Konfessionslosen noch bei den Protestanten und Katholiken zwischen 1991 und 2008 zurück, sondern schwanken unregelmäßig. Die eigenständigen Nachwirkungen der erzwungenen Säkularisierung bleiben also bis heute im Wesentlichen bestehen.

Diffuse Religiosität

Die selbst eingeschätzte Religiosität wurde im ALLBUS 1992, 2000 und 2002 auf einer zehnstufigen Skala und im ISSP 2008 auf einer siebenstufigen Skala, die auf zehn Stufen umgerechnet wurde, erfragt. Die Mittelwerte der Antworten sind in Abbildung 12 dargestellt.

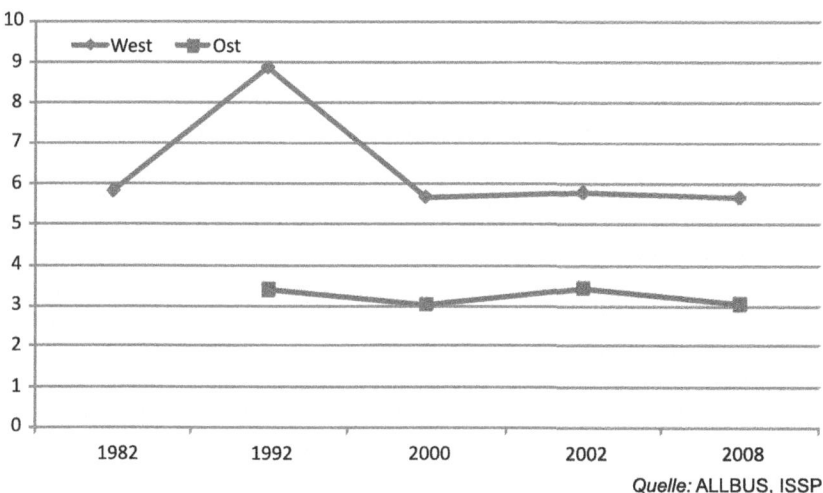

Quelle: ALLBUS, ISSP

Abbildung 12   Selbsteinschätzung der Religiosität in Westdeutschland 1982-2008 und in Ostdeutschland 1992-2008: Mittelwerte

Die Westdeutschen schätzen sich konstant religiöser ein als die Ostdeutschen. Ihr Vorsprung wird zwischen 1992 und 2000 zwar kleiner. Aber das ist durch eine auch im Vergleich mit 1982 außerordentlich hohe westdeutsche Religiosität bedingt, nicht durch eine Zunahme der ostdeutschen Religiosität. Auch hier bleiben die Nachwirkungen der erzwungenen Säkularisierung unvermindert bis heute bestehen.

Überblickt man die Entwicklung zur Moralität und zur Religiosität, so gilt: Die Ostdeutschen schütteln die oktroyierte sozialistische Moral ab, aber die erzwungene Säkularisierung der DDR wirft bis heute ihren Schatten. Die Sozialistische Moral war das Kunstprodukt eines untergegangenen Staates; aber die erzwungene Säkularisierung ist ein Wandel, der ihn überlebt. Die DDR hat nicht nur gegen die positive Korrelation von Moralität und Religiosität gearbeitet; auch nach ihrem Ende entwickeln sich beide nicht synchron. Die sozialistische Moral implodiert, aber die Religiosität lebt nicht wieder auf.

5 Schluss: Unterschiede als Fortwirken eines geplanten Verfassungswandels

Unterschiede und Gemeinsamkeiten

Die Vereinigung Deutschlands wurde häufig als „soziales Großexperiment" bezeichnet. Aber ein „soziales Großexperiment" war bereits die DDR und die 40jährige Parallel-Existenz zweier konträrer Sozialordnungen in einem Lande mit gemeinsamer Sprache und Geschichte. Das erste Experiment bedingt das zweite und sollte daher vor dem zweiten untersucht werden. DDR-Forschung ist wichtiger als Transformationsforschung; denn aus den Folgen eines abgeschlossenen Experiments lässt sich mit größerer Sicherheit etwas lernen als aus der Begleitung eines laufenden Experiments. Jedes Experiment aber beruht auf einem „treatment", einer gezielten experimentellen Manipulation. Vielleicht hat sie das Gewollte erreicht, vielleicht aber hat sie auch Ungewolltes bewirkt. Der Beobachter muss eruieren, was angezielt war und was ungeplant herausgekommen ist. Die Wirkung des Experiments lässt sich dann in drei Formen überprüfen. Erstens: wieweit sind die *geplanten Ziele* später in Unterschieden zwischen den Bevölkerungen mit und ohne „treatment" erkennbar? Zweitens: Wieweit sind Unterschiede nachträglich als *ungeplante Folge* des geplanten Experiments verständlich? Drittens: Wieweit lassen sich *Gemeinsamkeiten* daraus erklären, dass kontrollierbare Einflüsse das Ziel verfehlt oder unkontrollierbare Einflüsse seine Erreichung vereitelt haben?

Die DRR verfolgte unter dem Titel der „Bewusstseinsbildung" (Richert 1966: 114-135) zwei *geplante Ziele*: Sie wollte ein sozialistisches Gemeinschaftsgefühl und eine säkulare Weltsicht durchsetzen. Das sozialistische Gemeinschaftsgefühl sollte auf der Vorstellung der materialen Gleichheit aller beruhen. Deshalb wurden als Nachwirkung der DDR im Vergleich mit der alten Bundesrepublik die Werte Gleichheit und Leistung untersucht. Die säkulare Weltsicht sollte auf der Verdrängung einer kirchlichen, ja einer überhaupt religiösen Weltsicht aufbauen und ihre eigene, wiederum auf der Vorstellung materialer Gleichheit beruhende

Moral mit sich bringen. Deshalb wurde als Nachwirkung der DDR im Vergleich mit der alten Bundesrepublik der Wert der Akzeptanz in seinen Facetten der Moralität und der Religiosität untersucht. In beiden Fällen zeigte sich, dass die Unterschiede zwischen den früheren Teilstaaten auch in den heutigen Landesteilen fortbestehen. Vierzig Jahre eines gewollten Verfassungsexperiments überspielen bis heute die Tradition von Jahrhunderten der Gemeinsamkeit in Sprache und Kultur, Geschichte und Tradition. Das „treatment" war bereits vor der Vereinigung in der angezielten Richtung erfolgreich.

Ungeplante Folgen des geplanten Experiments zeigen sich in Nachwirkungen der sozialistischen Sozialisation nach dem Ende der DDR. Die Ostdeutschen sind versucht, ihre ungünstige wirtschaftliche Situation nach der Vereinigung aufgrund ihrer Sozialisation, also mit der Brille der DDR-Ideologie zu interpretieren. Daraus erklären sich die wachsende Kritik der Ostdeutschen am Leistungsprinzip und das Aufkommen einer ostdeutschen Identität nach dem Ende der DDR. Das „treatment" hat noch nach der Vereinigung ungeplante Folgen ausgelöst.

Schließlich gibt es *Gemeinsamkeiten* der beiden Landesteile in zwei wichtigen Unterdimensionen des Werts der Mitbestimmung. Erstens wird der Wert der Teilhabe der Politik in beiden Landesteilen nahezu gleich stark unterstützt, wenn man das politische Interesse betrachtet. Das ergibt sich vermutlich daraus, dass die DDR das westdeutschen Fernsehen nicht abschirmen konnte. Ein unkontrollierbarer Faktor verhinderte also das Ziel der politischen Indoktrination. Zweitens wird der Wert des Egalitarismus im Privatleben in beiden Landesteilen gleich unterstützt, wenn man die Erziehungsziele betrachtet. Das ergibt sich vermutlich daraus, dass die politische Einwirkung des autoritären Staates nicht hinter die Türen des Privatlebens vordringen konnte. Die Mittel zum geplanten Ziel der vollständigen Bewusstseinslenkung stießen auf ihre Grenzen. In beiden Fällen konnte die DDR schon vor ihrem Ende ihre Bevölkerung nicht wie gewünscht lenken. Das „treatment" ist also bereits vor der Vereinigung an Grenzen gestoßen.

Maße für die Unterschiede

Unbeschadet seiner Begrenztheiten ist die Wirkung des sozialen Großexperiments DDR daran ersichtlich, dass es bereits vor der Vereinigung geplante Ziele erreicht und nach der Vereinigung ungeplante Folgen ausgelöst hat. Beides hat die noch heute spürbaren Unterschiede hervorgerufen. Woran können sie gemessen werden?

Ein *erstes* Maß für die Unterschiede zwischen West- und Ostdeutschland sind Unterschiede zwischen Nord- und Süddeutschland oder zwischen beliebigen Bundesländern. Finden sich dort ähnlich große Unterschiede, so ist weniger die Sozialverfassung der DDR Ursache des Ost-West-Unterschieds als vielmehr der historische deutsche Regionalismus. Wo aber dieses Argument empirisch geprüft werden konnte, wurde es widerlegt. Betrachtet man z.b. die Einstellungen zu Gleichheit und Leistung aus Abbildung 1 in Nord- und Süddeutschland, so verlaufen sie nahezu deckungsgleich.

Ein *zweites* Maß für die Unterschiede zwischen Ost- und Westdeutschland sind die Unterschiede zwischen Ost- und Westeuropa. Das soziale Großexperiment war in beiden Fällen ja dasselbe - aber vor dem Hintergrund einer gemeinsamen oder einer unterschiedlichen nationalen Geschichte. Finden sich in Europa die gleichen Unterschiede wie in Deutschland, so ist weniger die Sozialverfassung der DDR Ursache des innerdeutschen Unterschieds als vielmehr der Staatsozialismus überhaupt. Der ESS hat in 21 europäischen Ländern 2002 Werteinstellungen erhoben, so dass die innerdeutschen West-Ost-Unterschiede an den innereuropäischen gemessen werden können; Abbildung 13 zeigt das beispielhaft für die auf sieben Stufen gemessene Kirchgangshäufigkeit (Meulemann 2004).

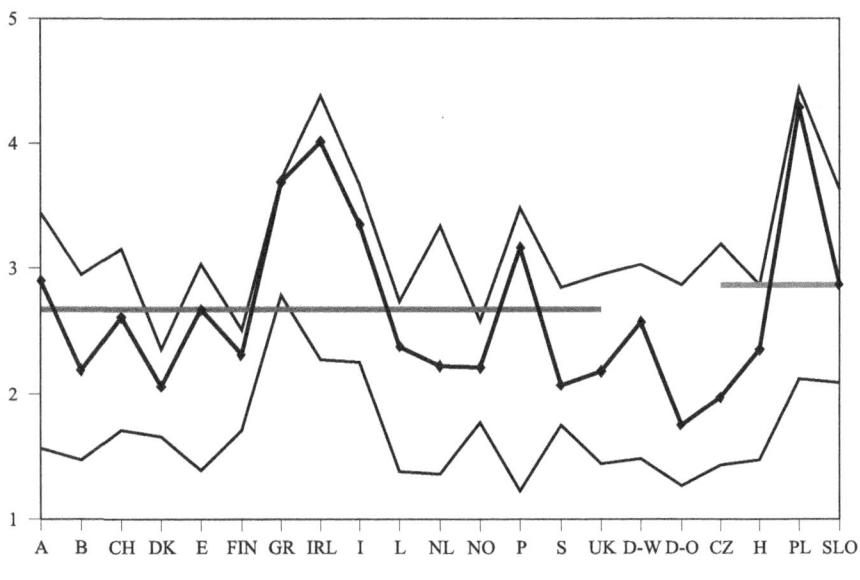

Quelle: ESS2002

Abbildung 13   Gottesdienstbesuch in Deutschland und Europa: Mittelwerte der Gesamtbevölkerung, der Kirchenzugehörige (oben) und der Nichtkirchenzugehörige (unten)

Die Mittelwerte der west- und der osteuropäischen Länder sind als durchgezogene Linien eingetragen. Die stark gezeichnete mittlere Linie bezieht sich auf die Kirchgangshäufigkeit in den Bevölkerungen insgesamt, die schwach gezeichnete obere Linie auf die Kirchgangshäufigkeit der Kirchenmitglieder, die schwach gezeichnete untere Linie auf die Kirchgangshäufigkeit der Konfessionslosen. Wie man bei „D-W" und „D-O" am Abfall der dicken Linie sieht, gehen die Westdeutschen insgesamt deutlich häufiger in die Kirche als die Ostdeutschen insgesamt. Der Unterschied ist viel stärker als der an den durchgezogenen Strichen sichtbare Unterschied zwischen West- und Osteuropa, der sich dank des hohen polnischen Kirchgangsbesuchs sogar umkehrt: Die Westeuropäer gehen seltener in die Kirche als die Osteuropäer.

Das gilt auch, wenn man Kirchenmitglieder und Konfessionslose an den beiden schwächeren Linien getrennt betrachtet. Die Differenz zwischen West- und Ostdeutschen ist bei den Kirchenmitgliedern deutlich, bei den Konfessionslosen immer noch etwas kleiner als in der gesamten Bevölkerung. Aber beide innerdeutschen Differenzen bleiben bedeutsam und sind größer als die entsprechenden innereuropäischen, die der Lesbarkeit halber nicht mehr mit durchgezogenen Linien in die Abbildung eingezeichnet sind.

Die erzwungene Säkularisierung wirft also bis heute in Deutschland einen längeren Schatten als in Europa. Die innereuropäischen Differenzen relativieren die deutschen nicht, sondern fördern ihre Außergewöhnlichkeit zu Tage. Deutschland ist – was die Persistenz des Effekts der Unterdrückung der Religion durch den Staatssozialismus betrifft – ein Sonderfall. Wie lässt sich der Sonderfall erklären?

Vermutlich hat die deutsche Teilung die Wirkung der konträren Sozialverfassung, die ja in Europa insgesamt galt, *verstärkt*. Die 40jährige Koexistenz in *einem* Land hat es ermöglicht, dass Bevölkerungen und Kirchen sich stärker als in verschiedenen Ländern auseinander entwickelt haben. Sie hat einerseits der Bevölkerung die Flucht vor dem kirchenfeindlichen Staat erlaubt, so dass die Religion *mehr* als dort, wo auch die kirchennahe Bevölkerung im Lande bleiben musste, an Rückhalt verloren hat. Sie hat anderseits den Staat zur *verstärkten* politischen Repression der Kirchen und die Kirchen zur – gemessen an anderen staatssozialistischen Ländern wie Polen und Ungarn – *gesteigerten* Anpassung an den Staat – „Kirche im Sozialismus" – gezwungen. Deshalb hat die historische und kulturelle Klammer Deutschland in der Zeit der staatlichen Teilung den Effekt der konträren Sozialverfassungen auf die Religiosität nicht abgemildert, sondern verschärft. Und weil nach der Vereinigung keine spiegelbildlich selektive Rückwanderung eingesetzt hat, können diese Wirkungen überleben, obwohl die Kirchen in Ostdeutschland wieder die gleiche bevorzugte Stellung genießen wie in Westdeutschland. So wenig wie heute im geeinten Deutschland die Religion als Fundament des säkularen Nationalstaats notwendig ist, so wenig hat in der Zeit der Teilung die Nation als Klammer für die Religiosität der Bevölkerungen gewirkt.

Opportunität der Untersuchung von Unterschieden

Aber selbst wenn die Unterschiede zwischen den deutschen Landesteilen sachlich bedeutsam sind, mag man bezweifeln, ob es pragmatisch ratsam ist, sie zu untersuchen. Ist es opportun, die Unterschiede, also die Langzeitfolgen eines gescheiterten Experiments, zu untersuchen oder sollte man nicht besser zur Tagesordnung übergehen? Zwei Einwände gegen die erste und Argumente für die zweite Alternative tauchen immer wieder auf.

Erstens sei es sinnlos, Unterschiede zu untersuchen, die sich doch früher oder später nivellieren müssen. Das ist banaler Weise wahr, aber es führt dazu, die Folgen des sozialen Großexperiments DDR zu unterschätzen – wie drei hier berichtete Ergebnisse belegen. Erstens nivellieren sich die meisten Unterschiede eher später als früher. Die Macht des Experiments wird also klein geredet. Zweitens tauchen einige Unterschiede erst dadurch auf, dass die Transformation den Geist der DDR herauf beschwört. Die unbeabsichtigten und indirekten Folgen des Experiments werden also ausgeblendet. Die ostdeutsche Identität ist ein Produkt der Transformation, aber die Notwendigkeit der Transformation resultiert aus dem Scheitern der DDR. Drittens läuft man Gefahr, eine wichtige Lehre aus dem sozialen Großexperiment DDR zu übersehen. Der Implosion der sozialistischen Moral bald nach der Vereinigung zeigt, dass moralischer Oktroi nicht Moral, sondern moralische Fassaden produziert. Diese Lehre gilt auch jenseits des Falles der DDR. Wer eine Art „Moralpolitik" betreibt und „bewussten Wertwandel" betreiben will, wird als Erfolg nicht viel mehr als demonstrative Gefügigkeit mit heimlicher Verantwortungslosigkeit produzieren.

Zweitens täte die Betonung der Unterschiede durch Wissenschaft oder durch Politik den Ostdeutschen Unrecht, indem ihnen Defizite zugeschrieben würden, wo sie nur anders seien als die Westdeutschen. Aber dieses Argument schlägt den Sack statt den Esel. Wenn die Ostdeutschen heute Gleichheit mehr als Leistung fordern, wenn sie sich mehr auf den Staat als auf sich selbst verlassen, wenn sie nicht nur kirchliche Religiosität aufgegeben, sondern an Gespür für die religiöse Frage verloren haben, dann sind diese Sachverhalte weniger Resultat ihrer Taten als dessen, was ihnen angetan wurde – entweder direkt durch die DDR oder indirekt durch die Transformation, die nach dem Scheitern der DDR unumgänglich wurde. Die DDR war eine Folge der Niederlage im Zweiten Weltkrieg, für deren Schuld und deren Schulden die Ostdeutschen die letzte Rate heute bezahlen müssen. Sie müssen die Erziehung der DDR abschütteln und die Transformation bewältigen. Das erklärt, warum sie sich so lange von den Westdeutschen unterscheiden und in manchen Fällen erst nach der Vereinigung anders werden. Aber das ist kein Grund, diese alten oder neuen Unterschiede unter den Teppich zu kehren. Man darf in Tatsachenfragen keine falschen Rücksichten nehmen, gerade wenn man denen wohl will, die von den Tatsachen nicht begünstigt wurden.

Literatur

Inglehart, R. (1977): The Silent Revolution. Changing Values and Political Styles among Western Publics. Princeton, New Jersey: Princeton University Press.

Inglehart, R. (1997): Modernization and Postmodernization. Princeton, New Jersey: Princeton University Press.

Meulemann, H. (1996): Werte und Wertewandel: Zur Identität einer geteilten und wieder vereinten Nation. Weinheim: Juventa.

Meulemann, H. (1998): Die Implosion einer staatlich verordneten Moral. Moralische Bewertungen in West- und Ostdeutschland 1990-1994. In: Kölner Zeitschrift für Soziologie und Sozialpsychologie 50, 3, 411-441.

Meulemann, H. (2002a): Werte und Wertewandel im vereinten Deutschland. In: Aus Politik und Zeitgeschichte – Beilage zur Wochenzeitung „Das Parlament", 16. September 2002, S. 13-22.

Meulemann, H. (2002b): Wertewandel im Deutschland 1949-2000. Hagen: Studienskript 3621 der FernUniversität-Gesamthochschule Hagen.

Meulemann, H. (2004): Religiosität – Die Persistenz eines Sonderfalls. In: Jan van Deth (Hrsg.): Deutschland in Europa. Ergebnisse des *European Social Survey 2002-2003*. Wiesbaden: Verlag für Sozialwissenschaften, S. 55-76.

Richert, E. (1966): Das zweite Deutschland. Ein Staat, der nicht sein darf. Frankfurt: Fischer Taschenbuch.

Einstellungen und Befindlichkeiten im Wandel

Renate Köcher

Vor 60 Jahren, als die Arbeitsgemeinschaft der Sozialwissenschaftlichen Institute gegründet wurde, stand Deutschland noch ganz unter dem Eindruck des Krieges und der Kriegsfolgen. Zwei Drittel der Männer hatten den Krieg als Soldat miterlebt. Die Mehrheit der gesamten Bevölkerung hatte durch den Krieg Angehörige oder Freunde verloren. Eine Befragung unter-30-jähriger Männer vom Beginn der 50er Jahre ist ein Dokument traumatischer Erfahrungen, wie sie sich die heute Unter-30-Jährigen kaum vorstellen können. 51 Prozent der unter-30-jährigen Männer berichteten damals, dass Menschen, die ihnen viel bedeuteten, im Krieg gefallen waren oder vermisst wurden. 57 Prozent hatten während des Krieges oder in den ersten Jahren nach dem Krieg stark unter Hunger gelitten; 41 Prozent hatten schwere Luftangriffe erlebt; gut jeder Dritte berichtete, dass der Vater oder Brüder lange in Gefangenschaft waren.

Bilanz unter-30-jähriger Männer der Kriegs- und Nachkriegsjahre

▪ Noch ganz unter dem Eindruck von Krieg und Kriegsfolgen:

	%
Sorge um Familienangehörige	58
Habe in den Nachkriegsjahren sehr unter Hunger gelitten	57
Menschen, die mir viel bedeutet haben, sind gefallen oder vermisst	51
Habe schwere Luftangriffe mitgemacht	41
Vater oder Brüder waren lange in Gefangenschaft	36
Habe schlimme Erfahrungen bei der Besetzung gemacht	24
Familie wurde ausgebombt	21

Basis: Westdeutschland; Männer ab 18 Jahre
Quelle: Allensbacher Archiv, IfD-Umfrage 316, 1952

© IfD-Allensbach

Knapp ein Fünftel der zu diesem Zeitpunkt in Westdeutschland Lebenden war aus seiner Heimatregion geflohen, ein weiteres Fünftel hatte die eigene Wohnung aufgrund von Zerstörungen aufgeben müssen. Ängste, dass es zu einem weiteren Krieg kommen könnte, waren damals noch weit verbreitet. Zwei Drittel der Bevölkerung waren überzeugt, dass Kriege letztlich unvermeidlich sind und ‚in der Natur des Menschen liegen‘.

Auch die materiellen Verhältnisse waren denkbar schwierig: knapp die Hälfte der Bevölkerung empfand in dieser Zeit ihre Wohnverhältnisse als unbefriedigend. 45 Prozent waren 1948 nicht sicher, ob sie in den nächsten drei Monaten auch nur die notwendigsten Ausgaben würden finanzieren können. Es gab gravierende Versorgungsengpässe, insbesondere bei der Lebensmittelversorgung und bei der Heizenergie.

Die Währungsreform wurde zwar als Befreiungsschlag empfunden, aber nur 36 Prozent der Bevölkerung waren zuversichtlich, dass das neue Geld seinen Wert behalten würde. Auch drei Jahre nach der Währungsreform waren die wirtschaftlichen Verhältnisse noch ausgesprochen instabil und die Inflation für die Bevölkerung beängstigend. Nur 16 Prozent der westdeutschen Bevölkerung zogen 1951 die Bilanz, dass sich ihre materielle Lage in den letzten zwölf Monaten verbessert hatte, während 44 Prozent eine Verschlechterung konstatierten.

Auch drei Jahre nach der Währungsreform noch instabile wirtschaftliche Verhältnisse ...

Frage: "Wenn Sie Ihre Lage jetzt mit der vom vorherigen Jahr vergleichen: Geht es Ihnen heute besser als vor einem Jahr oder schlechter, oder würden Sie sagen: kein Unterschied?"

Im Vergleich zu vor einem Jahr geht es mir heute –

44 % schlechter

besser 16

Unentschieden 2

38

Kein Unterschied

Basis: Westdeutschland; Bevölkerung ab 18 Jahre
Quelle: Allensbacher Archiv, IfD-Umfrage 045, 1951

© IfD-Allensbach

Teilweise spiegeln schon die damaligen Frageformulierungen ein Ausmaß an Instabilität, das heute kaum noch vorstellbar ist. So wurde in einer repräsentativen Bevölkerungsumfrage im Jahr 1951 die Frage gestellt: „Haben Sie den Eindruck, dass die Preise in den letzten acht Wochen im Großen und Ganzen gleich geblieben, gestiegen oder gefallen sind?" 66 Prozent der Bevölkerung zogen die Bilanz, dass die Preise in diesem engen Zeitraum merklich gestiegen seien, lediglich 26 Prozent hatten den Eindruck, dass die Preise weitgehend stabil waren.

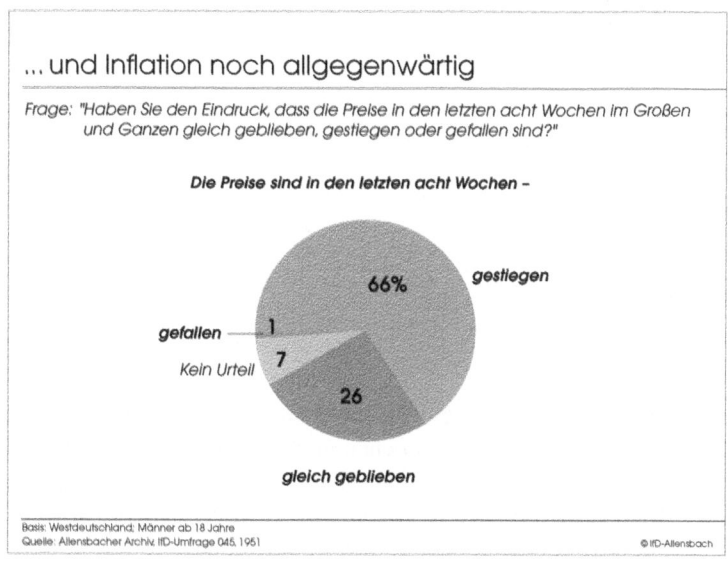

Vor diesem Hintergrund kann es kaum erstaunen, dass sich die große Mehrheit der westdeutschen Bevölkerung in den ersten Jahren nach der Währungsreform für die Rückkehr zu staatlichen Preiskontrollen aussprach. Ende 1948 befürworteten 70 Prozent der Bevölkerung staatliche Preiskontrollen; 50 Prozent waren sogar bereit, dafür eine Verknappung des Warenangebots in Kauf zu nehmen.

Breite Unterstützung für staatliche Preiskontrollen

Frage: "*Sollten Ihrer Ansicht nach die Behörden die Preise wieder kontrollieren?*"

Frage an Personen, die die Kontrolle befürworten:
"*Sind Sie für eine Preiskontrolle, auch wenn es dann weniger als jetzt in den Läden zu kaufen gibt?*"

	Dezember 1948 %
Für Preiskontrollen	**70**
• auch wenn dies zu einer Verringerung des Angebots führt	50
• unter diesen Umständen nicht	11
• Unentschieden, keine Angabe	9
Gegen Preiskontrollen	**20**
Unentschieden	**10**
	100

Basis: Westdeutschland ohne Westberlin; Bevölkerung ab 18 Jahre
Quelle: Allensbacher Archiv, IfD-Umfrage 014, Dezember 1948   © IfD-Allensbach

Bis heute reagiert die deutsche Bevölkerung auf Preissteigerungen derart allergisch, dass selbst in Zeiten ausgesprochen niedriger Inflationsraten die Verteidigung der Geldwertstabilität von der Bevölkerung zu den politischen Prioritäten gerechnet wird. Auch selektive Preissteigerungen wie beispielsweise bei Energiepreisen führen zu einer erheblichen Beunruhigung und dem Gefühl, unkalkulierbaren finanziellen Risiken ausgesetzt zu sein. Dadurch finden zumindest selektive staatliche Preiskontrollen bis heute breite Unterstützung. So sprachen sich Ende 2009 in einer bundesweiten Repräsentativumfrage 58 Prozent der Bevölkerung dafür aus, dass die Regierung in bestimmten Bereichen Preissteigerungen verbieten sollte; in den neuen Bundesländern wird diese Position von 66 Prozent unterstützt, in Westdeutschland von 56 Prozent.

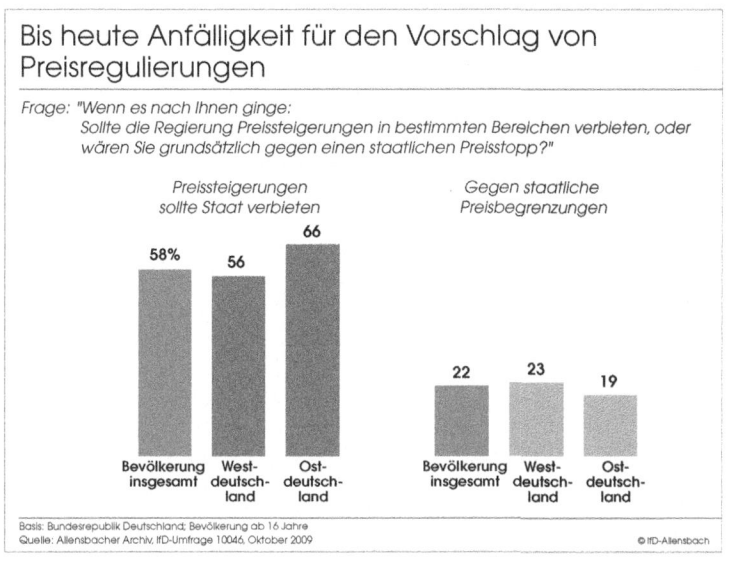

Bis heute Anfälligkeit für den Vorschlag von Preisregulierungen

Frage: "Wenn es nach Ihnen ginge:
Sollte die Regierung Preissteigerungen in bestimmten Bereichen verbieten, oder wären Sie grundsätzlich gegen einen staatlichen Preisstopp?"

Preissteigerungen sollte Staat verbieten — 58%, 56, 66
Gegen staatliche Preisbegrenzungen — 22, 23, 19

Bevölkerung insgesamt / Westdeutschland / Ostdeutschland

Basis: Bundesrepublik Deutschland; Bevölkerung ab 16 Jahre
Quelle: Allensbacher Archiv, IfD-Umfrage 10046, Oktober 2009
© IfD-Allensbach

Die Unsicherheit und Defizite der materiellen Verhältnisse in den Nachkriegsjahren wurden zudem nur begrenzt durch die privaten sozialen Netze aufgefangen. Während heute häufig im Rückblick die Einschätzung geäußert wird, die Solidarität und Hilfsbereitschaft in den Familien, zwischen Freunden und Bekannten seien in den damaligen Notzeiten wesentlich größer gewesen als heute, war die Gewissheit, auf die Hilfe anderer rekurrieren zu können, damals weitaus weniger ausgeprägt als heute. Am Beginn der 50er Jahre waren lediglich 63 Prozent der westdeutschen Bevölkerung überzeugt, dass sie in einer schwierigen Lage auf die Hilfe und Unterstützung anderer würden vertrauen können; heute liegt dieser Anteil weitaus höher: So zeigten sich in einer Repräsentativbefragung im Jahr 2006 93 Prozent der westdeutschen Bevölkerung überzeugt, dass sie in schwierigen Situationen auf andere Menschen bauen könnten, und zwar primär auf ihre Familie, teilweise auch auf Freunde. Insbesondere die Familie wird heute weitaus mehr als am Beginn der 50er Jahre als privates Sicherungsnetz genannt: 1951 waren lediglich 48 Prozent der Bevölkerung überzeugt, dass sie in schwierigen Lagen Hilfe von Familienangehörigen erwarten könnten, heute 82 Prozent.

Weniger Rückhalt durch das private soziale Netz

*Frage: "Wenn Sie in eine schwierige Lage kommen würden:
gibt es für Sie einen Menschen, der Ihnen helfen würde?"*

	Westdeutschland	
	1951 %	2006 %
Ja, es gäbe jemanden	**63**	**93**
und zwar –		
Familie	48	82
Freunde	9	20
Bekannte, Nachbarn	6	3
Nein, es gäbe niemanden bzw. keine Angabe	**37**	**7**
	100	100

Basis: Westdeutschland; Bevölkerung ab 16 bzw. 18 Jahre
Quelle: Allensbacher Archiv, IfD-Umfragen 045, 7086   © IfD-Allensbach

Eine Erklärung für diese Diskrepanz, die in auffallendem Kontrast zu den Thesen von der schwächer gewordenen Leistungsfähigkeit und Bindungskraft der Familien steht, liegt in der Zerstörung vieler Familien durch den Krieg und den sehr begrenzten materiellen Möglichkeiten weiter Bevölkerungskreise in der damaligen Zeit, andere zu unterstützen. Darüber hinaus zeigen jedoch andere Indikatoren, dass das soziale Klima der damaligen Zeit von geradezu epidemischem sozialen Misstrauen geprägt war. So war die überwältigende Mehrheit der westdeutschen Bevölkerung am Anfang der 50er Jahre dezidiert der Ansicht, dass gegenüber den meisten Menschen Misstrauen angebracht ist. Eine relative Mehrheit war darüber hinaus überzeugt, dass es mehr böswillige als gutwillige Menschen gibt. 1949 vertraten 46 Prozent der Bevölkerung diese Auffassung, auch 1951 noch 43 Prozent. Erst im Laufe der 50er Jahre wurde aus der relativen Mehrheit eine Minderheit: 1953 gingen noch 34 Prozent der westdeutschen Bevölkerung davon aus, dass man den meisten Menschen einen bösen Willen unterstellen kann, 1962 nur noch 22 Prozent. Seither schwankt der Anteil, der diese ausgesprochen skeptische Sichtweise vertritt, in der engen Bandbreite zwischen 14 und 21 Prozent.

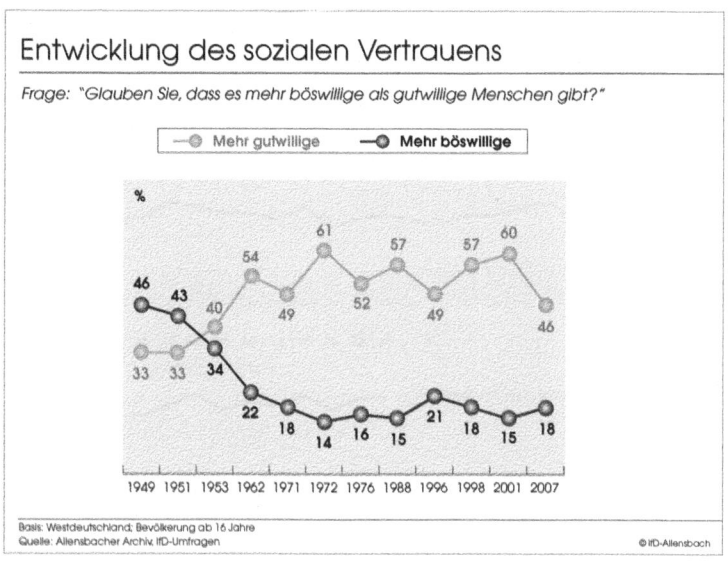

Entwicklung des sozialen Vertrauens

Frage: "Glauben Sie, dass es mehr böswillige als gutwillige Menschen gibt?"

Basis: Westdeutschland; Bevölkerung ab 16 Jahre
Quelle: Allensbacher Archiv, IfD-Umfragen

Genauso bildete sich die dezidierte Überzeugung, dass es nicht gerechtfertigt ist, den meisten Menschen zu vertrauen, vom Beginn der 50er Jahre an sukzessive zurück. 1953 waren noch 83 Prozent der westdeutschen Bevölkerung überzeugt, dass man den meisten Menschen nicht vertrauen kann, ein Jahrzehnt später noch 55 Prozent, in der Mitte der 80er Jahre 44 Prozent. Im vergangenen Jahrzehnt überwog knapp die Überzeugung, dass es durchaus gerechtfertigt ist, den meisten Menschen zu vertrauen. Dies gilt allerdings nur für Westdeutschland. Unmittelbar nach dem Ende der DDR überwog auch in Ostdeutschland mit deutlichem Abstand die Überzeugung, dass es nicht gerechtfertigt ist, den meisten Menschen zu vertrauen. Über die letzten zwei Jahrzehnte hat sich der Pegel des Misstrauens zurückgebildet, während der Anteil der ostdeutschen Bevölkerung, der es für gerechtfertigt hält, den meisten Menschen zu vertrauen, langsam aber kontinuierlich ansteigt.

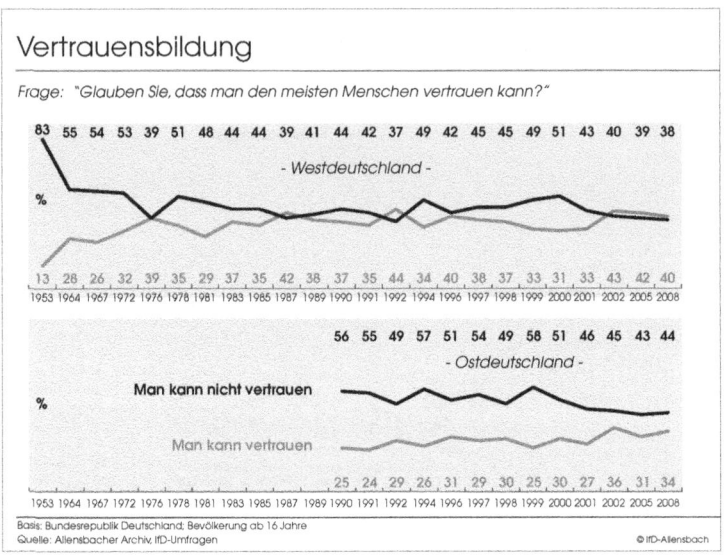

Vertrauensbildung

Frage: "Glauben Sie, dass man den meisten Menschen vertrauen kann?"

- Westdeutschland -

83 55 54 53 39 51 48 44 44 39 41 44 42 37 49 42 45 45 49 51 43 40 39 38

13 28 26 32 39 35 29 37 35 42 38 37 35 44 34 40 38 37 33 31 33 43 42 40

1953 1964 1967 1972 1976 1978 1981 1983 1985 1987 1989 1990 1991 1992 1994 1996 1997 1998 1999 2000 2001 2002 2005 2008

- Ostdeutschland -

56 55 49 57 51 54 49 58 51 46 45 43 44

Man kann nicht vertrauen

Man kann vertrauen

25 24 29 26 31 29 30 25 30 27 36 31 34

1953 1964 1967 1972 1976 1978 1981 1983 1985 1987 1989 1990 1991 1992 1994 1996 1997 1998 1999 2000 2001 2002 2005 2008

Basis: Bundesrepublik Deutschland; Bevölkerung ab 16 Jahre
Quelle: Allensbacher Archiv, IfD-Umfragen   © IfD-Allensbach

Die schwierigen materiellen Verhältnisse, die Kriegserfahrungen und Kriegsfolgen und das soziale Klima führten unter anderem dazu, dass der Gedanke,
Deutschland zu verlassen, vielen Deutschen damals attraktiv erschien. 1950 reizte
der Gedanke, Deutschland zu verlassen, 31 Prozent der gesamten westdeutschen
Bevölkerung. Ein derart hoher Anteil wurde später zu keinem Zeitpunkt mehr
gemessen. Der Anteil der Bevölkerung, den der Gedanke reizt, Deutschland zu
verlassen und dauerhaft auszuwandern, schwankt seit den späten 50er Jahren zwischen 10 und 21 Prozent.

Auswanderungswünsche

Frage: "Würden Sie selbst gern auswandern?"

"Ja, auswandern"

Basis: Bundesrepublik Deutschland; Bevölkerung ab 16 Jahre
Quelle: Allensbacher Archiv, IfD-Umfragen   © IfD-Allensbach

So schwierig die Situation für die Mehrheit der Bevölkerung in den Jahren nach dem Krieg war, überwogen doch Ende der 40er Jahre die Hoffnungen. Von 1949 an hat das Allensbacher Institut kontinuierlich in jedem Jahr die Stimmung der Bevölkerung am Jahresende mit Blick auf das folgende Jahr untersucht. Ende 1949 sahen 48 Prozent dem kommenden Jahr mit Hoffnungen entgegen, 23 Prozent mit ausgesprochenen Befürchtungen, weitere 17 Prozent mit Skepsis. Mit wenigen Ausnahmen überwogen in den Jahrzehnten danach immer die Hoffnungen gegenüber den ausgeprägten Befürchtungen. Diese Ausnahmen waren:

- der Ausbruch der Korea-Krise am Beginn der 50er Jahre,
- die erste Ölkrise 1973,
- die zweite Ölkrise am Beginn der 80er Jahre,
- die Rezession nach dem Einheitsboom am Beginn der 90er Jahre,
- die Phase der Wachstumsschwäche und kontinuierlich steigenden Arbeitslosigkeit in der ersten Hälfte dieses Jahrzehnts und
- die aktuelle Wirtschafts- und Finanzmarktkrise.

Die Sorgen wuchsen immer dann sprunghaft, wenn ernste internationale Konflikte drohten oder die wirtschaftliche Basis des Landes gefährdet schien. Jedes

Mal brach sich der Optimismus jedoch rasch wieder Bahn, selbst in dem permanenten Ausnahmezustand in den ersten Jahren nach dem Krieg.

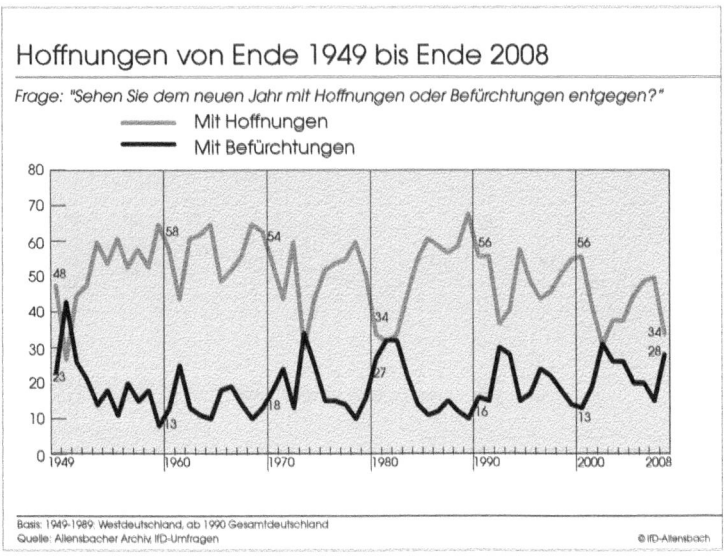

Hoffnungen von Ende 1949 bis Ende 2008

Frage: "Sehen Sie dem neuen Jahr mit Hoffnungen oder Befürchtungen entgegen?"

——— Mit Hoffnungen
——— Mit Befürchtungen

Basis: 1949-1989: Westdeutschland, ab 1990 Gesamtdeutschland
Quelle: Allensbacher Archiv, IfD-Umfragen   © IfD-Allensbach

Auch in Bezug auf die politische Zukunft Deutschlands überwog 1949 in der Bevölkerung der Optimismus, dass Deutschland politisch durchaus Zukunft hat. Nur eine Minderheit konnte sich jedoch vorstellen, dass Deutschland noch einmal zu den mächtigsten und einflussreichsten Staaten der Welt gehören würde. 1949 gingen 38 Prozent der westdeutschen Bevölkerung davon aus, dass Deutschland noch einmal zu den einflussreichsten Staaten der Welt gehören würde; 41 Prozent äußerten dezidierte Zweifel, die übrigen trauten sich damals kein Urteil zu. Bei allen politischen Einschätzungen der damaligen Zeit muss allerdings berücksichtigt werden, dass die Meinungsbildung auf einem sehr niedrigen Interessens- und Wissensfundament erfolgte. Am Beginn der 50er Jahre beschrieb sich lediglich gut ein Viertel der Bevölkerung als politisch interessiert. Erst in den 60er und 70er Jahren nahm der Kreis der politisch Interessierten signifikant zu. Der Anteil politisch Interessierter verdoppelte sich annähernd in diesem Zeitraum und verharrt seither nahezu unverändert auf dem in den 70er Jahren erreichten Niveau. In die Phase, in der das politische Interesse steil zunahm, fallen die Ausbreitung des Fernsehens und mehrjährige intensive gesellschaftliche Kontroversen, wie sie das

Land später in diesem Ausmaß nicht mehr erlebte. Untersuchungen belegen, dass insbesondere die Ausbreitung des Fernsehens wesentlich dazu beitrug, den Kreis politisch Interessierter zu erweitern. Eine vergleichbare Entwicklung ist nach der Ausbreitung des Internet ausgeblieben.

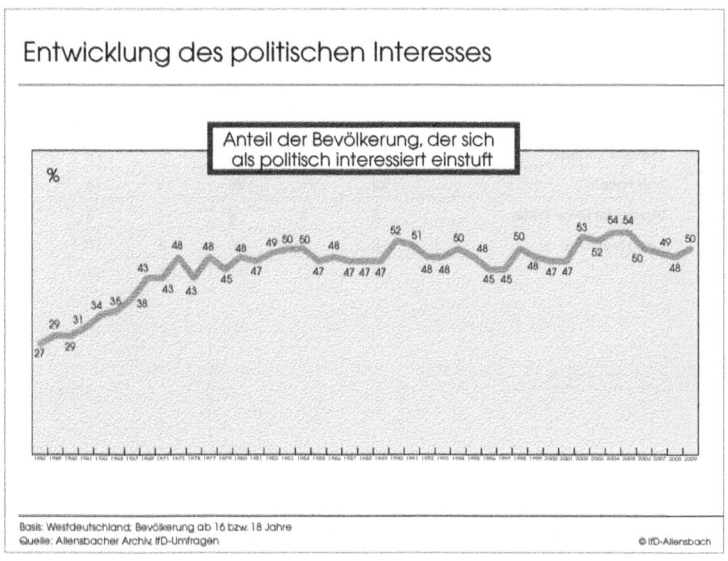

Entwicklung des politischen Interesses

Anteil der Bevölkerung, der sich als politisch interessiert einstuft

Basis: Westdeutschland; Bevölkerung ab 16 bzw. 18 Jahre
Quelle: Allensbacher Archiv, IfD-Umfragen
© IfD-Allensbach

Die politischen Ansichten haben sich in den letzten Jahrzehnten in vieler Hinsicht verändert. Beispielhaft zeigt dies die immer stärkere Verankerung des Gedankens der politischen Konkurrenz. Allein in der relativ kurzen Zeitspanne zwischen 1951 und 1955 nahm die Überzeugung, dass ein Mehrparteiensystem die beste Lösung ist, von 61 auf 74 Prozent zu, während gegenläufig die Präferenz für ein Einparteiensystem oder eine Staatsform ohne jede Partei zurückging.

Verankerung des Gedankens politischer Konkurrenz

Frage: "Glauben Sie, dass es für ein Land besser ist, mehrere Parteien zu haben, damit die verschiedenen Meinungen frei vertreten werden können, oder nur eine Partei, damit möglichst große Einigkeit herrscht?"

	Westdeutschland				
	1951	1952	1953	1954	1955
	%	%	%	%	%
Mehrere Parteien	61	67	66	70	74
Eine Partei	22	21	20	18	14
Überhaupt keine Partei	5	5	4	4	2
Keine Meinung	12	7	10	8	10
	100	100	100	100	100

Basis: Westdeutschland; Bevölkerung ab 16 Jahre
Quelle: Allensbacher Archiv, IfD-Umfragen   © IfD-Allensbach

Auch andere Indikatoren belegen die sukzessiv wachsende Unterstützung für das Prinzip der Machtteilung. 1955 unterstützten noch 31 Prozent der westdeutschen Bevölkerung eine Art Präsidialsystem, bei dem einem Politiker die gesamte Regierungsgewalt übertragen wird. 40 Jahre später hatte sich die Unterstützung für dieses System halbiert, umgekehrt der Anteil der Bevölkerung, der für die Teilung der Macht votierte, von 55 auf 75 Prozent erhöht.

Kritische Urteile über die politischen Parteien waren weit verbreitet, lange ehe sie unter dem Schlagwort Parteienverdrossenheit zu einem öffentlich diskutierten Thema wurden. So warf 1949 die Mehrheit der Bevölkerung den politischen Parteien generell vor, nach dem Zusammenbruch nicht das Notwendige und Mögliche geleistet zu haben, um die Entwicklung des Landes positiv zu beeinflussen. 51 Prozent formulierten diesen Vorwurf pauschal an die Adresse aller politischen Parteien, weitere 26 Prozent selektiv in Bezug auf einzelne Parteien.

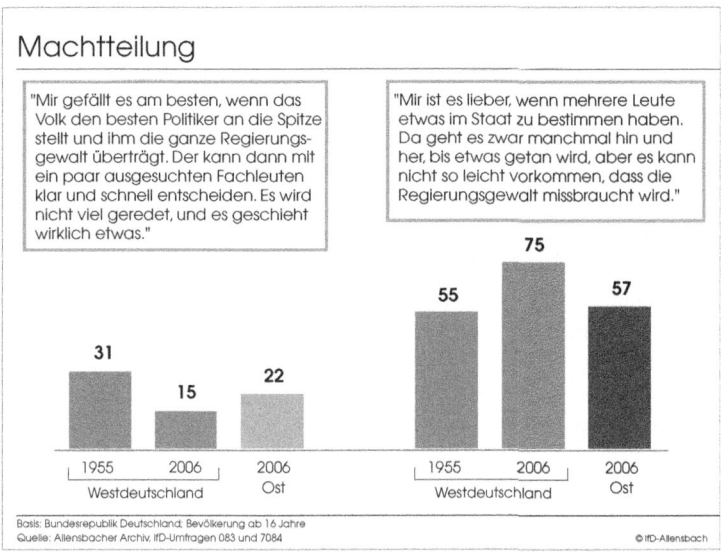

Machtteilung

"Mir gefällt es am besten, wenn das Volk den besten Politiker an die Spitze stellt und ihm die ganze Regierungsgewalt überträgt. Der kann dann mit ein paar ausgesuchten Fachleuten klar und schnell entscheiden. Es wird nicht viel geredet, und es geschieht wirklich etwas."

"Mir ist es lieber, wenn mehrere Leute etwas im Staat zu bestimmen haben. Da geht es zwar manchmal hin und her, bis etwas getan wird, aber es kann nicht so leicht vorkommen, dass die Regierungsgewalt missbraucht wird."

75

55 57

31

22

15

| 1955 | 2006 | 2006 |
| Westdeutschland | | Ost |

| 1955 | 2006 | 2006 |
| Westdeutschland | | Ost |

Basis: Bundesrepublik Deutschland; Bevölkerung ab 16 Jahre
Quelle: Allensbacher Archiv, IfD-Umfragen 083 und 7084
© IfD-Allensbach

Parteienverdrossenheit 1949

Frage: "Haben die politischen Parteien seit dem Zusammenbruch von 1945 Ihrer Meinung nach das Notwendige und Mögliche geleistet, um die Entwicklung zum Guten zu wenden?"

Unentschieden

Ja, haben alles Notwendige und Mögliche geleistet

10 13 %

26 Nicht alle

51

Nein, nicht geleistet

Basis: Westdeutschland; Bevölkerung ab 18 Jahre
Quelle: Allensbacher Archiv, IfD-Umfrage 020, August 1949
© IfD-Allensbach

Die Repräsentanten der Parteien konnten jedoch damals weitaus mehr auf Anerkennung und Respekt bauen als heute. So war die Mehrheit der Bevölkerung während der ersten Jahrzehnte überzeugt, dass die Position des Bundestagsabgeordneten überdurchschnittliche Fähigkeiten erfordert. Am Beginn der 50er Jahre waren davon 49 Prozent überzeugt, Anfang der 60er Jahre 61 Prozent, Anfang der 70er Jahre 63 Prozent. Vom Ende der 70er Jahre an bildete sich diese Überzeugung steil zurück: Ende der 80er Jahre gingen nur noch 41 Prozent der westdeutschen Bevölkerung davon aus, dass das Abgeordnetenmandat große Fähigkeiten erfordert, anderthalb Jahrzehnte später nur noch ganze 28 Prozent. Derselbe Trend ist in Ostdeutschland zu beobachten, wo die Assoziation von Abgeordnetenmandat mit überdurchschnittlichen Fähigkeiten allein zwischen 1991 und 1996 von 44 auf 22 Prozent sank.

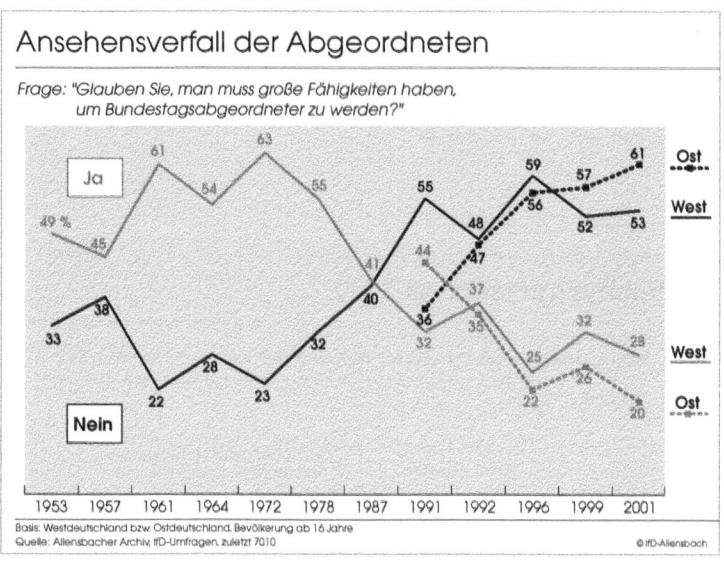

Weitaus weniger eindeutig hat sich die verallgemeinernde Enttäuschung über alle im Bundestag vertretenen Parteien entwickelt. Die These von einer unaufhaltsam zunehmenden Verdrossenheit, die alle Parteien trifft, lässt sich in dieser pauschalen Form nicht bestätigen. Zwar ist die Wahlbeteiligung an Bundestagswahlen seit 1998 kontinuierlich abgesunken. Eine solche Phase gab es jedoch bereits zwischen 1983 und 1990; danach nahm die Wahlbeteiligung bis 1998 wieder deutlich zu. Die pauschale Enttäuschung über alle im Bundestag vertretenen Parteien unterlag in den letzten 20 Jahren starken Schwankungen und zeigt keinerlei eindeutigen Trend. Als durchgängiges Muster ist lediglich zu beobachten, dass die Neigung, sich über alle Parteien gleichermaßen kritisch zu äußern, aufgrund von Solidarisierungseffekten in Bundestagswahljahren durchgängig zurückgeht. Dies zeigte sich auch besonders deutlich im Vorfeld der Bundestagswahl 2009.

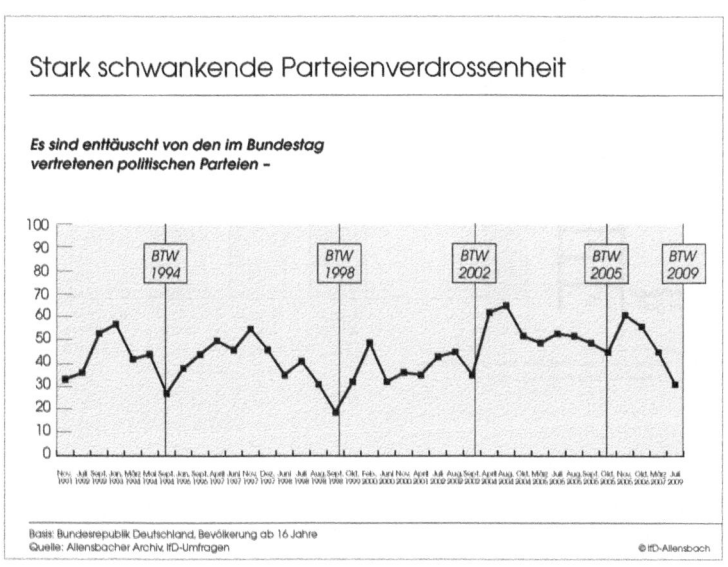

Im Rückblick auf die letzten 60 Jahre ist die überwältigende Mehrheit der Bevölkerung überzeugt, dass es sich bei aller Kritik oder Unzufriedenheit im Detail um eine eindrucksvolle nationale Erfolgsgeschichte handelt. Gebeten, anhand einer elfstufigen Skala zu bewerten, wie sich Deutschland seit dem Ende des Zweiten Weltkriegs entwickelt hat, wählt die Bevölkerung im Durchschnitt zwischen den Skalenextremen 0 (überhaupt nicht gut) bis 10 (sehr gut) die Skalenstufe 8,1. Die Älteren, für die die nationale Geschichte der letzten Jahrzehnte auch persönliche Lebensgeschichte ist, bewerten die Entwicklung Deutschlands noch positiver als die Jüngeren.

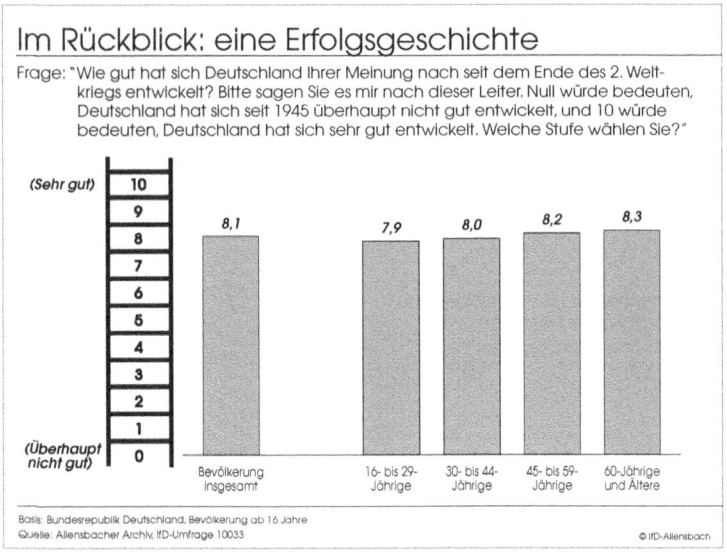

Im Rückblick: eine Erfolgsgeschichte

Frage: "Wie gut hat sich Deutschland Ihrer Meinung nach seit dem Ende des 2. Weltkriegs entwickelt? Bitte sagen Sie es mir nach dieser Leiter. Null würde bedeuten, Deutschland hat sich seit 1945 überhaupt nicht gut entwickelt, und 10 würde bedeuten, Deutschland hat sich sehr gut entwickelt. Welche Stufe wählen Sie?"

Basis: Bundesrepublik Deutschland, Bevölkerung ab 16 Jahre
Quelle: Allensbacher Archiv, IfD-Umfrage 10033   © IfD-Allensbach

In diesen Jahrzehnten ist ein ausgeprägtes Selbstbewusstsein gewachsen, das jedoch weit von der Hybris und dem Dominanzstreben entfernt ist, mit dem Deutschland früher assoziiert wurde. Die Mehrheit der Bürger sieht Deutschland heute als ein Land mit großem internationalen Einfluss und Selbstbewusstsein im Umgang mit anderen Ländern, aber auch als Land, das seinen Einfluss vor allem geltend macht, um gemeinsame Interessen voranzubringen. 66 Prozent der Bevölkerung sehen Deutschland in einer Vermittlerrolle, als Land, das auf Ausgleich und Stabilität bedacht ist, 62 Prozent als Motor der europäischen Integration. Es ist heute eine Besonderheit des deutschen Nationalbewusstseins, dass es sich nicht in erster Linie über Abgrenzung, sondern gerade über den Beitrag zu einer funktionierenden Staatengemeinschaft definiert.

Während die Mehrheit der Bevölkerung in den Jahren nach dem Krieg skeptisch war, ob Deutschland jemals wieder eine einflussreiche Position in der Weltpolitik einnehmen würde, stufen heute 61 Prozent der Bevölkerung den deutschen Einfluss in der Welt als groß oder sehr groß ein.

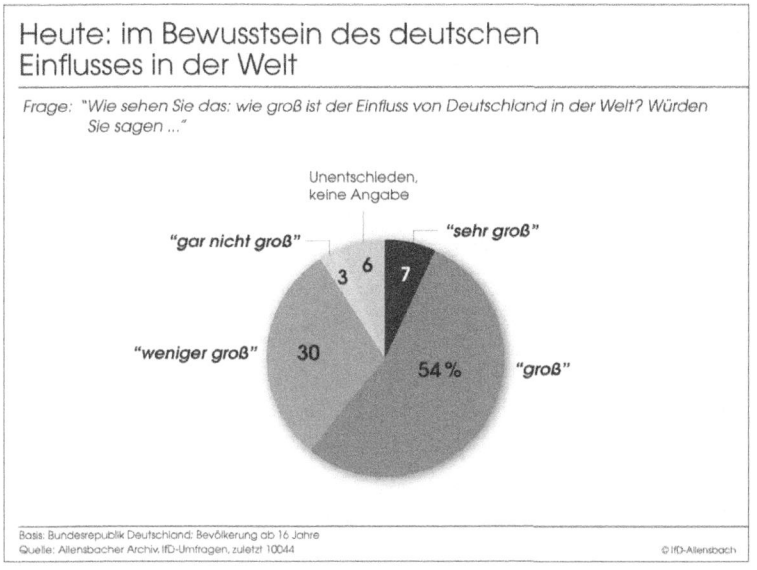

Heute: im Bewusstsein des deutschen Einflusses in der Welt

Frage: "Wie sehen Sie das: wie groß ist der Einfluss von Deutschland in der Welt? Würden Sie sagen ..."

Unentschieden, keine Angabe

"gar nicht groß"

"sehr groß"

3 6 7

"weniger groß" 30

54% "groß"

Basis: Bundesrepublik Deutschland: Bevölkerung ab 16 Jahre
Quelle: Allensbacher Archiv, IfD-Umfragen, zuletzt 10044

© IfD-Allensbach

Die Mehrheit der Bevölkerung ist auch überzeugt, dass dieser Einfluss nicht Misstrauen und Ablehnung generiert. 58 Prozent gehen heute davon aus, dass Deutschland und die „Deutschen" in der Welt beliebt seien. Die vor dem Hintergrund der nationalen Geschichte naheliegende Hypothese, dass diese Zuversicht sich erst allmählich in den letzten Jahrzehnten entwickelt hat, wird jedoch von den Trendreihen widerlegt. Schon in den 70er und 80er Jahren war die Mehrheit der deutschen Bevölkerung von ihrer weltweiten Popularität überzeugt. Besonders bemerkenswert ist, dass selbst am Beginn der 50er Jahre, wenige Jahre nach dem Ende des Zweiten Weltkriegs, eine relative Mehrheit der deutschen Bevölkerung davon ausging, dass die Deutschen in der Welt beliebt seien. Nur am Beginn der 90er Jahre, unter dem Eindruck der internationalen Diskussionen über die Wiederherstellung der deutschen Einheit, überwogen in der deutschen Bevölkerung vorübergehend die Zweifel an der eigenen Popularität.

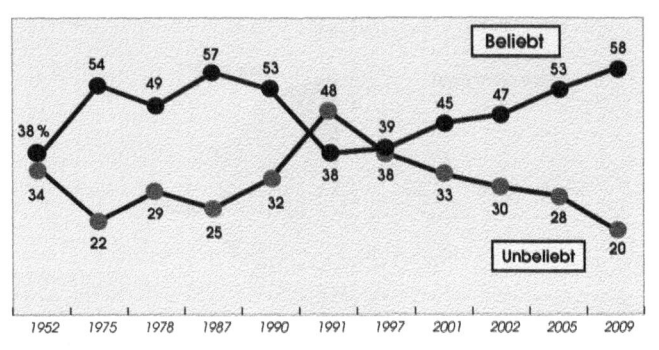

Einschätzung der deutschen Beliebtheit in der Welt

Frage: "Glauben Sie, dass die Deutschen in der Welt beliebt oder unbeliebt sind?"

Basis: Westdeutschland; Bevölkerung ab 16 Jahre
Quelle: Allensbacher Archiv, IfD-Umfragen, zuletzt 10033   © IfD-Allensbach

Medien und Politik im Spiegel von 60 Jahren empirischer Forschung

Hans Mathias Kepplinger

1 Einleitung

Die Entwicklung des Verhältnisses von Politik und Medien kann man anhand von drei Indikatoren betrachten. Der erste Indikator sind die rechtlichen Rahmenbedingungen der Politik und der Medien. Sie haben sich im Laufe der Jahrzehnte zugunsten der Medien verschoben, was die Handlungsmöglichkeiten der Politik verringert und die Handlungsmöglichkeiten der Medien vergrößert hat (vgl. Kepplinger 2009c). Dieser Aspekt soll hier, weil er einen besonderen Zugang verlangt, nicht erörtert werden. Der zweite Indikator ist die Darstellung der Politik in der aktuellen Berichterstattung der Medien. Dieser Aspekt wird exemplarisch anhand von langfristig angelegten Inhaltsanalysen behandelt. Der dritte Indikator ist das Verhältnis zwischen Politikern und Journalisten. Dieser Aspekt wird anhand einer Reihe von Umfragen unter Politikern und Journalisten diskutiert. Den Hintergrund bildet ein kurzer Blick auf die realen Probleme des Landes und die Tätigkeit des Deutschen Bundestages. Er liefert ohne Anspruch auf eine eingehende oder gar abschließende Beurteilung einige Basisinformationen zur Einschätzung der Gegenstände der Politikberichterstattung der untersuchten Medien.

2 Politik und Medien

2.1 Probleme und ihre Lösung

Probleme

Gesellschaftliche Probleme sind die Folge eines mehrstufigen Kommunikationsprozesses. Auf der ersten Stufe wird ein individueller Missstand entdeckt: Eine oder wenige Personen erleben oder erkennen einen Missstand, den sie als gegeben hinnehmen. Auf der zweiten Stufe wird der Missstand zum individuellen Problem: Die erwähnten Personen halten den Missstand für unerträglich bzw. behebbar und lasten ihn den Verantwortlichen an. Auf der dritten Stufe wird das individuelle Problem zum gesellschaftlichen Missstand: Relevante Gruppen sind der Überzeugung, dass der Missstand die gesamte Gesellschaft betrifft. Dies setzt nicht voraus, dass sie selbst unter diesem Missstand leiden. Entscheidend ist, dass sie ihn als einen Sachverhalt begreifen, der potentiell alle angeht. Auf der vierten Stufe entwickelt sich aus dem gesellschaftlichen Missstand ein gesellschaftliches Problem: Relevante Gruppen vertreten öffentlich die Ansicht, dass der Missstand nur von der Gesellschaft insgesamt bzw. von den hierfür zuständigen Einrichtungen behoben werden kann. Folglich beklagen sie öffentlich die Existenz des Problems, fordern seine Beseitigung und werfen den Zuständigen Versäumnisse vor. Dadurch erhält die Thematik eine moralische Komponente – es gibt Verantwortliche und Schuldige, Empörung und Verurteilung. Dies ermöglicht auch denjenigen eine Teilnahme an der Diskussion, die von der Sache selbst fast nichts verstehen.

Das tatsächliche Ausmaß der Probleme, denen sich die Bundesrepublik Deutschland im Verlauf ihrer Geschichte gegenübersah, lässt sich genauso wenig objektiv bestimmen wie die tatsächliche Problemlösungsfähigkeit von Staat und Politik. Möglich ist jedoch eine grobe Charakterisierung ihrer Entwicklung. Konsens dürfte darüber bestehen, dass die Bundesrepublik Deutschland am Beginn ihrer Geschichte vor ihren größten politischen, wirtschaftlichen und sozialen Herausforderungen stand. Dies betraf den Staat und die Politik sowie die Wirtschaft und die einzelnen Bürger. Zu diesen Herausforderungen gehörten nach außen die internationale Isolation des Landes, seine Teilung und seine Abhängigkeit von den Siegermächten, im Innern die soziale Lage der Flüchtlinge und Kriegsheimkehrer, die Zerrüttung vieler Familien und die grassierende Wohnungsnot, die Mängel im Verkehrs-, Gesundheits- und Bildungswesen. Weitgehender Konsens dürfte auch darüber bestehen, dass die Vereinigungsphase in den frühen neunziger Jahren ungewöhnliche Herausforderungen mit sich brachte, zumal das ganze Ausmaß der politischen, wirtschaftlichen und verwaltungstechnischen Belastungen zunächst kaum erkennbar war. Zudem wurden die wirtschaftlichen Belastungen durch den Zusammenbruch der ehemaligen Ost-Handelspartner der DDR noch vergrößert. Diese Herausforderungen waren jedoch in Westdeutschland wesentlich weniger spürbar als die Missstände der fünfziger Jahre. Zwischen diesen Perioden gab es weitere Phasen mit großen Belastungen – den Bau der Mauer 1961, die Kohlekrise und das Zechensterben in der zweiten Hälfte der sechziger Jahre, die Welle von politisch motivierter Gewalt in den siebziger Jahren sowie die Zunahme der Arbeitslosigkeit in den siebziger und achtziger Jahren. Diese Missstände waren jedoch bei nüchterner Betrachtung weniger bedeutsam als die Schwierigkeiten der Aufbau- und Vereinigungsjahre.

Problemlösungsfähigkeit der Politik

Quantitative Hinweise auf die Problemlösungsfähigkeit der Politik vermitteln die gesetzgeberischen Aktivitäten des Deutschen Bundestages sowie die finanziellen Leistungen des Bundes, der Länder und der Gemeinden (vgl. Kepplinger 1998, 56-65). Die Tätigkeit des Bundestages besteht zwar nicht nur in der Gesetzgebung. Sie stellt jedoch einen wesentlichen Teil seiner Arbeit dar. Mit Blick darauf kann man fünf Thesen formulieren. Der Bundestag arbeitet umso effektiver, je mehr Gesetze er verabschiedet (*Quantität*), je größer der Anteil der verabschiedeten an den eingebrachten Gesetzen ist (*Erfolgsrate*), je bedeutsamer die verabschiedeten Gesetze sind (*Relevanz*), je kürzer die Gesetzgebungsverfahren sind (*Dauer*) und je einvernehmlicher die Entscheidungen fallen (*Konsensualität*). Die *Quantität* der gesetzgeberischen Aktivitäten des Bundestages war großen, zeitgeschichtlich bedingten Schwankungen unterworfen. Dabei kann man vier Phasen unterscheiden. Die erste Phase begann mit der Gründung der Bundesrepublik und einer Vielzahl von Gesetzen. Sie endete mit der sechsten Legislaturperiode (1969-72). Während der ersten Phase ging die Zahl der verabschiedeten Gesetze langsam aber stetig zurück. Bemerkenswert erscheint, dass die Große Koalition unter Kurt Georg Kiesinger trotz ihrer komfortablen Mehrheit nicht mehr Gesetze auf den Weg brachte als die vorangegangenen Regierungen. Die zweite Phase bildete die siebte Legislaturperiode (1972-76), in der etwa so viele Gesetze verabschiedet wurden wie direkt nach Gründung der Bundesrepublik. Sie wurde deshalb zu Recht als Zeit tiefgreifender Reformen empfunden. Die dritte Phase besteht aus der achten und neunten Legislaturperiode. In dieser Zeit nahm die Zahl der verabschiedeten Gesetze erheblich ab und erreichte nach der Wiederwahl Helmut Schmidts im Jahr 1980 ihren absoluten Tiefstand. Statistisch betrachtet erweist sich die dritte Amtszeit von Schmidt damit als eine Periode der gesetzgeberischen Stagnation. Dies ist auch, jedoch nicht nur auf die verkürzte Legislaturperiode zurückzuführen. Die vierte Phase begann mit der Regierungsübernahme von Helmut Kohl. In dieser Zeit nahm die Zahl der eingebrachten und verabschiedeten Gesetze zu und erreichte bis zur Wiedervereinigung wieder den langjährigen Durchschnitt seit Beginn der sechziger Jahre (Rudzio 1996, 254)

Die *Erfolgsrate* der Gesetzgebung lässt sich am Verhältnis zwischen den eingebrachten und den verabschiedeten Gesetzen ablesen: Je höher der Anteil der verabschiedeten Gesetze war, desto größer war die Erfolgsrate. Hier kann man zwei Phasen unterscheiden. In der ersten Phase bis zur neunten Legislaturperiode (1980-83) nahm die Erfolgsrate der Gesetzgebung zu. Danach ging sie wieder zurück. Besonders groß war die Erfolgsrate in den beiden Amtsperioden von Helmut Schmidt, was weniger auf die Durchsetzungsfähigkeit als auf die gesetzgeberische Inaktivität seiner Regierungen zurückzuführen ist. Vermutlich brachten

seine Regierungen deshalb so wenige Gesetzesvorlagen ein, weil sie ein Scheitern im Bundestag oder Bundesrat vermeiden wollten. Ein Beispiel hierfür ist das
lange diskutierte Presserechts-Rahmengesetz, das von der FDP abgelehnt wurde,
nur mit Hilfe der CDU/CSU durchsetzbar gewesen wäre und deshalb in der Ver-
senkung verschwand (Abbildung 1).

Die *Relevanz* der Gesetzgebung des Bundestages wird seit der siebten Legislaturperiode (1972-76) vom Wissenschaftlichen Dienst des Deutschen Bundestages
in drei Kategorien klassifiziert: wesentliche Gesetze, wichtige Gesetze und mar-
ginale Gesetze.[1] Die Zahl der wesentlichen und wichtigen Gesetze fiel von der
siebten zur achten Legislaturperiode (1972-76 bzw. 1976-80) von 72 auf 46, ging
in der neunten Legislaturperiode (1980-83) weiter auf 35 zurück und stieg dann
bis zur elften Legislaturperiode (1987-90) wieder auf 45 an. Für die Zeit danach
liegen keine Daten vor. Prozentual betrachtet war die Relevanz der verabschiedeten Gesetze am Ende des genannten Zeitraumes nicht geringer als am Anfang:
Der Anteil der wesentlichen Gesetze an allen Gesetzen betrug 3 bzw. 2 Prozent,
der entsprechende Anteil der wichtigen Gesetze jeweils 11 Prozent (Vgl. Schindler 1988, 571; Schindler 1994, 846).

Die *Gesamtdauer* des Gesetzgebungsverfahrens zwischen der Einbringung
und Verabschiedung der Gesetze war seit Beginn der Bundesrepublik großen
Schwankungen unterworfen, nahm aber bis zur siebten Legislaturperiode (1972-
76) erkennbar zu. Danach ging sie mit erheblichen Schwankungen wieder etwas
zurück. Die Abweichungen von diesen Trends wurden durch Besonderheiten der
aktuellen politischen Konstellationen verursacht. So dauerten die Gesetzgebungsverfahren in der zweiten sozial-liberalen Koalition (1972-76) deshalb so lange,
weil sehr viele Gesetze eingebracht wurden und einige Vorhaben – vor allem
zur neuen Ostpolitik – extrem strittig waren. Die Gesetzgebungsverfahren in der
vierten sozial-liberalen Koalition (1980-82) dauerten auch deshalb nicht lange,
weil problematische Vorhaben wie das lange diskutierte Presserechts-Rahmenge-

---

1   *Wesentliche Gesetze* sind „Gesetze mit grundlegendem und richtungsweisendem Charakter
    ..., in denen Tatbestände und Sachverhalte erstmalig oder in materiell neuer Weise rechtlich
    geregelt werden, wobei diese Regelungen ... entweder direkt weite Kreise der Bevölkerung
    betreffen ... oder zwar zunächst nur einen begrenzten Anwendungsbereich haben, aber
    exemplarischen Charakter besitzen ...". *Wichtige Gesetze* sind Gesetze, die „... Neuregelungen
    für bestimmte Bereiche (bringen), (denen) jedoch ... die allgemeine Ausstrahlungskraft der
    (wesentlichen) Gesetze (fehlt)". Außerdem gehören hierzu „politisch wichtige Gesetze wie
    z.B. die Haushalts- und Haushaltsstrukturgesetze sowie Gesetze zur Errichtung wichtiger
    neuer Behörden (z.B. des Umweltbundesamtes)". *Marginale Gesetze* sind Gesetze, „die klei-
    nere (zumeist formale) Änderungen, Klarstellungen oder Anpassungen bereits bestehende
    Gesetze oder materielle Regelungen ohne direkte Bedeutung für einen größeren Personen-
    kreis ... zum Gegenstand haben ...". Vgl. Schindler 1986, S. 658.

setz nicht eingebracht wurden. Eine Ursache für die leichte Verlangsamung der Gesetzgebungsverfahren dürfte die zunehmende Komplexität der Materie und des Gesetzgebungsverfahrens sein.

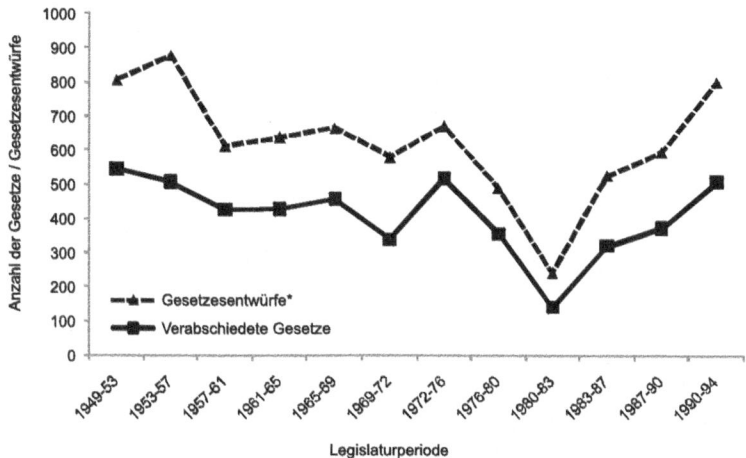

Legislaturperiode

* Alle Entwürfe von Bundesregierung, Bundestag und Bundesrat
Quelle: Kepplinger 1998, Schaubild 8, S. 61; Schindler 1984, S. 681; Schindler 1994, S. 823, 825; Deutscher Bundestag 1996, S. 475f.

Abbildung 1: Gesetzgebung des Bundestages

Ein Indikator für die *Konsensualität* der Gesetzgebung ist der Anteil der einstimmig beschlossenen an allen verabschiedeten Gesetzen (Vgl. Schindler 1994, 845f.). Anhand dieses Indikators kann man drei deutlich voneinander abgehobene Gesetzgebungsphasen erkennen. In der ersten Phase verabschiedete der Bundestag kaum ein Gesetz einstimmig. Diese Phase blieb auf die erste Legislaturperiode mit ihren grundlegenden Richtungskämpfen beschränkt und war entsprechend kurz. In der zweiten Phase verabschiedete der Bundestag die Hälfte, häufig sogar mehr als zwei Drittel aller Gesetze einstimmig. Sie erstreckte sich von der zweiten bis zur neunten Legislaturperiode und umfasste folglich einen Zeitraum von 30 Jahren. Allerdings deutete sich bereits in der achten und neunten Legislaturperiode ein bemerkenswerter Rückgang an. In der dritten Phase verabschiedete der Bundestag genauso wenige Gesetze einstimmig wie in der ersten Phase. Diese Phase begann mit der zehnten Legislaturperiode und dauert noch an. Der Verfall der Konsensualität der Gesetzgebung seit Beginn der siebziger Jahre minderte nicht notwendigerweise die Effektivität des Bundestages, weil die Vorlagen zwar

Mehrheiten brauchen, Einstimmigkeit jedoch nicht erforderlich ist. Allerdings dürfte er zunehmend den Eindruck vermittelt haben, dass sich der Bundestag nahezu nie einig ist.

Zuständigkeit für Problemlösungen in der Presseberichterstattung

Die folgende Analyse der Medieninformationen über das aktuelle Geschehen beruht auf einer quantitativen Inhaltsanalyse der Berichterstattung der *Süddeutschen Zeitung,* der *Frankfurter Allgemeinen Zeitung* und der *Welt* von 1951 bis 1995 (Kepplinger 1998). Die drei Blätter befassten sich in der untersuchten Stichprobe in 45.198 Beiträgen mit dem politisch relevanten Geschehen in Deutschland und mit explizitem Bezug zu Deutschland. Über Probleme und Problemlösungen berichteten sie in 13.741 Beiträgen. Die meisten Beiträge betrafen Probleme (9.835), relativ wenige Problemlösungen (3.906). Die Zahl der Beträge über Problemlösungen blieb über die untersuchten 45 Jahre nahezu konstant niedrig. Dagegen nahm die Zahl der Beiträge über Probleme von 1951-53 um 30 Prozent zu. Ihren Höchstwert hatte sie 1984-86 mit einem Zuwachs von fast 60 Prozent gegenüber dem Ausgangsniveau erreicht. Die Lage des Landes erschien folglich in den neunziger Jahren problematischer als in den fünfziger Jahren. Mehr als die Hälfte der untersuchten Beiträge enthielt Aussagen darüber, wer für die Bewältigung der Probleme zuständig sei. Für die folgende Analyse werden der liberalen Theorie entsprechend zwei Klassen von Akteuren betrachtet – Staat und Politik sowie die Gesellschaft einschließlich der Unternehmen, Verbände und Individuen. Der Gesellschaft im erwähnten Sinn wurde nur selten die Verantwortung für die Lösung von Problemen zugeschrieben. Die Zahl der entsprechenden Beiträge nahm kaum, ihr Anteil an allen Problemberichten nur schwach zu. Die Nichtzuständigkeit der Gesellschaft kann man damit als Konstante der Problemdarstellung betrachten. Ganz anders Staat und Politik: Bereits in den frühen fünfziger Jahren richteten sich in gut einem Fünftel aller Problemdarstellungen die Problemlösungserwartungen an Staat und Politik. Von Beginn der sechziger bis zur Mitte der siebziger Jahre nahm die Zahl der Beiträge mit solchen Forderungen noch erheblich zu und pendelte sich danach auf einem hohen Niveau ein. Mitte der neunziger Jahre richteten sich in der Hälfte aller Berichte über Probleme die Problemlösungserwartungen an den Staat und die Politik. Damit waren in jedem zweiten Fall der Staat, die Regierung, der Bundestag, die Parteien, die Polizei usw. oder einzelne Repräsentanten dieser Einrichtungen aufgerufen, die Probleme zu beseitigen oder zumindest zu mildern (vgl. Kepplinger 1998, 65-79, 99-103). Abbildung 2 weist die Zahl der Beiträge aus.

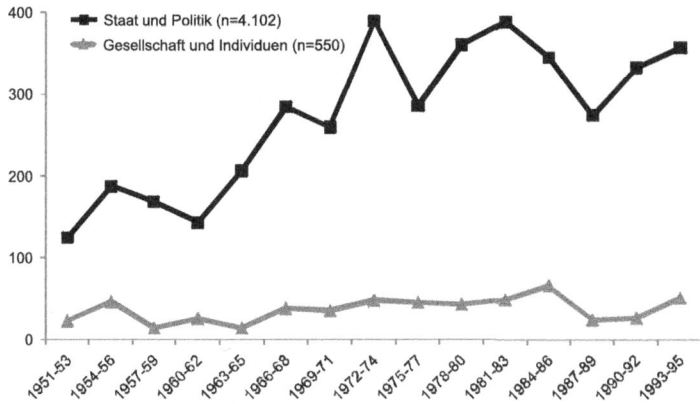

Basis: Beiträge über Zuständige für Problemlösungen in Deutschland (n=5.513); nicht ausgewiesen: Beiträge über überstaatliche Einrichtungen, andere Staaten und andere Akteure (n=861).

Quelle: Kepplinger 1998, Schaubild 19, S. 102

Abbildung 2: Darstellung der Zuständigkeit für Problemlösungen

Leistungsbilanz der Politik in der Berichterstattung

Die Darstellung der Probleme und Leistungen in den untersuchten Blättern weist zwei dominierende Trends aus: Die Zahl der Beiträge über Probleme nahm langfristig erheblich zu. Einen tiefen Einschnitt in den langfristigen Trend zur Problematisierung des Geschehens gab es während des Zusammenbruchs des Ostblocks und während der deutschen Wiedervereinigung. In dieser Zeit nahm die Zahl der Problemberichte nicht zu, sondern deutlich ab. Die Zahl der Beiträge über Leistungen ging im Laufe der Jahrzehnte leicht zurück. Dadurch verringerte sich der ursprünglich schon geringe Anteil der Berichte über Problemlösungen an allen Beiträgen über Deutschland von 13 Prozent auf nur noch 7 Prozent. Die Leistungen gerieten folglich aus dem Blickfeld der Leser, zumal sie hinter einem wachsenden Schwall von Problemdarstellungen verschwanden. Zwar berichteten die Blätter in der Blütezeit des Wirtschaftswunders häufiger über Leistungen als zuvor oder danach. In der Vereinigungsphase war die Zahl (und der Anteil) der Beiträge über Leistungen aber so niedrig wie nie zuvor. Die Leistungen, die bei

der deutschen Wiedervereinigung erbracht wurden, spielten damit in der Berichterstattung zumindest quantitativ keine nennenswerte Rolle.

Die Beiträge über Probleme verdeckten nicht in allen Bereichen den Blick auf
die Leistungen gleichermaßen. Zwar war der Saldo der Darstellung von Problemen und Leistungen in der Berichterstattung über die auswärtigen Beziehungen,
die inneren Angelegenheiten und die Gesellschaft im weiteren Sinne von Beginn
an leicht negativ.[2] In der Berichterstattung über die inneren Angelegenheiten und
die Gesellschaft wurde er bis Anfang der achtziger Jahre immer negativer, erholte
sich im Umfeld der Wiedervereinigung wieder etwas und wurde schon kurz
danach wieder sehr negativ. Erstaunlicherweise schlugen sich der Zusammenbruch des Ostblocks und die deutsche Wiedervereinigung in der Berichterstattung
über die auswärtigen Beziehungen nicht in ähnlicher Weise nieder. Betrachtet
man den Saldo der Darstellung von Problemen und Leistungen im Bereich der
inneren Angelegenheiten und der Gesellschaft, gewinnt man den Eindruck, dass
die Bundesrepublik vor allem seit Mitte der sechziger Jahre immer weniger in der
Lage war, ihre Probleme zu meistern (Abbildung 3).

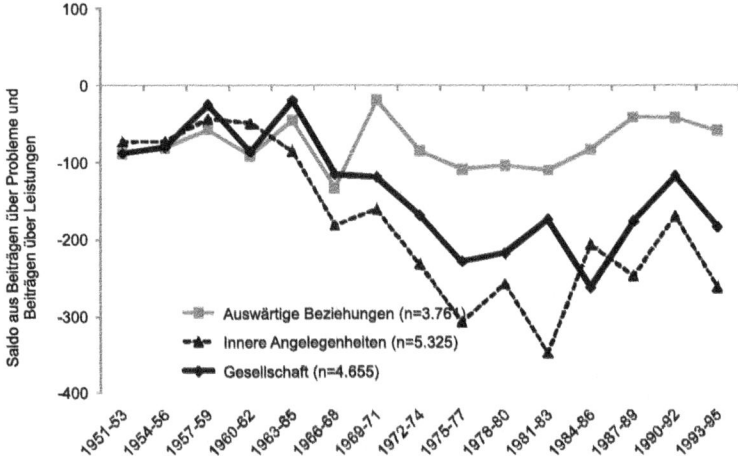

Basis: Beiträge über Probleme und Leistungen in Deutschland (n=13.741)
Quelle: Kepplinger 1998, Schaubild 12, S. 70

Abbildung 3:   Darstellung der Problemlösungsfähigkeit der Politik in verschiedenen
Politikfeldern

---

2   Zur operationalen Definition der Kategorien vgl. Kepplinger 1998, S. 56 ff.

Betroffene von Problemen und Nutznießer ihrer Lösung in der Berichterstattung

Die Vorstellungen von der Gerechtigkeit eines Gesellschaftssystems beruhen u. a. auf seinem Nutzen und Schaden für Bürger, Gruppen, Schichten usw. Die Ansichten der tatsächlichen Nutznießer und Betroffenen resultieren vermutlich vorrangig aus dem erlebten Nutzen und Schaden. Die Summe ihrer Reaktionen darauf ist ein Indikator für den Grad der Unterstützung, mit dem ein System rechnen kann: Je günstiger das Verhältnis von Nutznießern zu Betroffenen ist, desto größer ist die Unterstützung für ein System. Bei der Analyse der Presseberichte wurden ca. 250 politische und gesellschaftliche Akteure unterschieden. Sie werden für die folgende Darstellung wieder zwei großen Klassen zugeordnet – Staat und Politik sowie Gesellschaft im weitesten Sinn. In der Deutschlandberichterstattung der untersuchten Zeitungen wurden erheblich mehr Betroffene von Problemen als Nutznießer von Problemlösungen genannt. Das Verhältnis von Betroffenen zu Nutznießern betrug durchschnittlich etwa 3 zu 1. Alle Personen, Gruppen, Organisationen und Institutionen wurden häufiger als Betroffene denn als Nutznießer präsentiert. Allerdings unterschied sich die Zahl der Beiträge über die einzelnen Personen, Gruppen, Organisationen und Institutionen. Die Unterschiede in der Darstellung der verschiedenen Personen und Organisationen resultierten folglich weniger aus der Betroffenen-Nutznießer-Relation als aus der Intensität der Thematisierung der Betroffenenrolle. Hierbei sprengte die Darstellung einer Personen-Kategorie den Rahmen: Als Betroffene wurden vor allem einzelne Bürger, soziale Gruppen oder die Gesellschaft insgesamt genannt. Auf sie allein entfielen 52 Prozent aller Aussagen über die Betroffenen von Problemen. Allerdings wurden sie auch ungewöhnlich häufig als Nutznießer von Problemlösungen erwähnt.

Weil vor allem die Bürger als Betroffene von Problemen genannt wurden, soll ihre Darstellung im Zeitverlauf genauer betrachtet werden. Die Blätter berichteten zwar von Anfang an über die Bürger vor allem als Betroffene von Problemen, selten als Nutznießer von Leistungen. Innerhalb des gesamten Untersuchungszeitraumes gab es jedoch zwei Perioden: Bis zum Beginn der sechziger Jahre berichteten die Blätter ähnlich häufig über die Bürger als Betroffene von Problemen und als Nutznießer von Problemlösungen. Erst danach öffnete sich die Schere zwischen der Betroffenen- und Nutznießer-Darstellung, weil Berichte über Bürger als Nutznießer von Problemlösungen seltener wurden und die Berichte über Bürger als Betroffene von Problemen dramatisch zunahmen. Zwar zeichnet sich seit Beginn der achtziger Jahre eine Trendwende ab. Dennoch publizierten die drei Blätter auch jetzt noch etwa viermal so viele Beiträge über die Betroffenen von Problemen wie über die Nutznießer von Leistungen (Abbildung 4).

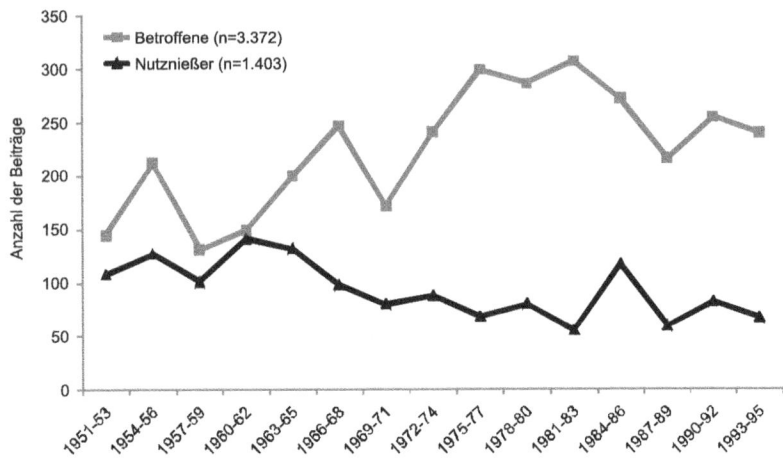

Basis: Beiträge über einzelne Bürger, Gruppen von Bürgern, „die Gesellschaft" in der
Deutschlandberichterstattung (n=4.775)

Quelle: Kepplinger 1998, Schaubild 13, S. 73

Abbildung 4:   Darstellung der Bürger als Betroffene von Problemen und Nutznießer von
Problemlösungen

Ursachen

Aus der Distanz betrachtet war die Politikberichterstattung von Mitte der fünfziger Jahre bis Ende der achtziger Jahre durch vier Merkmale geprägt. Erstens
schienen die Probleme Deutschlands seit der zweiten Hälfte der fünfziger Jahre
zuzunehmen. Zweitens schienen die Probleme bei den inneren Angelegenheiten
die vorhandene Problemlösungskapazität zunehmend zu übersteigen. Drittens
schienen die Ursachen der Probleme zunehmend im Bereich von Staat und Politik zu liegen. Viertens erschienen Staat und Politik in wachsendem Maße auch als
diejenigen, die für die Verminderung der Probleme zuständig waren. Zwar gab es
in den achtziger Jahren eine nachhaltige Trendwende, die jedoch die bisher skizzierte Entwicklung nicht revidierte, sondern nur modifizierte. Staat und Politik
blieben ein Teil der Probleme. Die publizistische Darstellung der Ursachen von
Problemen und der Zuständigkeit für ihre Bewältigung erscheint auf den ersten
Blick paradox: Staat und Politik, die als Hauptverursacher der wachsenden Probleme präsentiert wurden, wurden gleichzeitig immer häufiger für ihre Lösung in
Anspruch genommen.

Die Hauptursache der skizzierten Paradoxie bestand in der zunehmenden Politisierung des vorpolitischen Raumes: Beides – die Politisierung des vorpolitischen Raumes und die Steigerung der Erwartungen an die Politik – waren zwei Seiten einer Medaille. Je mehr die Politik in den vorpolitischen Raum vordrang, desto mehr wurde sie für die Lösung der dort bestehenden Probleme in Anspruch genommen. Die Folge war eine *strukturelle Überforderung der Politik* – strukturell deshalb, weil sie nicht vorrangig eine Folge der individuellen Unzulänglichkeiten von Politikern war und auch nicht durch einzelne Probleme hervorgerufen wurde, sondern auf der generellen Ausweitung des politischen Raumes beruhte. Sie wirkte sich nicht nur auf die materiellen Ansprüche an Staat und Politik aus, sondern schlug sich – im krassen Gegensatz zu den tatsächlichen Leistungen von Staat und Politik – auch in ihrem publizistischen Erscheinungsbild nieder. Die im Wesentlichen von der Politik selbst betriebene Politisierung des vorpolitischen Raumes war deshalb nicht nur eine Ursache der sachlichen Überforderung der Politik, sondern auch eine Quelle ihres im Saldo negativen Erscheinungsbildes.

Eine Ursache der skizzierten Paradoxie liegt auch in der veränderten Berufsauffassung der Journalisten als Folge des Generationswechsels. Dies verdeutlicht ein Vergleich der 1909-35 geborenen Großväter-Generation, die das Dritte Reich und den Zweiten Weltkrieg noch bewusst miterlebten, der 1936-50 geborenen Väter-Generation, die von der Studentenbewegung geprägt wurde, und der 1951-66 geborenen Enkel-Generation, die in die gewaltsamen Konflikte um die Kernkraft und die *NATO*-Nachrüstung hineinwuchs (vgl. Kepplinger et al. 1989; Lang et al. 1993; Kepplinger, Ehmig 1997). Je jünger die Journalisten waren, desto eher hatten sie diesen Beruf ergriffen, weil sie die Möglichkeit reizte, „Mißstände aufzudecken und zu kritisieren" (14, 19 bzw. 22 %)[3] und desto eher billigten sie es, dass Journalisten „ohne Rücksicht Kritik üben, auch wenn die Folgen nicht zu übersehen sind" (36, 39 bzw. 45 %).[4] Diese Grundhaltung manifestierte sich vermutlich nicht nur in der wachsenden Bereitschaft, Missstände als Probleme darzustellen, sondern auch in der zunehmenden Beachtung von Akteuren, die Missstände problematisierten.

Eine weitere Ursache waren die veränderten Verhaltensweisen der Interessenvertreter in der Gesellschaft. Zu ihnen gehören die Betroffenen und ihre Für-

---

3   Der genaue Fragetext lautete: „Als Sie sich entschlossen haben, Journalist zu werden, was waren damals die wichtigsten Beweggründe?" Ausgewiesen ist der Anteil der Befragten, die den Beweggrund als wichtigsten oder zweitwichtigsten einstuften.

4   Der genaue Fragetext lautete: „Im Journalismus gibt es Verhaltensweisen, die umstritten sind. Bitte geben Sie an, ob Sie die folgenden Handlungsweisen gutheißen oder mißbilligen." Ausgewiesen ist der Anteil der Befragten, die mit „Heiße gut" oder „Teils/teils" antworteten.

sprecher, Unternehmen und Interessenverbände, Experten, Politiker usw.[5] Sie
engagierten sich in dem Maße auch öffentlich, in dem sie die Spielregeln eines
demokratischen Staates erlernt hatten. Die Klagen der Vertreter der organisierten
Interessen wie auch der spontanen Bürgerbewegungen sind umso überzeugender,
je eher die angeprangerten Missstände vermeidbar erscheinen. Folglich wurden
sie zunehmend so dargestellt. Das Anwachsen der Berichte über Probleme war
deshalb auch eine Folge der fortschreitenden Professionalisierung der Klagen
über Missstände: Was vorher für unabänderlich gehalten wurde, erschien nun
unerträglich. Deshalb wurden die Missstände umso eher problematisiert, je mehr
die Leistungskraft der Gesellschaft und des Staates wuchs. Der Erfolg bei der
Minderung früherer Missstände war demnach paradoxerweise eine Ursache für
die zunehmende Problematisierung gegenwärtiger Mängel durch gesellschaftliche Akteure und die in den ersten Jahren dieser Praxis bereitwillige Publikation
ihrer Aktivitäten.

2.2 Politikerbild in den Medien

Möglichkeiten der Selbstdarstellung

Eine wichtige Voraussetzung für einen direkten Eindruck der Bevölkerung von
den Absichten und Denkweisen von Politikern besteht darin, dass sie hinreichend
zu Wort kommen. Eine Möglichkeit hierfür bieten, trotz der Problematik ihrer
gezielten Auswahl und Kürzung, Zitate. Auskunft über die Entwicklung des
Umfangs und der Länge von Politikerzitaten in der Presse gibt eine quantitative
Inhaltsanalyse der Wahlkampfberichterstattung der *Frankfurter Rundschau,* der
Süddeutschen Zeitung, der *Frankfurter Allgemeinen Zeitung*[6] und der *Welt* von
1949 bis 2009 (Wilke, Reinemann 2000; Wilke, Leidecker 2010). Der Umfang der
Wahlberichterstattung gemessen an der Zahl der Beiträge und der Anschläge hat
mit starken Schwankungen im Laufe der Jahrzehnte zugenommen. Der Umfang
der Zitate von Politikern hat dagegen im Laufe der Jahrzehnte deutlich abgenommen und ist heute geringer als in den frühen fünfziger Jahren. Dies ist eine Folge
der geringeren Zahl der Zitate und ihrer schwindenden Länge. Die Politiker kommen folglich in den untersuchten Zeitungen heute seltener und knapper zu Wort.
Hierbei handelt es sich um eine Entwicklung, die sich seit den frühen sechziger
Jahren auch in den USA findet (Patterson 1993, 76). Abbildung 5 zeigt die Entwicklung der durchschnittlichen Länge der Politikerzitate in der Wahlberichterstattung insgesamt sowie auf den Titelseiten.

---

5   Zur Rolle der Verbände vgl. Weber, 1987.
6   Für 1949 *Der Tagsspiegel* statt *der Frankfurter Allgemeinen Zeitung.*

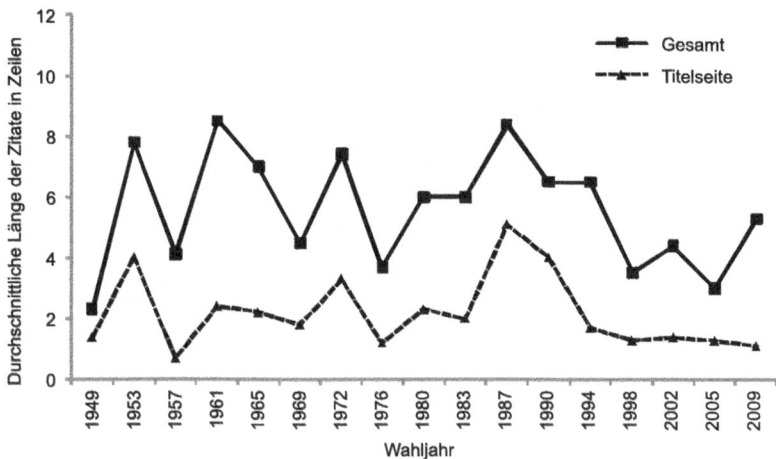

Basis: 6.440 Beiträge. 1949: Der Tagesspiegel statt Frankfurter Allgemeine Zeitung
Quelle: Wilke, Leidecker 2010
Abbildung 5:   Länge der Politikerzitate in der Wahlberichterstattung

Die oben erwähnten Qualitätszeitungen erreichen zusammengenommen weniger als 10 Prozent der Bevölkerung. Die weit überwiegende Mehrheit informiert sich auch oder nur aus dem Fernsehen über das aktuelle Geschehen. Die Zuschauer können sich jedoch nur dann über die Sichtweisen von Politikern informieren, wenn diese so lange zu Wort kommen, dass sie ihre Vorstellungen zumindest kurz erläutern und begründen können. Auskunft über die Entwicklung der Länge von Politikerzitaten in den Fernsehnachrichten gibt eine quantitative Inhaltsanalyse der Hauptnachrichten der vier wichtigsten Sender (Donsbach, Büttner 2005). Die erwähnte Voraussetzung war zu Beginn der achtziger Jahre in den Nachrichtensendungen der *ARD (Tagesschau)* und des *ZDF (heute)* noch einigermaßen gegeben. Damals hatten Politiker durchschnittlich noch etwas mehr als eine halbe Minute Zeit, um ihre Auffassung zu präsentieren. Bis Ende der neunziger Jahre wurde diese Zeitspanne halbiert. Nun stehen ihnen durchschnittlich noch etwa 16 Sekunden zur Verfügung. Bei *SAT.1 18:30* und *RTL aktuell* sind es durchschnittlich sogar nur 14 Sekunden (Abbildung 6).

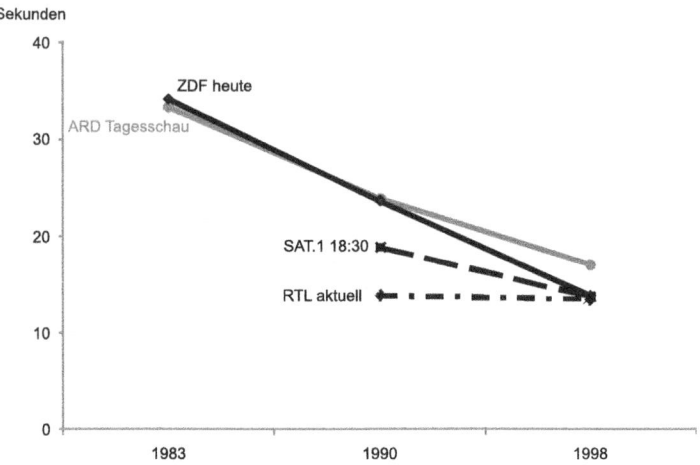

Basis: Politikbeiträge mit O-Tönen in Meldung, NiF, Bericht, Moderation, N=274
Quelle: Donsbach, Büttner 2005, Tabelle 2

Abbildung 6:   Dauer von Stellungnahmen in der Politikberichterstattung der Fernsehnachrichten

Mit der Verkürzung der Aussagezeiten ist der Emotionalisierungsgrad der Nachrichten gestiegen. Emotionalisierung zeigt sich z.b. in der Personalisierung von
Problemen, ihrer Beschreibung mit aufrüttelnden Begriffen, ihrer Illustration mit
drastischen Bildern, ihrer Erläuterung in dramatischem Tonfall usw. Anfang der
achtziger Jahre gab es in den Nachrichtensendungen der *ARD* und des *ZDF* praktisch keine emotionalisierenden Politikberichte in diesem Sinn. Ende der neunziger Jahre machten sie sieben bzw. vier Prozent ihrer Politikberichte aus. In den
Sendungen von *SAT.1* und *RTL* betrug der Anteil der emotionalisierenden Politikberichte sogar 15 bzw. 21 Prozent (Donsbach, Büttner 2005; vgl. hierzu auch
Winterhoff-Spurk et al. 2005, Bruns 1998). Solche Beiträge wecken die Aufmerksamkeit, indem sie Emotionen hervorrufen, eine nüchterne Auseinandersetzung
mit den Themen aber eher behindern als fördern. Die Folge ist Empörung statt
Verständnis, Aufregung statt Einsicht.

Tendenzen wertender Aussagen in der Presse

Die folgenden Analysen beschäftigen sich mit der Darstellung von deutschen Politikern in der Berichterstattung von *FAZ, SZ* und *WELT* von 1951 bis 1995. Ihre Grundlage sind wertende Aussagen in den Artikeln.[7] Die untersuchten Blätter veröffentlichten insgesamt 21.203 wertende Aussagen über deutsche Politiker. Diese vermittelten alles in allem ein verheerendes Bild von der politischen Führungselite: Mehr als zwei Drittel der Wertungen (69 %) waren negativ, ein gutes Viertel (26 %) war positiv, der Rest (5 %) ambivalent, d.h. die Wertungen enthielten sowohl positive als auch negative Elemente. Die wertenden Aussagen über Bundes- und Landespolitiker sowie über Politiker verschiedener Parteien unterschieden sich kaum. Allerdings schnitten die Politiker der *Grünen* noch etwas schlechter ab als die Politiker der übrigen Parteien, was auf die Kritik an ihrem Verhältnis zur Gewalt und zum Sexualstrafrecht vor allem in den achtziger Jahren zurückzuführen ist.[8] Die spezifischen Aussagen über verschiedene Aspekte und Eigenschaften von Politikern kann man unter sachlichen Gesichtspunkten zu fünf Komplexen zusammenfassen. Hierbei handelt es sich um die *Problemlösungsfähigkeit* der Politiker, ihre *Persönlichkeit*, die Vertretung von *Eigeninteressen*, ihre *Gemeinwohlorientierung* sowie die *Beteiligung der Bürger am Entscheidungsprozess*. Im Mittelpunkt der Bewertung von deutschen Politikern stand ihre Problemlösungsfähigkeit. Ähnlich häufig wurde ihre Persönlichkeit bewertet.

Alle fünf Komplexe wurden eindeutig negativ charakterisiert. Ein vergleichsweise günstigeres Bild vermittelten die Aussagen über ihre Problemlösungsfähigkeit und über ihre Persönlichkeit. Auch hier waren jedoch zwei Drittel der Urteile negativ (65 bzw. 67 %). Noch negativer waren die wertenden Aussagen über ihre Orientierung am Gemeinwohl (71 %), über ihre Bereitschaft, Bürger am Entscheidungsprozess zu beteiligen (81 %), sowie erwartungsgemäß über die Vertretung von Eigeninteressen (89 %). Angesichts des eindeutig negativen Tenors der Urteile über alle fünf Komplexe war die Gewichtung der Urteile bedeutsamer als ihre Tendenz: Weil alle Eigenschaften und Aspekte überwiegend negativ charak-

---

7   Erfasst wurden wertende Aussagen über 24 spezifische Aspekte bzw. Eigenschaften von Politikern, außerdem fünf verallgemeinernde Urteile. Die Tendenz der wertenden Aussagen wurde mit fünfstufigen Schätzskalen erfasst, deren Enden mit "eindeutig positiv" und "eindeutig negativ" beschriftet waren. Die beiden positiven und negativen Skalenstufen werden für die folgende Analyse zusammengefasst und den ambivalenten Aussagen gegenübergestellt.

8   Vgl. hierzu auch die Analyse der wertenden Politikerdarstellung in Wochenblättern in Rettich, 1997: S. 131f. Die Befunde sind nicht direkt vergleichbar, weil sie mit unterschiedlichen Instrumenten ermittelt wurden, lassen jedoch per saldo etwa doppelt so viele negative wie positive Wertungen erkennen.

terisiert wurden, kam es vor allem darauf an, welche von ihnen häufig thematisiert wurden. Die Tendenz der Politikerdarstellung – ermittelt als Anteil der negativen Aussagen – wurde von Beginn der fünfziger bis Mitte der neunziger Jahre deutlich schlechter: Der Anteil negativer Aussagen war in den neunziger Jahren größer als in den fünfziger Jahren. Dazwischen lag eine Periode mit einem noch größeren Anteil negativer Wertungen – die Zeit des Umbruchs von der sozialliberalen zur konservativ-liberalen Regierung Ende der siebziger und Anfang der achtziger Jahre (Abbildung 7).

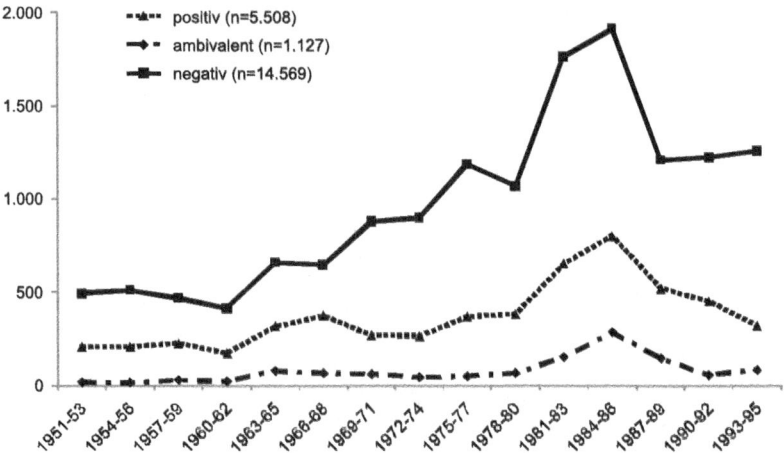

Basis: Wertende Aussagen über deutsche Politiker in der Deutschlandberichterstattung (n=21.219); 15 fehlende Werte
Quelle: Kepplinger 1998, Schaubild 36, S. 185

Abbildung 7:   Tendenz wertender Aussagen über deutsche Politiker

Negative Aussagen über Politiker können einzelne Fehler und Verfehlungen betreffen, ohne dass diesen Sachverhalten eine darüber hinausgehende Bedeutung zugesprochen wird (Einzelfälle). Sie können die kritisierten Sachverhalte jedoch auch generalisieren: Ein Fehler kann in einer Reihe ähnlicher Verhaltensweisen (Wiederholungsfall), als Teil einer Serie von ähnlichen Geschehnissen (Regelfall) sowie als Beleg für einen generellen Sachverhalt präsentiert werden (Verallgemeinerung). Für die folgende Analyse werden negative Aussagen über einzelne Fehler und Verfehlungen ihrer Charakterisierung als Wiederholungs- und Regelfall sowie ihrer Verallgemeinerung gegenübergestellt und als Generalisierung bezeichnet. Ein Viertel der negativen Aussagen über Politiker (25 %) zielten über den konkreten Einzelfall hinaus und stellten Generalisierungen im genannten Sinn dar. Hierbei handelte es sich nicht um eine konstante Praxis. Von Beginn der fünfziger bis Mitte der neunziger Jahre nahm die Generalisierung der Fehler und Verfehlungen von Politikern auf nahezu das Fünffache zu. Der Anteil der Generalisierungen an allen negativen Aussagen über Politiker verdoppelte sich nahezu von 20 auf 40 Prozent. Mitte der neunziger Jahre wurden die Fehler und Verfehlungen von Politikern in nahezu jedem zweiten Fall als mehr oder weniger symptomatisch charakterisiert. Vermutlich gibt es keinen anderen Beruf, dessen Angehörige in der Medienberichterstattung derart pauschal diskreditiert werden wie Politiker.

Urheber negativer Aussagen

Die Urheber von negativen Aussagen über Politiker waren mehrheitlich Politiker (7.947 Aussagen). Erst an zweiter Stelle folgten mit deutlichem Abstand Journalisten (4.487 Aussagen). Vertreter gesellschaftlicher Einrichtungen wie Unternehmen, Kirchen, Interessenverbände usw. sowie einzelne Bürger und Angehörige von Aktionsgruppen kamen dagegen mit kritischen Äußerungen über Politiker kaum zu Wort (1.130 Aussagen). An diesem extremen Ungleichgewicht änderte sich im Laufe der Jahrzehnte nahezu nichts. Das immer negativere Erscheinungsbild der deutschen Politiker war demnach nicht primär eine Folge der wachsenden Kritik aus der Gesellschaft. Es resultierte vielmehr aus dem Umgangston unter Politikern sowie den schwierigen Beziehungen zwischen Politikern und Journalisten (Abbildung 8).

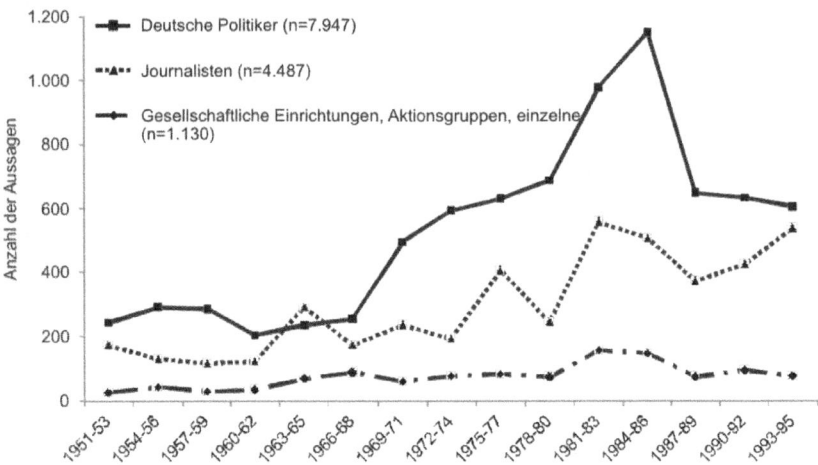

Basis: Negative Aussagen in der Deutschlandberichterstattung (n=14.569); nicht ausgewiesen sind staatliche Einrichtung (n=163), ausländische Akteure (n=450), Medien (n=99) sowie Sonstige/Kriminelle (n=293)
Quelle: Kepplinger 1998, Schaubild 42, S. 198

Abbildung 8:   Urheber negativer Aussagen über deutsche Politiker

2.3 Ursachen

Die Ursachen der zunehmenden Zahl von negativen Aussagen über Politiker in der Berichterstattung liegen ebenfalls zum Teil in der dargestellten Politik und zum Teil in ihrer journalistischen Darstellung. Als die Auseinandersetzungen in den siebziger und achtziger Jahren härter und die wechselseitigen Vorwürfe häufiger wurden, stieg die Zahl negativer Politikeraussagen auch in der Berichterstattung an. Als sich die Wogen wieder geglättet hatten, ging sie wieder zurück. Im Unterschied hierzu nahm die Kritik von Journalisten an Politikern weitgehend unabhängig von der politischen Entwicklung fast stetig zu. Dieser durchgängige Trend lässt sich folglich nicht durch die aktuelle Entwicklung erklären. Daraus kann man folgern, dass die zunehmende Kritik der Journalisten durch medieninterne Faktoren hervorgerufen wurde. Hierzu gehört auch der erwähnte Wandel des Berufsverständnisses von Journalisten sowie ihres Politikerbildes.

Neben der themenbedingten Verschärfung der politischen Kontroversen trugen zwei weitere Ursachen zum Anschwellen der negativen Aussagen von Politikern über Politiker bei. Der erste Grund war die zunehmende mediale Resonanz der

Kritik von Politikern an Politikern: Weil Journalisten selbst häufiger Kritik an Politikern übten, schenkten sie auch der Kritik von Politikern an Politikern mehr Beachtung. Der zweite Grund war die Interessenlage der Politiker an Publizität, die sie, wie sie im Laufe der Zeit gelernt haben, vor allem durch Kritik an anderen Politikern erhalten. So legte der damalige Bundesgeschäftsführer der *FDP*, Günter Verheugen, in der *Zeit* 1977 folgende Rangliste für Presseerfolge von Politikern vor: 1. Kritik an der eigenen Partei: gewaltiges Interesse der Journalisten. 2. Kritik am Koalitionspartner: starkes Interesse. 3. Wohlwollen für den politischen Gegner: Interesse. 4. Wohlwollen für den Koalitionspartner, Kritik am politischen Gegner: laues Interesse. 5. Positive Mitteilungen über die eigene Partei: Desinteresse (vgl. Schneider et al. 1990, 183).[9] Die wachsende Einsicht in diese Sachverhalte schlug sich zunehmend auch in Äußerungen nieder, die laut Günter Verheugen einen besonders hohen Nachrichtenwert besitzen: Kritik am eigenen politischen Lager. Sie nahm nahezu stetig zu und übertraf Mitte der neunziger Jahre erstmals die Kritik am gegnerischen politischen Lager (Kepplinger 1998, 201).

Die Ursachen der abnehmenden Chancen von Politikern, ihre Sichtweise einigermaßen ausführlich den Lesern und Zuschauern darzulegen, sind teilweise auf den wachsenden Wettbewerb zwischen den Medien zurückzuführen. Als Folge dieses Wettbewerbs gingen die Verkaufsauflagen der meisten Zeitungen und Zeitschriften sowie die Reichweiten der Fernsehnachrichten zurück. Die Medien versuchten diesem Trend durch kürzere und prägnantere Berichte entgegenzuwirken, was sich auch in kürzeren und selteneren Politikerzitaten niederschlug. Besonders deutlich wird dies bei der Anpassung der öffentlich-rechtlichen an die privaten Fernsehsender und der hier nicht näher behandelten Reaktion des *Spiegel* auf die Konkurrenz durch den *Focus*. Der zunehmende Wettbewerb zwischen den Medien erklärt jedoch nur einen Teil der schwindenden Publizität von Politikerstellungnahmen in der aktuellen Berichterstattung, weil diese Entwicklung schon lange im Gang war, bevor der Wettbewerb in den achtziger Jahren deutlich stärker wurde. Auch hierbei spielte das Selbstverständnis der Journalisten eine wesentliche Rolle, das sich vor allem durch den Generationenwechsel in den Redaktionen langsam aber stetig verändert hat. Ein Beleg hierfür ist der bereits seit den fünfziger Jahren schwindende Anteil der tatsachenbetonten Nachrichten und Berichte in der Wahlberichterstattung. Kompensiert wurde dieser Rückgang durch einen zunehmenden Anteil von subjektiv geprägten Darstellungsformen wie Reporta-

---

9   Siehe hierzu auch Lohse 1997. Nach Lohses Darstellung hat der Parlamentarische Geschäftsführer der *SPD*, Peter Struck, vor der Haushaltsdebatte die Abgeordneten seiner Fraktion aufgefordert, bei der Rede des Bundesfinanzministers einen gelangweilten Eindruck zu machen.

gen und Features sowie Kommentaren und Glossen (Wilke, Reinemann 2000, S.
61). Diese scheinbar nur formale Veränderung spiegelt letztlich den wachsenden
Deutungsanspruch der Medien bzw. der Journalisten.

3 Politiker und Journalisten

3.1 Wahrgenommene Macht

Politiker und Journalisten sind als Quellen und Vermittler von Informationen und
Meinungen aufeinander angewiesen. Zugleich bestehen zwischen ihnen zahlreiche Spannungen. In diesem Spannungsfeld bewegen sich mehr oder weniger ele-
gant Experten und Zeitzeugen, über die hier, obwohl der Anlass dieses Beitrags
das geradezu gebietet, nichts weiter gesagt werden soll. Die Spannungen zwischen
Politikern und Journalisten resultieren aus ihrem Anspruch auf Unabhängigkeit
von den Anderen sowie dem Verlangen nach Einfluss auf sie. Ihren Ursprung
haben sie in unterschiedlichen Vorstellungen davon, welche Verhaltensweisen
im eigenen und jeweils anderen Bereich notwendig und akzeptabel sind (vgl.
Kepplinger 2009a) sowie in Konflikten um die Deutungshoheit über das aktuelle
Geschehen und um die praktischen Folgerungen daraus. Dies belegen Äußerungen von führenden Politikern über ihre Erfahrungen im Umgang mit Journalisten und Medien (vgl. Zipfel 2005; Beck 2008) und Darstellungen des Verhaltens
von Politikern aus Sicht angesehener Journalisten (vgl. Riehl-Heyse 1989; Leinemann 2004). Hierbei handelt es sich um erfahrungsgesättigte Berichte heraus-
ragender Akteure, die auch einen Einblick in ihr Innenleben erlauben. Allerdings
sind sie wegen der besonderen Rolle der Berichterstatter und der ungewöhnlichen
Ereignisse, die sie schildern, nicht verallgemeinerbar. Diesem Anspruch werden
systematische Befragungen von Politikern über ihre Erfahrungen mit Journalisten
(vgl. Kepplinger, Fritsch 1981; Kepplinger 2009a, b; Linsky 1986; Kepplinger
2007; Kepplinger, Marx 2008) und von Journalisten über ihre Erfahrungen mit
Politikern (vgl. Kepplinger, Maurer 2008) eher gerecht. Sie besitzen jedoch, von
wenigen Ausnahmen abgesehen,[10] den Nachteil, dass sie nur die Sichtweise einer
Seite darstellen – der Politiker oder der Journalisten.

Besonders bemerkenswert ist im vorliegenden Zusammenhang eine Sekundär-
analyse einer Befragung der Inhaber von u. a. Führungspositionen in der Politik
und in den Medien aus dem Jahr 1972 durch Ursula Hoffmann-Lange und Klaus
Schönbach (1979, S. 71ff.). Die Politiker und die Journalisten schrieben überein-

---

10 Zu diesen Ausnahmen gehören die Studien von Hoffmann-Lange und Schönbach (1979),
    von Hoffmann (2003) sowie von Kepplinger (2009a).

stimmend der Politik einen größeren Einfluss auf die Politik der Bundesrepublik zu als den Medien. Abbildung 9 zeigt die Ergebnisse im Überblick. Die Daten sind mit den folgenden Daten nicht direkt vergleichbar,[11] verweisen jedoch auf die vorherrschenden Entwicklungslinien.

Frage: „Wir haben hier eine ganze Reihe möglicher Akteure unseres politischen Systems aufgeschrieben, wie schätzen Sie jeweils deren aktuellen Einfluss auf die Politik in der Bundesrepublik ein?"

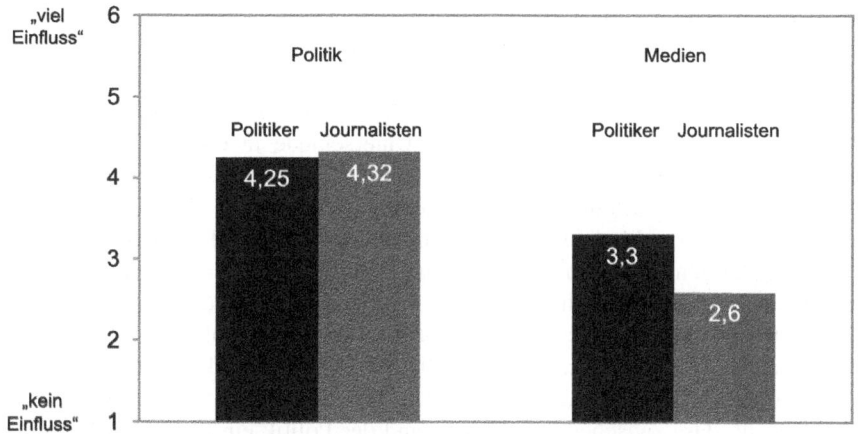

Originalskala: 1 = viel Einfluss, 6 = kein Einfluss - Für die Darstellung umgedreht: 6 = viel Einfluss, 1 = kein Einfluss; Grundlage der Berechnung: a) Aussagen der Medienmitarbeiter Ø aus Aussagen von Presse- und Funkvertretern; b) Aussagen der Politiker: Ø aus Aussagen der „Bundesregierung" und „Parteien allgemein "; c) Aussagen über Medien : Ø aus Aussagen „Fernsehen", „Presse", „Hörfunk"
Quelle: Hoffmann-Lange & Schönbach 1979, S. 71

Quelle: Hoffmann-Lange, Schönbach 1979, S. 71

Abbildung 9: Macht der Medien und der Politik 1972

Aus Sicht vieler Politiker war 1972 der damals erkannte Einfluss der Medien auf die Politik nicht wünschenswert. Über die Hälfte waren der Meinung, das Fernsehen (57 %) sollte weniger Einfluss auf die Politik haben, mehr als ein Viertel wünschte dies auch vom Hörfunk (29 %) und von der Presse (28 %). Aus Sicht der Medienvertreter war dagegen der Einfluss der Politik akzeptabel. So forderte nur ein Fünftel der Rundfunkmitarbeiter (20 %) und sogar nur ein Zehntel der Presvertreter (12 %) weniger Einfluss für die Parteien allgemein. Noch weni-

---

11 Für die Darstellung wurden die Skalen gedreht und die getrennt erfassten Aussagen über „Bundesregierung" und „Parteien allgemein" sowie über „Fernsehen", „Presse" und „Hörfunk" als Indikatoren für „Politik" und „Medien" gemittelt.

ger wünschten sich einen geringeren Einfluss der Bundesregierung (Schönbach, Hoffmann-Lange 1979, 73).

Vierzig Jahre später, im Sommer 2003, hatten sich die Machtverhältnisse aus Sicht der Politiker zugunsten der Medien verschoben (vgl. zum Folgenden Weßels 2005a, b). Allerdings wurde nun nach dem Einfluss auf die Gesellschaft gefragt, zudem fehlen für einen umfassenden Vergleich die Sichtweisen der Journalisten. Nach Ansicht der Politiker besaßen 2003 die Medien erheblich mehr Einfluss auf die Gesellschaft als die Parteien, der DGB und der BDA. Die Frage danach, wie groß der Einfluss der Genannten sein sollte, offenbart mit Blick auf die Macht der Medien eine extreme Kluft zwischen Sein und Sollen: In keinem anderen Fall war aus Sicht der Politiker der Unterschied zwischen der wahrgenommenen und der gewünschten Macht auch nur annährend so groß wie bei den Medien. Noch deutlicher werden diese Unterschiede in einer vergleichenden Befragung der Bundestagsabgeordneten und der Hauptstadtjournalisten, die zur Macht beider Seiten Stellung nahmen (Kepplinger 2009a, b). Die Befragten sollten den Einfluss der Medien auf die Politik und der Politik auf die Medien anhand einer 11-stufigen Skala einschätzen. Grundlage der folgenden Darstellung sind die daraus errechneten Mittelwerte. Die Journalisten und die Politiker stimmen 2008 darin überein, dass die Medien mehr Einfluss auf die Politik besitzen als die Politik auf die Medien. Zwar sprechen die Politiker den Medien noch mehr Einfluss auf die Politik zu als die Journalisten. Allerdings sind auch die Journalisten der Ansicht, dass zwischen den Medien und der Politik ein klares Machtgefälle besteht (Abbildung 10).

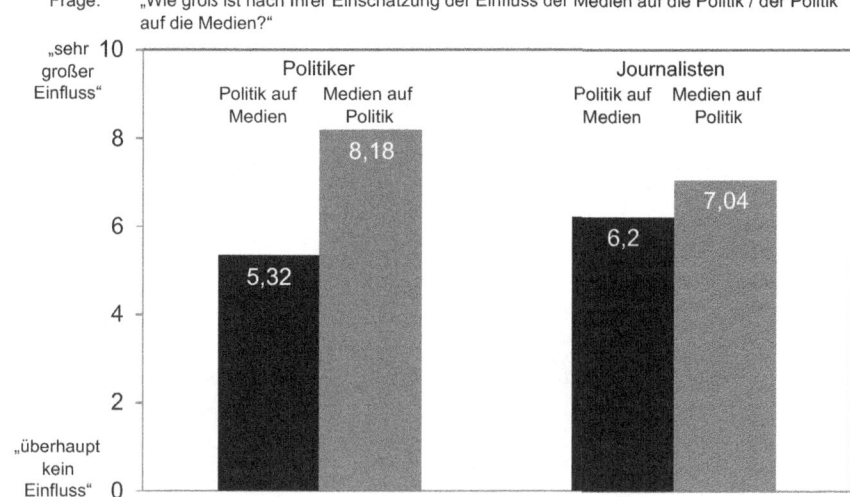

Quelle: Kepplinger 2009b

Abbildung 10: Macht der Medien und der Politik 2008

3.2 Machtansprüche

Macht beruht in der Regel auch auf Machtansprüchen. Jeweils die Hälfte der Politiker und Journalisten wurde deshalb auch gefragt, wie groß der Einfluss der Medien auf die Politik, bzw. der Politik auf die Medien sein sollte. Sowohl die Politiker als auch die Journalisten sind der Meinung, die Politik und die Medien sollten weniger Macht besitzen. Hier zeigt sich die historisch verständliche Machtdistanz der Deutschen. Allerdings wird erneut ein gravierender Unterschied zwischen den Politikern und Journalisten deutlich: Während sich die Politiker wünschen, dass das Machtgefälle zwischen Medien und Politik beseitigt wird, wollen die Journalisten, dass es – vom aktuell niedrigen Unterschied ausgehend – erheblich größer wird als es ohnehin schon ist (Abbildung 11).

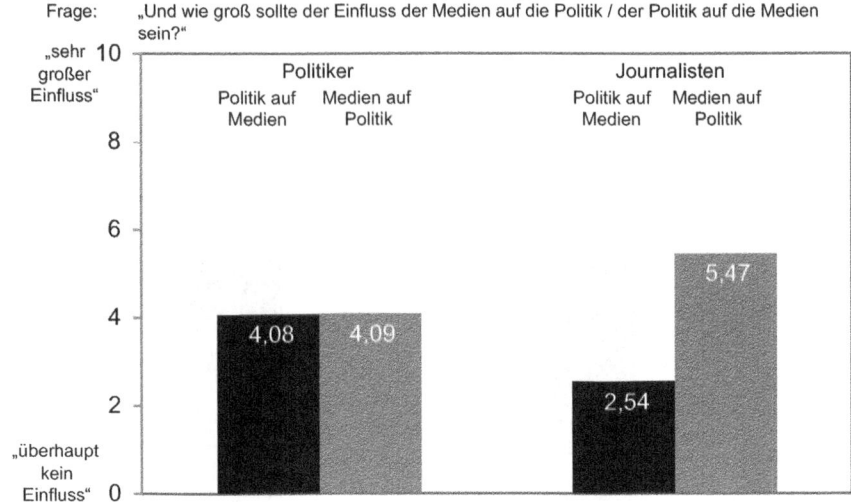

Quelle: Kepplinger 2009b

Abbildung 11: Machtanspruch von Politikern und Journalisten 2008

Überblickt man die Aussagen zur Macht der Medien und der Politik sowie zum Machtanspruch von Politikern und Journalisten erkennt man – trotz der beschränkten Vergleichbarkeit der Daten – einen klaren Trend: Die Macht hat sich von der Politik auf die Medien verlagert und der Machtanspruch der Journalisten ist im Vergleich zum Machtanspruch der Politiker gewachsen.

3.3 Ursachen

Eine Grundlage der Einschätzung der Macht der Politik und der Medien dürfte das Image sein, das beide Bereiche besitzen. Eine weitere Ursache ist jedoch aller Wahrscheinlichkeit nach auch ihre persönliche Erfahrung im Umgang miteinander und bei der Beobachtung von Entscheidungsprozessen in der Politik und in den Medien. Deshalb spiegeln die veränderten Einschätzungen der Machtverhältnisse aller Wahrscheinlichkeit auch reale Veränderungen im Verhältnis von Medien und Politik. Eine Ursache dieser realen Veränderungen ist die im Laufe der Jahrzehnte gewachsene Bedeutung der Medien als wichtigste Quelle aktueller Informationen für immer weitere Teile der Bevölkerung. Dies gilt vor allem für das Fernsehen, das für einen erheblichen Teil der Bevölkerung die einzige Quelle von politisch relevanten Nachrichten bildet. Eine weitere Ursache sind die im Laufe der Jahrzehnte verringerten Möglichkeiten der Politiker zur eigenständigen und direkten Publikumsansprache etwa über Parteizeitungen oder bei Massenkundgebungen. Eine weitere Ursache ist schließlich die Schnelligkeit der Medien, die im Unterschied zu Parteiorganisationen oder Regierungsapparaten in kurzer Zeit Stimmungen für oder gegen Vorhaben machen können.

Eine Ursache des Machtanspruchs sind die Funktionen, die den Medien in den Theorien der liberalen Demokratie zugewiesen werden. Danach sollen die Medien zur Meinungsbildung der Bevölkerung beitragen und die Regierenden kontrollieren. Der Einfluss der Medien auf die Politik gehört folglich zum Auftrag der Medien, was sich vermutlich im offensiven Selbstbild der Journalisten niederschlägt. Eine zweite Ursache sind die historischen Erfahrungen. So belegt nicht nur die deutsche Geschichte, dass ein bestimmender Einfluss der Politik auf die Medien die Grundlagen liberaler Demokratien untergräbt und in der Folge die bürgerlichen Freiheiten gefährdet (vgl. Wilke 2002). Dies trägt zu der eher defensiven Sicht der Politiker bei. Eine dritte Ursache ist das Grundgesetz und die Rechtsprechung des Bundesverfassungsgerichtes, das in zahlreichen Urteilen einen Abwehranspruch der Medien gegen die Politik begründet und konkretisiert hat. Sie haben sich im Laufe der Jahre auf das Selbstverständnis der nachwachsenden Journalistengenerationen ausgewirkt. Im Verhältnis von Politik und Medien ist eine Asymmetrie vorgegeben, die sich aus den genannten Gründen im Laufe der Zeit verstärkt hat und in den Machtansprüchen von Politikern und Journalisten niederschlägt. Als Folge dieser Entwicklungen treten Journalisten heute wesentlich offensiver auf als Politiker – dies gilt zumindest für die Hauptstadtjournalisten und Bundestagsabgeordneten. Bestärkt werden dürften sie – auch wenn das keinen nennenswerten Einfluss auf ihre Machtansprüche besitzt – durch das Gefühl ihrer moralischen Überlegenheit: Sie sehen nicht nur das Recht, sondern auch die Moral auf ihrer Seite (vgl. hierzu die detaillierten Analysen in Kepplinger 2009b). Dies führt, wie im Detail gezeigt werden kann (vgl. Kepplinger 2009c), zu einer zunehmenden Mediatisierung der Politik, ihrer Anpassung an die Erfolgsbedingungen der Medien, die den Einfluss der Politik im Verhältnis zum Einfluss der Medien weiter verringert und den Anpassungsdruck auf die einzelnen Politiker weiter verstärkt. Daran wird aller Wahrscheinlichkeit nach aus mehreren Gründen auch das Internet nichts ändern. Zum einen ist das Internet kein mit den Massenmedien vergleichbares Medium, das eigenständig agiert, sondern eine Plattform, die von beliebig vielen Anbietern genutzt werden kann, und es gibt bisher keine Anzeichen dafür, dass die Regierungen und Parteien zu jenen gehören, die es dauerhaft mit Erfolg nutzen können (Kepplinger, Podschuweit 2010). Zum anderen erreichen die Informationen im Internet über das aktuelle, politisch relevante Geschehen die weit überwiegende Masse der potentiellen Wähler nicht. Dies dürfte die Schlüsselstellung der reichweitenstarken traditionellen Medien in der politischen Kommunikation trotz ihres Reichweitenverlustes eher stärken als schwächen, weil sie von den zunehmend segmentierten Rezipienten den bei weitem größten Teil bedienen und dabei auch jene erreichen, die kein anderes Medium für die Information über das aktuelle politische Geschehen nutzen.

Literatur

Beck, K. (2008): Ein Sozialdemokrat. Die Autobiographie. München: Piper.

Bruns, T. (1998): Veränderungen der Gewaltberichterstattung im politischen Informationsprogramm des öffentlich-rechtlichen und privaten Fernsehens von 1986-1994. Eine Längsschnittsanalyse. Köln: Herbert von Halem.

Donsbach, W.; Büttner, K. (2005): Boulevardisierungstrend in deutschen Fernsehnachrichten. Darstellungsmerkmale der Politikberichterstattung vor den Bundestagswahlen 1983, 1990 und 1998. In: Publizistik 50 (2005), S. 21-38.

Hoffmann, J. (2003). Inszenierung und Interpenetration. Das Zusammenspiel von Eliten aus Politik und Journalismus. Wiesbaden: Westdeutscher Verlag.

Hoffmann-Lange, U.; Schönbach, K. (1979). Geschlossene Gesellschaft. Berufliche Mobilität und politisches Bewußtsein der Medienelite. In: Kepplinger, H. M. (Hrsg.): Angepaßte Außenseiter. Was Journalisten denken und wie sie arbeiten. Freiburg i. Br.: Alber, S. 49-75.

Kepplinger, H. M. (1998): Die Demontage der Politik in der Informationsgesellschaft. Freiburg i. Br.: Alber.

Kepplinger, H. M. (2007): Kleine Anfragen. Funktionale Analyse einer parlamentarischen Praxis. In: Patzelt, W. J.; Sebaldt, M.; Kranenpohl, U. (Hrsg.): Res publica semper reformanda. Wissenschaft und politische Bildung im Dienst des Gemeinwohls. Festschrift für Heinrich Oberreuter. Wiesbaden: VS Verlag für Sozialwissenschaften, S. 304-319.

Kepplinger, H. M. (2009a): Die Rationalität von Politik und Medien. In: ders.: Politikvermittlung. Wiesbaden: VS Verlag für Sozialwissenschaften, S. 27-50.

Kepplinger, H. M. (2009b): Rivalen um Macht und Moral. Bundestagsabgeordnete und Hauptstadtjournalisten. In: Kaspar, H.; Schoen, H.; Schumann, S.; Winkler, J. R. (Hrsg.): Politik – Wissenschaft – Medien. Festschrift für Jürgen

W. Falter zum 65. Geburtstag. Wiesbaden: VS Verlag für Sozialwissenschaften, S. 307-321.

Kepplinger, H. M. (2009c): Systemtheoretische Aspekte politischer Kommunikation. In: ders.: Politikvermittlung. Wiesbaden: VS Verlag für Sozialwissenschaften, S. 9-26.

Kepplinger, H. M. (2009d): Was unterscheidet die Mediatisierungsforschung von der Medienwirkungsforschung? In: ders.: Politikvermittlung. Wiesbaden: VS Verlag für Sozialwissenschaften, S. 117-128.

Kepplinger, H. M.; Ehmig, S. C. (1997): Der Einfluß politischer Einstellungen von Journalisten auf die Beurteilung aktueller Kontroversen. In: Medienpsychologie 9 (1997), S. 271-292.

Kepplinger, H. M.; Fritsch, J. (1981): Unter Ausschluß der Öffentlichkeit. Abgeordnete des 8. Deutschen Bundestages berichten über ihre Erfahrungen im Umgang mit Journalisten. In: Publizistik 26 (1981), S. 33-55.

Kepplinger, H. M.; Lang, K.; Lang, G. E.; Ehmig, S. C. (1989): Historische Ereignisse im Bewußtsein von Journalisten. Schriftliche Befragung von 491 westdeutschen Journalisten im Herbst 1989. Mainz: Institut für Publizistik der Johannes Gutenberg-Universität Mainz.

Kepplinger, H. M.; Marx, D. (2008): Wirkungen und Rückwirkungen politischer Kommunikation. Reziproke Effekte auf Landtagsabgeordnete. In: Sarcinelli, U.; Tenscher, J. (Hrsg.): Politikherstellung und Politikdarstellung. Beiträge zur politischen Kommunikation. Köln: Herbert von Halem, S. 188-208.

Kepplinger, H. M.; Maurer, M. (2008): Das fragmentierte Selbst. Rollenkonflikte im Journalismus – das Beispiel der Berliner Korrespondenten. In: Pörksen, B.; Loosen, W.; Scholl, A. (Hrsg.): Paradoxien des Journalismus. Theorie – Empirie – Praxis. Festschrift für Siegfried Weischenberg. Wiesbaden: VS Verlag für Sozialwissenschaften, S. 165-182.

Kepplinger, H. M.; Podschuweit, N. (2010): Der Online-Wahlkampf der Parteien. Alternative oder Ergänzung? (Im Druck).

Lang, K.; Lang, G. E.; Kepplinger, H. M.; Ehmig, S. C. (1993): Collective Memory and Political Generations. A Survey of German Journalists. In: Political Communication 10 (1993), S. 211-229.

Leinemann, J. (2004): Höhenrausch. Die wirklichkeitsleere Welt der Politiker. München: Blessing.

Linsky, M. (1986): Impact. How the Press Affects Federal Policy Making. New York u.a.: Norton.

Lohse, E. (1997): Nur der Pawlowsche Hund darf in das Hohe Haus. Warum Bundestagsdebatten so langweilig sind. In: Frankfurter Allgemeine Zeitung vom 11. September 1997, S. 3.

Patterson, T. E. (1993): Out of Order. New York: Knopf.

Rettich, M. (1997): Politische Berichterstattung. In: Haller, M.; Rettich, M. (Hrsg.): Wochenmedien Jahrbuch 1996. Bern u.a.: InnoVatio, S. 121-160.

Riehl-Heyse, H. (1989): Bestellte Wahrheiten. Anmerkungen zur Freiheit eines Journalistenmenschen. München: Kindler, 1989.

Rudzio, W. (1996): Das politische System der Bundesrepublik Deutschland. 4. Auflage. Opladen: Leske + Budrich.

Schneider, W.; Matthies, B.; Naß, M. (1990): Unsere tägliche Desinformation. Wie uns die Massenmedien in die Irre führen. Hamburg: Gruner + Jahr.

Schindler, P. (1984): Datenhandbuch zur Geschichte des Deutschen Bundestages 1949 bis 1982. 3. Auflage. Baden-Baden: Nomos.

Schindler, P. (1986): Datenhandbuch zur Geschichte des Deutschen Bundestages 1980 bis 1984. Baden-Baden: Nomos.

Schindler, P. (1988): Datenhandbuch zur Geschichte des Deutschen Bundestages 1980 bis 1987. Baden-Baden: Nomos.

Schindler, P. (1994): Datenhandbuch zur Geschichte des Deutschen Bundestages 1983 bis 1991. Baden-Baden: Nomos.

Weber, J. (1987): Politikvermittlung als Interessenvermittlung durch Verbände. In: Sarcinelli, U. (Hrsg.): Politikvermittlung. Beiträge zur politischen Kommunikationskultur. Bonn: Bundeszentrale für politische Bildung, S. 203-218.

Weßels, B. (2005a): Abgeordnetenbefragung 2003. Kurzfassung und Dokumentation der Ergebnisse. In: http://www.wzb.eu/~wessels/Downloads/Ber-fin1-all1.pdf [Abruf: 17.05.2010], 34 S.

Weßels, B. (2005b): Members of the German Bundestag in Perspective. Recruitment, Representation, and European Integration across Time and Countries. In: Mansfeldová, Z.; Olson, D. M.; Rakusanová, P. (Hrsg.): Central European Parliaments. First Decade of Democratic Experience and the Future Prospective. Prag: Academy of Sciences of the Czech Republic, S. 10-27.

Wilke, J. (Hrsg.) (2002): Unter Druck gesetzt. Vier Kapitel deutscher Pressegeschichte. Köln u.a.: Böhlau.

Wilke, J.; Leidecker, M. (2010): Kanzlerkandidaten in der Presse 1949-2009. Unveröffentlichtes Manuskript. Mainz: Institut für Publizistik.

Wilke, J.; Reinemann, C. (2000): Kanzlerkandidaten in der Wahlberichterstattung. Eine vergleichende Studie zu den Bundestagswahlen 1949-1998. Köln u.a.: Böhlau.

Winterhoff-Spurk, P.; Unz, D.; Schwab, F. (2005): Häufiger, schneller, variabler. Ergebnisse einer Längsschnittuntersuchung über Gewalt in TV-Nachrichten. In: Publizistik 50 (2005), S. 225-237.

Zipfel, A. (2005): Der Macher und die Medien. Helmut Schmidts politische Öffentlichkeitsarbeit. Tübingen u.a.: WF-ed. Journalismus.

Die deutsche Wahlforschung und die *German Longitudinal Election Study (GLES)*

Rüdiger Schmitt-Beck, Hans Rattinger, Sigrid Roßteutscher, Bernhard Weßels

Politische Wahlen sind die zentrale Institution der repräsentativen Demokratie. Sie sind diejenige Form politischer Mitwirkung der Bürger, die am breitesten genutzt wird (Steinbrecher 2009), und haben die Funktion zu gewährleisten, dass sich die Herrschaftsträger gegenüber den Bürgern für ihr Handeln verantworten müssen und politisch zur Rechenschaft gezogen werden können (Katz 1997). Die Analyse des Wählerverhaltens gibt Aufschluss, inwieweit diese normativen Aspirationen im realen politischen Prozess der Demokratie tatsächlich erreicht werden. Das an den Zielen der Beschreibung und theoriegeleiteten Erklärung orientierte Studium des Verhaltens der Stimmbürger und seiner Hintergründe (für Überblicke siehe Falter/Schoen 2005; Arzheimer/Evans 2008) ist infolgedessen ein Forschungsfeld von essenzieller Bedeutung für jegliche empirisch wie normativ ausgerichtete sozialwissenschaftliche Demokratieforschung. Die empirische Wahlforschung liefert wesentliche Erkenntnisse über die Legitimation des demokratischen politischen Systems, seine Funktionsmechanismen und Leistungen sowie letztlich seine Qualität. Das nicht zuletzt mangelnder Unterstützung durch die Bürger geschuldete Scheitern der ersten deutschen Demokratie im Jahr 1933 unterstreicht die Wichtigkeit eines angemessenen Verständnisses der vielfältigen Facetten des wahlpolitischen Prozesses und ihres Zusammenwirkens.

Die deutsche Wahlforschung hat in den letzten Jahrzehnten einen hohen, allgemein respektierten professionellen Stand erreicht. In die internationale Forschungsdiskussion ist sie gut integriert (Thomassen 1994; Klein u.a. 2000). Bereits anlässlich der Wahl zum ersten deutschen Bundestag 1949 wurde eine repräsentative Wählerumfrage durchgeführt, heute ist für jede Bundestagswahl mindestens eine Wahlstudie beim GESIS-Datenarchiv verfügbar (vgl. Mochmann/Zenk-Möltgen 2000; KVI 2001, 110ff.; Niedermayer 2001, 24ff.). Bis 1957 wurden Wahlstudien ausschließlich von privatwirtschaftlich verfassten Instituten der Markt- und Meinungsforschung durchgeführt. Das erste von akademisch verankerten Wissenschaftlern realisierte Projekt war die berühmte Kölner Wahlstudie von 1961 (Scheuch/Wildenmann 1965; Scheuch 2000). Seither wurden bei allen Bundestagswahlen mindestens ein, manchmal sogar mehrere von der universitären Forschung verantwortete Forschungsprojekte durchgeführt – häufig in Kooperation mit Partnern aus der außeruniversitären Sozial- und Politikforschung, seit den 1990er Jahren auch vollständig finanziert durch Institutionen der grundlagenorientierten Forschungsförderung, namentlich die Deutsche Forschungsgemeinschaft. Auf dem Fundament des so zusammengetragenen Datenfundus konnte die deutsche Wahlforschung eine beachtliche Produktivität entfalten (Kaase 2000; Gabriel/Keil 2005).

Allerdings litt die empirische Wahlforschung in Deutschland lange an einem infrastrukturellen Desideratum von strategischer Bedeutung – dem „Fehlen einer institutionalisierten, von wissenschaftlichen Förderungseinrichtungen auf Dauer finanzierten Nationalen Wahlstudie" (Niedermayer 2001, 33). Die Voraussetzungen für die wahlsoziologische Forschung in Deutschland waren insoweit weniger günstig als in etlichen anderen Demokratien; immer wieder monierten Bewertungen ihrer Leistungskraft, „dass es immer noch nicht gelungen ist, die als Basis einer kontinuierlichen Forschung unabdingbare große deutsche Wahlstudie zu institutionalisieren" (Gabriel/Keil 2005, 635f.; ähnlich auch KVI 2001, 66; Kaase/Klingemann 1994, 351ff.; Kaase 2000, 32ff.; Schmitt 2000). Die *German Longitudinal Election Study (GLES)* hat diese Situation in jüngster Zeit grundlegend verändert. Obgleich es nur eine Zwischenstufe auf dem Weg zur endgültigen Institutionalisierung einer *German National Election Study (GES)* darstellt, orientiert sich dieses 2009 gestartete Langfristprojekt, das auch die Bundestagswahlen 2013 und 2017 mittels eines komplexen Designs untersuchen wird, weitgehend an den Maximen typischer *National Election Studies*. Die Arbeitsgrundlage aller an der Beschreibung und Erklärung politischer Wahlen in Deutschland interessierten Sozialforscher hat sich damit entscheidend verbessert. Im Folgenden werden Hintergrund, Organisationsstruktur und Design dieses komplexen Forschungsvorhabens näher beschrieben. Der Beitrag schließt mit einigen exemplarischen Befunden zum Wählerverhalten bei der Bundestagswahl 2009.

Ein Desideratum der deutschen Wahlforschung

Während des größten Teils ihrer Geschichte war für die deutsche Wahlforschung eine Orientierung am „proprietären" Modell der Datenerhebung (Dunleavy 1990) kennzeichnend. Die Daten, mit denen sie arbeitete, wurden im Rahmen von Projekten erhoben, die von wechselnden Einzelforschern oder Forschergruppen geleitet und verantwortet wurden. Diese übten die vollständige Kontrolle über die Forschungsprogramme der jeweiligen Wahlstudien aus und unterlagen keiner Verpflichtung, ihre Daten der wissenschaftlichen Gemeinschaft zeitnah für eigene Analysen zur Verfügung zu stellen. Mit einer solchen Situation verbinden sich mehrere gravierende Nachteile und Risiken, welche den Fortschritt der wahlsoziologischen Forschung erheblich behindern können:

- Bei jeder Wahl aufs Neue ist unter solchen Umständen die Realisierung einer Wahlstudie prekär. Im Gegensatz zu Ländern wie Frankreich haben diese Umstände in Deutschland zwar nicht dazu geführt, dass eine Bundestagswahl ohne Wahlstudie verstrich und daher nicht analysiert werden konnte. Doch hätte dies unter den gegebenen Umständen durchaus geschehen können. Eine vergleichende Bestandsaufnahme der Wahlforschung in verschiedenen Ländern beschrieb die deutsche Situation treffend als „uncoordinated competition with no pre-set budget limit and, critically, no pre-set floor. [...] In principle, there could be more than one ‚national' study – or none at all." (Johnston/Blais 2007, 10)

- Als Folge von Dezentralität und wenig koordinierter Projektorganisation, aber auch als rationale Antwort auf strukturelle Anreize der Forschungsförderung (die Notwendigkeit, Förderanträge für Einzelprojekte der Grundlagenforschung unter Verweis auf ihr wissenschaftliches Innovationspotenzial zu rechtfertigen, konfligiert mit dem Ziel einer Dauerbeobachtung des soziopolitischen Prozesses) ergibt sich eine Tendenz zu „idiosynkratische[n] Studienanlagen" (Schmitt 2000, 533). Mangels langfristiger Kontinuität der Erhebungsinstrumente ist infolgedessen die kontinuierliche Beobachtung politischer Einstellungen und politischen Verhaltens schwierig oder gar unmöglich (Niedermayer 2001, 25; Gabriel/Keil 2005, 618).

- Da Primärforscher keiner formellen Verpflichtung unterliegen, ihre Daten allgemein verfügbar zu machen, werden diese nicht automatisch und zeitnah der breiteren wissenschaftlichen Gemeinschaft zugänglich gemacht. Wenn sie weitergegeben werden, geschieht das mitunter erst lange nach der betreffenden Wahl. Aufgrund mangelnder Offenheit bezüglich Studiendesigns, Forschungsinstrumenten und -zielen sowie der theoretischen Ausrichtung bleiben Potenziale wissenschaftlicher Innovationskraft ungenutzt.

Nachteile wie diese können nur durch eine *National Election Study* im Sinne eines kontinuierlichen Programms empirischer Sozialforschung behoben werden, das die höchsten methodischen Ansprüche erfüllt, auf einer festen Organisationsbasis und transparenten, gegenüber der Fachöffentlichkeit verantwortungsfördernden Leitungsstrukturen beruht, die Sicherheit permanenter oder zumindest langfristiger Finanzierung genießt und einem für die gesamte wissenschaftliche

Gemeinschaft empirischer Sozialforscher offenen Funktionsmodus folgt, und zwar sowohl bezüglich der Inputseite (Entwicklung von Forschungsdesigns, Erhebungsinstrumenten usw.) als auch der Outputseite (Datenzugang für eigene Analysen).

Damit ist ein Modell der Forschungsorganisation angesprochen, das während der vergangenen Jahrzehnte in vielen Ländern ad hoc organisierte Projekte zur punktuellen Analyse einzelner Wahlen abgelöst hat. Die Philosophie, die ihm zugrunde liegt, ist im Leitbild der *American National Election Study (ANES)* – dem bereits 1954 begründeten Vorbild dieses Typus wahlsoziologischer Forschungsinfrastrukturen – festgehalten: „The American National Election Studies (ANES) produces high quality data on voting, public opinion, and political participation to serve the research needs of social scientists, teachers, students, policy makers and journalists who want to better understand the theoretical and empirical foundations of national election outcomes. Central to this mission is the active involvement of the ANES research community in all phases of the project." (http://www.electionstudies.org/). Am Modell der ANES orientierte Projekte wahlsoziologischer Datenerhebung und -analyse existieren heute u.a. in Großbritannien, Israel, Kanada, den Niederlanden, Österreich, der Schweiz, den skandinavischen Ländern, aber auch Japan und Taiwan (Thomassen 1990; Katz/Warshel 2001; Franklin/Wlezien 2002). Anlässlich der Europawahl 2009 initiierte ein multi-nationales Team sogar eine Pilotstudie zur Schaffung einer vergleichbaren Forschungsinfrastruktur auf europäischer Ebene (http://www.piredeu.eu/).

Ein Zwischenschritt zur *German National Election Study*

Vor dem Hintergrund dieser allgemein geteilten Diagnose (Schmitt 2000) wurde 2007 aus der wissenschaftlichen Gemeinschaft heraus eine Initiative gestartet, um eine *German National Election Study (GES)* ins Leben zu rufen. Erstes greifbares Ergebnis dieser Bemühungen ist die *German Longitudinal Election Study (GLES)*, die einen eminent wichtigen Zwischenschritt auf dem Weg zur institutionalisierten deutschen nationalen Wahlstudie darstellt (http://www.dgfw.eu/gles. php). Seit 2008 von der Deutschen Forschungsgemeinschaft im Rahmen ihres Langfristprogramms für Sozial- und Geisteswissenschaften gefördert, untersucht dieses Projekt die Bundestagswahlen 2009, 2013 und 2017 (Rattinger u.a. 2008). In ihren wissenschaftlichen Ambitionen und ihrer methodischen Komplexität geht die GLES weit über herkömmliche Wahlstudien hinaus. Sie ermöglicht nicht nur die Analyse einer einzelnen, gerade anstehenden Bundestagswahl, sondern mehrerer aufeinander folgender Wahlen, die durch die integrierte Untersuchungsanlage des Projektes im Zusammenhang erforscht werden können. Als Vorstufe einer institutionalisierten *German National Election Study* orientiert sich das GLES-Projekt in seinen Verfahrensweisen bereits so weit wie möglich an den Prinzipien typischer *National Election Studies*. Dazu gehören auch eine gegenüber der Fachöffentlichkeit offene Projektorganisation sowie Steuerungsmodalitäten, die sich vom „proprietären" Modell monopolisierter Kontrolle lösen und stattdessen der Maxime größtmöglicher Sensitivität für die sich wandelnden Bedürfnisse der wissenschaftlichen Gemeinschaft folgen.

Die GLES ist ausdrücklich nicht nur an den Forschungsinteressen der Projektnehmer orientiert, sondern versteht sich als Projekt der gesamten wissenschaftlichen Gemeinschaft der akademisch verankerten Wahlforscher und anderer an der Analyse von politischen Einstellungen und Verhalten interessierter Sozialwissenschaftler in Deutschland und aus anderen Ländern. Aus diesem Grund hat sie sich zu einer Politik der offenen Tür hinsichtlich der Konzipierung der Studie und der Verbreitung der im Projekt erzeugten Daten verpflichtet. Mittels entsprechender *Calls*, die im In- und Ausland auf reges Interesse stießen, wurden Vorschläge für Erhebungsinstrumente eingeworben und nach einem wissenschaftlichen Auswahlverfahren in das Studienkonzept integriert. In Kooperation mit GESIS – Leibniz-Institut für Sozialwissenschaften werden die erhobenen Daten nach technischer Prüfung und Bereinigung umgehend allen Interessenten kostenfrei und auf unkomplizierte Weise zugänglich gemacht (http://www.gesis.org/gles). Aber auch dem Informationsbedarf der politischen Öffentlichkeit weiß sich das Projekt verpflichtet. So ist eine für ein breites Publikum zugängliche, umfassende Dokumentation und Analyse der Bundestagswahl 2009 in Vorbereitung (Rattinger u.a. 2010). Gleichartige Publikationen werden auch bei den nächsten Bundestagswahlen entstehen.

Die GLES ist Teil eines sich in jüngerer Zeit konstituierenden Systems groß angelegter sozialwissenschaftlicher Forschungsinfrastrukturen mit der Aufgabe, soziale, wirtschaftliche und politische Veränderungen und ihre Voraussetzungen sowie ihre Konsequenzen in Deutschland kontinuierlich zu beobachten und zu analysieren (Kämper/Nießen 2008). Während sich andere Säulen dieser Architektur, wie die Allgemeine Bevölkerungsumfrage der Sozialwissenschaften (ALLBUS) und der international vergleichend angelegte European Social Survey (ESS), das Sozio-ökonomische Panel (SOEP) sowie die beiden neuen Panelprojekte PAIRFAM (Beziehungs- und Familienentwicklungspanel) und NEPS, das deutsche Bildungspanel, eher am Datenbedarf von Soziologen und Ökonomen orientieren, ist die GLES in komplementärer Weise auf ein Schlüsselthema der Politikwissenschaft ausgerichtet – die Art und Weise, wie politische Macht in der deutschen Demokratie verteilt und legitimiert wird und wie die Inhaber von

Machtpositionen durch allgemeine Wahlen als Kerninstitution der repräsentativen Demokratie rechenschaftspflichtig gehalten werden.

Als bislang umfangreichste deutsche Wahlstudie orientiert sich die GLES selbstverständlich nicht zuletzt an den früheren deutschen Bundestagswahlstudien und schreibt diese fort. In vielerlei Hinsicht fügt sie sich aber auch in breitere Entwicklungstrends der internationalen wahlsoziologischen Forschung ein (Schmitt-Beck 2009). Traditionell orientierten sich Wahlstudien an einem schmalen Satz von Forschungsfragen: Wer beteiligt sich an einer Wahl, und aus welchen Gründen? Welche Kandidaten und/oder Parteien werden gewählt und, wiederum, aus welchen Gründen? Befragungen national repräsentativer Stichproben wahlberechtigter Personen (überwiegend in Form von Vorwahl- oder Nachwahlquerschnitten, gelegentlich auch als Kurzfristpanels, selten ergänzt um Langfristpanels) waren die kanonische Methode, um diese Fragen zu beantworten. Auch in Deutschland hat dieser Ansatz die Wahlforschung lange geprägt, mit der bemerkenswerten Ausnahme der Wahlstudie 1961, die nicht nur – wie erwähnt – das erste, sondern in mancher Hinsicht auch das bis heute facettenreichste akademische Projekt zur Analyse einer Bundestagswahl gewesen ist. Es umfasste nicht nur verschiedene nationale, regionale und lokale Wählerumfragen, sondern auch Experteninterviews mit politischen Eliten, führenden Journalisten und Vertretern von Interessensgruppen sowie Inhaltsanalysen von Zeitungen und Fernsehnachrichten (Scheuch/Wildenmann 1965; Scheuch 2000). Bei den nachfolgenden Wahlstudien orientierte sich die deutsche Wahlforschung jedoch überwiegend an derselben Orthodoxie, die auch für die Wahlforschung in vielen anderen Ländern charakteristisch war (für Überblicke siehe Schmitt 2000; Neller/Gabriel 2000; Niedermayer 2001).

In den letzten Jahren wurden jedoch von verschiedenen nationalen Wahlprojekten in unterschiedlicher Weise erweiterte Perspektiven eingenommen und der Fokus so über die punktuelle Betrachtung von Wahlentscheidungen und ihren individuellen Einstellungshintergründen hinaus erweitert. Zunehmend werden Wahlen auf sehr viel umfassendere Weise in den Blick genommen, nämlich als Teilaspekte politischer Repräsentationsprozesse, die mehrere Ebenen politischer Systeme miteinander verbinden und sich dynamisch entwickeln. Diese adäquat zu untersuchen erfordert, die vielfältigen Interaktionsbeziehungen zwischen Bürgern und Amtsinhabern sowie Kandidaten für politische Ämter nicht unbeachtet zu lassen, außerdem müssen Parteiorganisationen und Massenmedien als Vermittlungsinstanzen Berücksichtigung finden. Damit einher geht ein intensiviertes Interesse an der Dynamik der Kommunikationsprozesse zwischen den am Wahlgeschehen beteiligten Akteuren. Ausdruck findet diese Horizonterweiterung in einem spürbar gewachsenen Interesse an longitudinalen Forschungsplänen

(Romer u.a. 2006) und einer Erweiterung des methodischen Instrumentariums über reine Wählerumfragen hinaus, etwa durch deren Ergänzung um Kandidatenumfragen, Wahlkampfstudien oder Inhaltsanalysen der Massenmedien. In Reaktion auf das zunehmend volatile (Lachat 2007), „individualisierte" (Schnell/Kohler 1995; Quandt 2008) Verhalten der Wähler verbreitet sich unter Wahlforschern die Einsicht, dass ideale Forschungspläne zur Analyse heutiger Wahlen einerseits spezifische Komponenten zur Erfassung der kurzzeitigen Bewegungen im Vorfeld von Wahlen, andererseits aber auch ein methodisches Sensorium zum Aufspüren langfristiger Veränderungen über einen oder sogar mehrere Wahlzyklen hinweg (Güllner u.a. 2005) beinhalten müssen. Überdies wird zunehmend erkannt, dass Wahlstudien in Mehrebenensystemen dem vielschichtigen Charakter des wahlpolitischen Geschehens mit seinem Wechselspiel von Haupt- und Nebenwahlen (Reif/Schmitt 1980) verstärkte Beachtung schenken müssen.

Eng mit diesen Entwicklungen verknüpft sind Bestrebungen, Wahlen stärker „politisch" und weniger „soziologisch" aufzufassen. Herkömmlicherweise tendierten Wahlstudien dazu, die einzelnen Wähler und deren Eigenschaften (strukturelle Merkmale, insbesondere aber auch politische Einstellungen) als alleinigen Schlüssel zum Verständnis von Wahlen zu betrachten – so, als würden diese in einem politischen Vakuum stattfinden. Aktuellere Studien gehen hingegen davon aus, dass das Wählerverhalten besser verstanden werden kann, wenn die institutionellen und politischen Kontexte von Wahlen mit in Betracht gezogen werden (einschließlich des Verhaltens von Parteien, Kandidaten, Medien und anderen Akteuren). Mit einer solchen Perspektivenerweiterung geht die Notwendigkeit einher, den Blickwinkel über einzelne Wahlen hinaus zu erweitern und verschiedene Wahlen sowohl in international als auch in längsschnittlich vergleichender Perspektive zu betrachten. Wahlen werden auf diese Weise selbst zu Untersuchungseinheiten in komplexen, mehrstufigen Forschungsdesigns (Thomassen 2005). Zweifellos sind solche Studien hinsichtlich ihres Datenbedarfs weitaus anspruchsvoller als traditionelle. Gerade der internationale Vergleich nationaler Hauptwahlen hat sich aus offenkundigen Gründen als methodisch schwieriges Terrain erwiesen. Solche Wahlen tragen in vielerlei Hinsicht idiosynkratischen Charakter (angefangen mit ihrer Datierung). Sie vergleichend zu untersuchen stellt daher unter Äquivalenzaspekten beträchtliche Anforderungen an Forschungsdesigns und Erhebungsinstrumente. Gleichwohl wurden in den letzten Jahren beachtliche Fortschritte erzielt (Kaase 2000), darunter das *Comparative National Elections Project (CNEP*; vgl. http://www.cnep.ics.ul.pt/index1.asp; Gunther u.a. 2007) sowie insbesondere die *Comparative Study of Electoral Systems (CSES)* – ein gemeinschaftliches Forschungsprogramm, an dem mehrere

Dutzend Länder rund um den Globus beteiligt sind (http://www.umich.edu/~cses; Klingemann 2009).

Während diese Wandlungstrends der Wahlforschung darauf zielen, die atomistische Perspektivenverengung auf den einzelnen Wähler aufzubrechen, indem sie ihn verstärkt als Element eines umfassenderen politischen Prozesses begreifen und so den analytischen Blick gleichsam nach außen hin öffnen, wendet sich eine weitere wichtige Neuerung mit weit reichenden theoretischen wie methodologischen Implikationen eher nach innen: die zunehmende Aufmerksamkeit, die Theorien und Konzepten der kognitiven Psychologie unter Wahlforschern zuteil wird (Schoen 2006; Steenbergen 2010). Vor allem in den USA haben Anwendungen moderner Modelle der Informationsverarbeitung und Urteilsbildung in den letzten beiden Jahrzehnten zu einer eindrucksvollen Vertiefung des wissenschaftlichen Verständnisses der Mechanismen beigetragen, über welche individuelle Wahlentscheidungen herbeigeführt werden (z.B. Lau/Redlawsk 2006; Neuman u.a. 2007) – eine Entwicklung, auf welche auch die deutsche Wahlforschung in jüngster Zeit verstärkt reagiert (Faas u.a. 2010). Das herkömmliche, von der Soziologie, der Ökonomie und der psychologischen Feldtheorie der 1950er Jahre übernommene Arsenal theoretischer Werkzeuge, mit dem die Disziplin jahrzehntelang gearbeitet hat (Falter/Schoen 2005), wird auf diese Weise fruchtbar erweitert.

Alle diese Entwicklungen spiegeln sich im Forschungsplan der GLES, der anlässlich der Bundestagswahl 2009 erstmals implementiert wurde. Um den Kern einer klassischen Querschnittsumfrage einer repräsentativen Stichprobe wahlberechtigter Personen gruppieren sich Komponenten, welche die Bandbreite der Analysemöglichkeiten auf unterschiedliche Weise erweitern und dadurch erheblich reichhaltigere Erkenntnisse erwarten lassen als herkömmliche Wahlstudien. Die GLES beinhaltet mehrere längsschnittliche Komponenten, die auf Individual- und auf Aggregatebene sowohl kurzfristige Dynamiken während des Wahlkampfes als auch langfristige Wandlungsprozesse über den Wahlzyklus hinweg erfassen. Überdies beschränkt sich die GLES nicht auf Wählerumfragen, sondern schließt auch mehrere Teilprojekte ein, die erlauben zu studieren, wie das individuelle Wählerverhalten in den Kontext der Wahlkampfkommunikation der Parteien und der politischen Berichterstattung der Massenmedien eingebettet ist; außerdem eröffnen sie die Möglichkeit differenzierter Analysen repräsentationstheoretischer Fragestellungen. Dazu gehören eine Umfrage unter den Kandidaten zum Deutschen Bundestag, qualitative Interviews mit Verantwortlichen für die Wahlkampagnen der Parteien, manuelle und computergestützte Medieninhaltsanalysen sowie ein experimentelles Teilprojekt zum sogenannten TV-Duell der Kanzlerkandidaten.

In unterschiedlicher Weise greift die GLES auch Inspirationen aus der politischen Psychologie auf. So wurden in einige Umfragen Instrumente zur Messung bislang in der deutschen Wahlforschung noch nicht beachteter Konstrukte eingebaut („need for cognition", „need to evaluate", „need for cognitive closure"; vgl. Federico 2007; Federico u.a. 2007; Rudolph/Popp 2007). Auch wurden Impulse aus der jüngeren Forschung zur Bedeutung von Emotionen für das Wählerverhalten aufgegriffen (Marcus u.a. 2000). Überdies wurden in einigen Studienteilen Messungen von Antwortlatenzen vorgenommen, die als nichtreaktives Messverfahren für die mentale Zugänglichkeit von Einstellungsobjekten interessante neue Analysemöglichkeiten eröffnen, wie eine Pilotstudie anlässlich der Bundestagswahl 2005 aufgezeigt hat (Faas/Mayerl 2010). Großer Wert wurde bei der Entwicklung des Forschungsplans der GLES außerdem darauf gelegt, das Projekt in internationale Forschungszusammenhänge einzubetten. Einige ihrer Komponenten fungieren gleichzeitig als deutsche Beiträge zu international vergleichenden Projekten.

Steuerungs- und Verantwortlichkeitsstruktur des GLES-Projektes

Die GLES kam zustande als Resultat des Bestrebens der Mitglieder der wissenschaftlichen Gemeinschaft der deutschen Wahlforscher, dem Vorbild anderer Länder folgend in Deutschland eine genuine *National Election Study* zu begründen. Die hierfür geschaffene organisatorische Basis ist die eines eingetragenen Vereins. Die Deutsche Gesellschaft für Wahlforschung (DGfW) wurde 2007 als Selbstorganisation der akademischen Wahlforscher in Deutschland mit der dezidierten Mission gegründet, auf dieses Ziel hinzuarbeiten. Der immer noch wachsende Verein hat derzeit über 50 persönliche Mitglieder, die zahlreiche Universitäten und akademische Forschungseinrichtungen sowie alle Generationen deutscher Wahlforscher (sowie einige an deutschen Wahlen interessierte ausländische Kollegen) repräsentieren (http://www.dgfw.eu). Er ist dreistufig organisiert. Oberhalb der Ebene der einfachen Mitglieder steht als zweite Ebene der DGfW ein aus elf Personen bestehendes, von den Mitgliedern gewähltes Präsidium, dessen Wahlzyklus an die Bundestagswahlzyklen gebunden ist. Das Präsidium wiederum wählt aus seiner Mitte einen vierköpfigen Vorstand. Die Mitglieder des 2007 gewählten Vorstandes haben als Antragsteller und Primärforscher die Verantwortung für die Initiierung und Durchführung der GLES übernommen (Rattinger u.a. 2008).

Die Organisationsstruktur der DGfW stellt ein mehrstufig gegliedertes Netzwerk bereit, über das einerseits Informationen über alle Entwicklungen im

Zusammenhang mit der GLES an die wissenschaftliche Gemeinschaft verbreitet werden, deren Datenbedarf das Projekt letztlich dient, und andererseits Feedback aus dieser an die Projektverantwortlichen zurückfließt. Während die vier Vorsitzenden der DGfW als Primärforscher die Verantwortung für die Entwicklung und Leitung der Studie übernommen haben, fungiert das Präsidium der DGfW als permanentes Bindeglied zur wissenschaftlichen Gemeinschaft. In substanzieller wie methodischer Hinsicht war das Präsidium durch umfangreichen Input an der Projektvorbereitung beteiligt, die Durchführung begleitet es durch regelmäßiges Feedback.[1]

Während das Präsidium kontinuierlich in die Projektabläufe der GLES eingebunden ist, indem es bei strategischen Entscheidungen konsultiert wird und stetig Anregungen und Kommentare beiträgt, werden die einfachen Mitglieder der DGfW an kritischen Verzweigungen des Projektablaufs über aktuelle Entwicklungen informiert; in bestimmten Phasen der Projektentwicklung besteht auch die Möglichkeit, das Projekt durch substanzwissenschaftlichen und methodischen Input zu befruchten. Während der Planung der Bundestagswahlstudie 2009 eröffneten ein *Call for Modules* und ein *Call for Questions* die Möglichkeit, Vorschläge zum Studiendesign und zur Instrumentierung zu unterbreiten, die sich auch in Design und Fragenprogramm niedergeschlagen haben. Allerdings existieren keine exklusiven Vorrechte oder besonderen Zugriffsmöglichkeiten der DGfW-Mitglieder. Im Rahmen der *Calls* waren Nichtmitglieder ebenso wie Mitglieder eingeladen, ihre Ideen einzubringen, und diese flossen gleichermaßen in das Projekt ein. Auch hinsichtlich des Datenzugangs gibt es keine mit der formalen Zugehörigkeit zur DGfW zusammenhängenden Privilegien. Abgesehen von ihrem Informationszugang, der durch ihre Integration in das Vereinsnetzwerk strukturell erleichtert wird, genießen die DGfW-Mitglieder im Vergleich zu Nichtmitgliedern keine Vorzüge; Sonderbehandlungen bestimmter Personengruppen sind mit der Grundphilosophie der GLES als Projekt, das sich durch seine Offenheit gegenüber der wissenschaftlichen Gemeinschaft auszeichnet, nicht vereinbar. Auch die Informationspolitik der GLES richtet sich gleichermaßen an Mitglieder wie Nichtmitglieder. Selektive Anreize können einen Vereinsbeitritt also nicht motivieren. Durch ihre Vereinszugehörigkeit unterstützen die Mitglieder der DGfW das Ziel einer *German National Election Study* und das Bemühen, diese zu etablieren, und verleihen ihm dadurch Legitimität; ihre Mitgliedschaft

---

1   Folgende Personen wirkten als Präsidiumsmitglieder der DGfW an der Entwicklung der GLES mit: Martin Elff (University of Essex), Thorsten Faas (Universität Mannheim), Steffen Kühnel (Universität Göttingen), Jürgen Maier (Universität Koblenz-Landau), Andrea Römmele (Hertie School of Governance), Hermann Schmitt (Universität Mannheim), Harald Schoen (Universität Bamberg), Bettina Westle (Universität Marburg).

ist ein altruistischer Beitrag zur Bereitstellung eines öffentlichen Gutes für die wissenschaftliche Gemeinschaft.

Die *German Longitudinal Election Study* im Detail

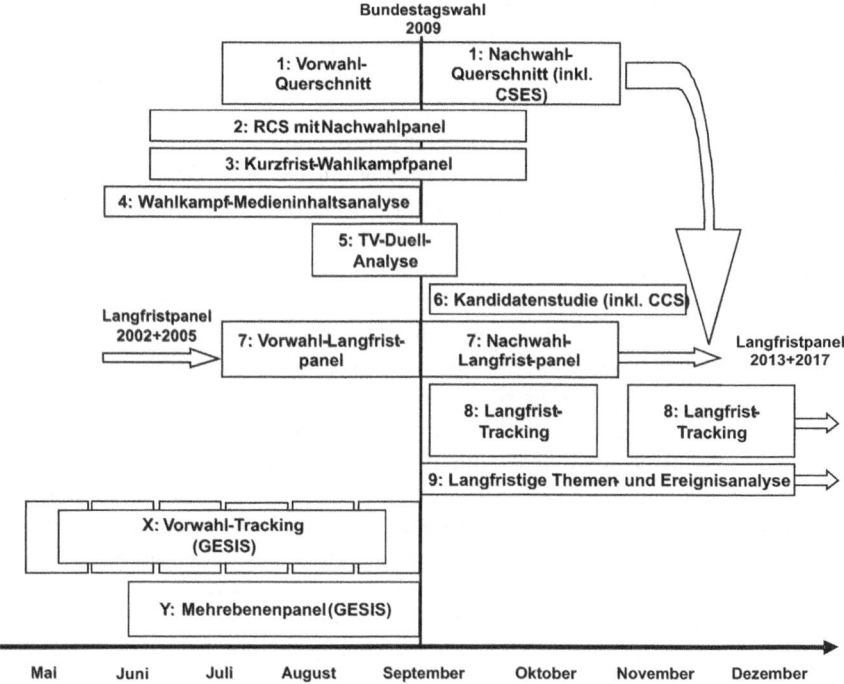

Schaubild 1:   Das Forschungsprogramm der GLES zur Bundestagswahl 2009

Das Forschungsprogramm der GLES umfasst ein umfangreiches Bündel aufeinander abgestimmter Teilstudien; bei der Bundestagswahl 2009 wurden diese erstmals realisiert (Schaubild 1). Für die Wahlen 2013 und 2017 sind analoge Designs geplant. Die Langzeitkomponenten sollen diese Wahlen miteinander verbinden, so dass integrierte Analysen des Verhaltens bei mehreren sukzessiven Wahlgängen möglich werden. Mehrere Umfragen unterschiedlicher Spezifikation erfüllen im Gesamtdesign verschiedene, einander ergänzende Teilfunktionen. Sie werden komplementiert durch Komponenten, welche den kommunikativen

Kontext abbilden, innerhalb dessen sich die Meinungs- und Präferenzbildung der Wähler vollzieht. Dazu gehören eine Inhaltsanalyse der Medienberichterstattung während des Wahlkampfes, eine Analyse des TV-Duells der Kanzlerkandidaten, eine Umfrage unter den Bundestagskandidaten sowie eine langfristige Themen- und Ereignisanalyse.

Zentrale Querschnitts-Komponente

Ausführliche Querschnittsumfragen bilden das Herzstück der meisten Wahlstudien weltweit, viele beschränken sich sogar auf dieses Element. Die entsprechende Tradition der deutschen Wahlforschung in leichter Abwandlung fortführend, steht auch im Zentrum der GLES für jede der drei untersuchten Bundestagswahlen eine persönlich-mündliche Befragung einer Zufallsstichprobe deutscher Staatsbürger (Komponente 1, verantwortet von Sigrid Roßteutscher (Universität Frankfurt) und Bernhard Weßels (WZB Berlin)). Da diese Umfrage gleichzeitig als Basiswelle des Langfristpanels fungiert (Komponente 7, s.u.), beschränkt sich die Stichprobe jedoch nicht auf wahlberechtigte Personen, sondern inkludiert auch 16- und 17-Jährige. Die Gesamtzahl der Interviews beträgt ca. 4.200. Diese verteilen sich gleichmäßig auf eine Vor- und eine Nachwahlerhebung. Die Stichprobenziehung erfolgt disproportional. Personen mit Wohnsitz in den neuen Bundesländern sind mit einem erhöhten Anteil von einem Drittel in der Stichprobe vertreten, um ausreichende Fallzahlen für differenzierte Ost-West-Vergleiche zu erhalten. In der langfristigen Betrachtung werden besonders große Veränderungen in den neuen Bundesländern erwartet und dieses *Oversampling* garantiert, dass ausreichende Fallzahlen zur Verfügung stehen, um sie zu analysieren. Die Befragung wird jeweils computerunterstützt vorgenommen (CAPI), die durchschnittliche Befragungsdauer beträgt eine Stunde. Das erlaubt den Einsatz eines hinreichend komplexen Befragungsinstrumentes, um ein Bild der politischen Einstellungen und Verhaltensorientierungen der Befragten zu zeichnen, das auch den Bedingungen einer zunehmend differenzierten, in ihrem politischen Verhalten individualisierten Wählerschaft gerecht wird. Die hohe Fallzahl ist Voraussetzung, um auch kleine Wählergruppen untersuchen zu können.

Der bei der Bundestagswahl 2009 erstmals eingesetzte und in Zukunft weitgehend zu replizierende Fragebogen war in zweierlei Hinsicht auf andere Wahlstudien bezogen: Einerseits wurden zahlreiche Fragen aus den Bundestagswahlstudien 1994 bis 2005 wieder aufgenommen (vgl. Neller/Gabriel 2000; Kühnel u.a. 2009), um longitudinale Vergleichbarkeit mit den Daten zu gewährleisten, die von diesen Vorläuferprojekten erhoben wurden. Zum anderen wurde das aktuelle Modul der *Comparative Study of Electoral Systems* in den Nachwahlfragebogen integriert. Dadurch stellt sich die GLES in die Kontinuität der deutschen

CSES-Studien von 1998 bis 2005 und wird gleichzeitig zu einem wichtigen Element eines zahlreiche Länder umfassenden Systems international vergleichbarer Wahlstudien. Das für die GLES zentrale längsschnittliche Element kommt bei Komponente 1 auf zweierlei Weise zum Tragen. Erstens können die Querschnittsumfragen untereinander, aber auch soweit möglich in Verbindung mit früheren Bundestagswahlstudien als repetitive Surveys analysiert werden (Firebaugh 1997), wobei sich das Analysepotenzial von Bundestagswahl zu Bundestagswahl vergrößert. Zweitens fungiert die Querschnittsstudie zur Bundestagswahl 2009 als erste Welle eines dreiwelligen, bis zur Bundestagswahl 2017 fortzuführenden Langfristpanels (Komponente 7, s.u.).

Kurzfrist-Komponenten

Die längsschnittliche Perspektive, die dem GLES-Projekt inhärent ist, bezieht sich nicht nur auf lang-, sondern auch auf kurzfristig angelegte Studienteile. In ihrer Gesamtheit ermöglichen diese – und zwar von Wahl zu Wahl immer besser – die Analyse von Konstanz und Wandel sowohl von Mittelwerten bzw. Verteilungen für das Wählerverhalten wesentlicher Variablen als auch von Zusammenhängen zwischen Variablen. Dies gilt zwar einerseits im Hinblick auf die kurzfristige Dynamik von Wahlkämpfen, andererseits im Hinblick auf langfristige Entwicklungen des Verhältnisses zwischen Bürgern, Parteien und Kandidaten sowie Medien. Überdies eröffnet sich in späteren Projektphasen die Möglichkeit, durch die Gegenüberstellung mehrerer in analoger Weise untersuchter Wahlkämpfe kampagnenbezogene Kurzfristdynamiken langfristigen Vergleichen zu unterziehen. Nicht additiv, sondern exponentiell steigert sich somit von Wahl zu Wahl das Analysepotenzial der Daten, die im GLES-Projekt erhoben werden.

Prozesse des sozialstrukturellen und parteipolitischen Dealignment lassen erwarten, dass die Wähler verstärkt unter dem kurzfristigen Eindruck von Wahlkämpfen entscheiden (Lachat 2007; Schmitt-Beck 2007). Für moderne Wahlstudien erscheint es vor diesem Hintergrund unabdingbar, der Kurzfristdynamik im Vorfeld der untersuchten Bundestagswahlen besondere Beachtung zu schenken. Mehrere miteinander verzahnte Komponenten der GLES sollen darüber Aufschluss geben, wie sich die Meinungsbildung und Entscheidungsfindung der Stimmbürger vor Bundestagswahlen vollzieht und wie sich die politische Kommunikation von Massenmedien, Kandidaten und Parteien im Wahlkampf darauf auswirkt. Eine für die wahlberechtigte Bevölkerung repräsentative Rolling Cross-Section-Umfrage auf Basis von rund 100 täglichen Interviews (die jeweils in sich Zufallsstichproben darstellen) über einen Zeitraum von zwei Monaten macht die Entwicklung der öffentlichen Meinung in Resonanz auf das Wahlkampfgeschehen bis zum Wahltag nachvollziehbar (Komponente 2, verantwortet von Rüdiger

Schmitt-Beck (Universität Mannheim)). Das in diesem Studienteil eingesetzte RCS-Design wurde in Deutschland bei der Bundestagswahl 2005 erstmals erfolgreich implementiert, nachdem es zuvor schon in anderen Ländern wie Kanada und den USA eingesetzt worden war (Johnston/Brady 2002; Romer u.a. 2006; Schmitt-Beck u.a. 2006, 2010). Die vor der Bundestagswahl 2009 durchgeführten Interviews dauerten im Schnitt 25 Minuten und wurden telefonisch realisiert. Veränderungen auf individueller Ebene können im Vor- und Nachwahlvergleich anhand einer zweiten Panelwelle analysiert werden, die unmittelbar im Anschluss an die Bundestagswahl durchgeführt wurde.

Um die wahlkampfbezogene Aggregatperspektive der RCS-Studie durch eine Analyse des intra-individuellen Wandels während der Vorwahlphase zu komplementieren, wurde als weitere Komponente der GLES während des Wahlkampfes ein Online-Kampagnenpanel realisiert (Komponente 3, verantwortet von Hans Rattinger (Universität Mannheim)). Auf Basis eines Access Panels und einer Quotenstichprobe wurden über eine Periode von 12 Wochen sechs Vorwahl- und eine Nachwahlwelle mit Reinterviews in zweiwöchigen Intervallen durchgeführt. An allen sieben Befragungen nahmen ca. 1.500 Personen teil, an mindestens vier Befragungen immerhin knapp über 3.000. Aufgrund des vergleichsweise neuartigen und komplexen Designs stellt das Online-Kampagnenpanel ein innovatives Element in der deutschen Wahlforschung dar, das es hervorragend ermöglicht, kurzfristige Änderungen von Einstellungen und Wahlintentionen während des Wahlkampfes zu beobachten und zu erklären.

Kurzfristige Veränderungen politischer Wahrnehmungen, Einstellungen und Entscheidungspräferenzen von Wählern sind als Reaktionen auf die Rezeption bestimmter wahlrelevanter Informationen zu verstehen (Lau/Redlawsk 2006). Die Massenmedien stellen die Hauptquelle solcher Informationen während des Wahlkampfes dar. Die thematische Agenda der Kampagne, Sichtbarkeit und Bewertungen von Parteien und Kandidaten, die Beziehungen zwischen den Parteien und die von ihnen ausgesandten Koalitionssignale, aber auch Stellungnahmen zu Wahlerwartungen (basierend auf demoskopischen Umfragen oder anderen Quellen) – das sind die medienvermittelten Informationen, welche im GLES-Projekt mittels einer quantitativen Inhaltsanalyse der Medienberichterstattung erfasst werden (Komponente 4, verantwortet von Rüdiger Schmitt-Beck (Universität Mannheim)). Diese Daten können zur Beschreibung der Medienberichterstattung selbst genutzt werden und ermöglichen auf lange Sicht eine Untersuchung von Kontinuität und Wandel der Kampagnenberichterstattung in Deutschland. Ihr primärer Zweck besteht jedoch darin, in Verbindung mit den während des Wahlkampfes gesammelten Umfragedaten den Einfluss der Medienberichterstattung auf wahlrelevante Orientierungen der Wähler zu modellieren. Da die Inhaltsanalyse eine lückenlose Vollerhebung auf täglicher Basis darstellt, lassen sich Umfrage- und Mediendaten über das Erhebungsdatum und die Angaben der Befragten zu ihrer Mediennutzung fusionieren. Die Inhaltsanalyse berücksichtigt die hinsichtlich ihrer Verbreitung oder ihrer Meinungsführerrolle im Mediensystem wichtigsten deutschen Massenmedien (die Hauptnachrichtensendungen der vier reichweiten-stärksten Sender ARD, ZDF, RTL und Sat.1 sowie die fünf wichtigsten über-regionalen Qualitätszeitungen („Die Welt", „Frankfurter Allgemeine Zeitung", „Süddeutsche Zeitung", „Frankfurter Rundschau", „die tageszeitung") und die meistgelesene Boulevardzeitung „Bild"). Der Erhebungszeitraum erstreckt sich über die letzten drei Monate vor der Bundestagswahl.

Schon bei ihrer Einführung zur Bundestagswahl 2002 haben sich die TV-Duelle zwischen den Kanzlerkandidaten der großen Parteien als herausragende Ereig-nisse des Wahlkampfes erwiesen, die bei den Wählern weitaus mehr Aufmerk-samkeit finden als alle anderen Kommunikationsformen. Sorgfältig vorbereitet stellen sie eine Art „Wahlkampf im Miniaturformat" dar (Maier/Faas 2005, 77; siehe auch Faas/Maier 2004; Maurer/Reinemann 2003), mit einem bedeutsamen Potenzial, insbesondere auch politikferne Stimmbürger zu erreichen. Aus diesem Grund wird den TV-Duellen im Design der GLES eine eigene Teilstudie gewid-met (Komponente 5, verantwortet von Sigrid Roßteutscher (Universität Frank-furt) in Kooperation mit Frank Brettschneider (Universität Hohenheim), Thorsten Faas (Universität Mannheim), Jürgen Maier und Michaela Maier (beide Univer-sität Koblenz-Landau)). Zur Analyse des TV-Duells 2009 wurde ein komplexes Design realisiert. Zwar messen alle im Rahmen des GLES-Projektes durchge-führten Umfragen die Wahrnehmung der TV-Duelle. Insbesondere die beiden Umfragen, die der Abbildung der Kurzfristdynamik des Wahlkampfes gewidmet sind (Komponenten 2 und 3), lassen diesbezüglich aufschlussreiche Ergebnisse erwarten. Aber um genauere Einsichten in die Verarbeitung der durch TV-Duelle vermittelten Informationen durch die einzelnen Wähler zu gewinnen, erscheint ein experimenteller Ansatz als sinnvolle Ergänzung. Implementiert wurde infol-gedessen ein komplexes experimentelles Design mit mehreren Elementen: einer Inhaltsanalyse der TV-Debatte; einer Befragung vor und nach der Sendung in Ver-bindung mit einer „real-time response"-Messung (RTR) unmittelbarer Zuschau-erreaktionen (Maier u.a. 2009); einer erneuten Wiederbefragung wenige Tage nach der Debatte und schließlich einer abschließenden vierten Befragung direkt nach dem Wahltag. Dieses Design ist mit Studien kompatibel, die bei den Bun-destagswahlen 2002 und 2005 durchgeführt wurden, so dass die erhobenen Daten die Möglichkeit eröffnen, alle bisherigen Kanzlerkandidaten-Duelle vergleichend zu analysieren (Maurer u.a. 2007).

Vor dem Hintergrund des deutschen Mischwahlsystems stellen auch die Kampagnen der Bundestagskandidaten wichtige Informationsquellen für die Wählerschaft dar. Deshalb wird im Rahmen der GLES eine Kandidatenstudie mittels einer standardisierten postalischen Befragung aller Bundestagskandidaten realisiert (Komponente 6, verantwortet von Bernhard Weßels (WZB Berlin) in Kooperation mit Thomas Gschwend, Hermann Schmitt, Andreas Wüst (alle Universität Mannheim) und Thomas Zittel (Cornell University)). Der Validierung des standardisierten Befragungsinstruments dienen ergänzende Leitfadeninterviews mit ausgewählten Kandidaten. Interviews mit führenden Vertretern der Parteizentralen erlauben eine Einschätzung der Relevanz der lokalen Kampagnen für die Gesamtstrategien der Parteien. Diese Komponente der Studie bietet die Möglichkeit, die Kampagnenstrategien der Kandidaten und die dahinter stehenden Motivationen zu ermitteln; in Verbindung mit den Daten aus den repräsentativen Umfragen, die über Regionalcodes möglich ist, erlauben sie eine Bewertung des Erfolges der Kampagnenstrategien. Die Kandidatenstudie baut auf zwei Vorgängerstudien zu den Bundestagswahlen 2002 und 2005 auf (Schmitt/Wüst 2004; Zittel/Gschwend 2007, 2008) und ist mit diesen vergleichbar. So können auch mögliche Veränderungen im Zeitvergleich analysiert werden, die nicht nur das Kampagnenverhalten, sondern auch Rekrutierung und Selektion sowie politische Einstellungen wie z.B. Policy-Positionen der Kandidaten betreffen können. Da die Kandidatensurveys teilweise mit der GLES-Querschnittsbefragung (Komponente 1) parallelisiert wurden, sind Einstellungsvergleiche zwischen Kandidaten und Wählern möglich, welche die Voraussetzung für Repräsentationsanalysen sind. Zudem wird die Kandidatenumfrage durch aggregierte Charakteristika der Wahlkreise ergänzt. Im Rahmen der GLES können damit komplexe Analysen der Beziehungen zwischen Wählern und Kandidaten vor dem Hintergrund unterschiedlich strukturierter Wahlkreise durchgeführt werden. Überdies ist die Kandidatenstudie Teil des internationalen Netzwerks *Comparative Candidates Survey (CCS)*, an dem derzeit 15 Länder partizipieren (http://www.comparativecandidates.com).

Langfrist-Komponenten

Kombiniert liefern die Kurzzeitkomponenten der GLES beispiellose Einblicke in die dynamische Entwicklung von Einstellungen und Präferenzen der Wähler und eröffnen die Möglichkeit, diese auf den sich wandelnden Informationskontext des Wahlkampfes zu beziehen, der durch die Parteien und ihre Kandidaten sowie durch die Medien geformt wird. Die Daten erlauben eine detaillierte und feinkörnige Untersuchung von Veränderungen bei den Wählern auf Aggregat- wie auf individueller Ebene und eröffnen durch Vergleich, insbesondere aber auch Fusion verschiedener Komponenten die Möglichkeit zu modellieren, wie diese durch die Verarbeitung der von den Parteien, Kandidaten und Massenmedien präsentierten Informationen hervorgerufen werden. Wahlergebnisse reflektieren jedoch nicht nur Prozesse der Präferenzbildung im direkten zeitlichen Vorfeld von Wahlen, sondern sind als punktuelle Zäsuren in langfristigen Prozessen der Formierung und des Wandels der öffentlichen Meinung zu verstehen (Stimson 2004). Um zu einem vollständigen Verständnis des Wahlprozesses zu gelangen, ist es daher erforderlich, die beschriebenen Instrumente zur Analyse der Kurzfristdynamik von Wahlkämpfen durch Instrumente der Langfristbeobachtung des wahlpolitischen Geschehens zu ergänzen.

Um Konstanz bzw. Wandel von politischen Einstellungen und Verhalten in langfristiger Perspektive auf der Ebene der einzelnen Wähler sichtbar zu machen, beinhaltet das GLES-Projekt eine Serie parallel angelegter, sich wechselseitig ergänzender rollierender Panelerhebungen, die jeweils zwei Wahlzyklen und drei Bundestagswahlen abdecken (Komponente 7, verantwortet von Hans Rattinger (Universität Mannheim)). Damit wird ein bereits in den Bundestagswahlstudien 1994 bis 2002 erfolgreich erprobtes Design fortgeführt (Rattinger u.a. 2007; Schoen u.a. 2009). Die Querschnittsumfrage zur Bundestagswahl 2009 (Komponente 1) fungiert als erste Welle eines Panels, das bis zur Bundestagswahl 2017 fortgesetzt werden wird. Überdies werden im Rahmen der GLES Erhebungen als Panel weitergeführt, die im Rahmen früherer Wahlprojekte realisiert wurden. Bei der Bundestagswahl 2009 mit der dritten Welle beendet wurde die Bundestagswahlstudie 2002, für die schon 2005 eine Wiederbefragung durchgeführt worden war. Auch die Teilnehmer der Querschnittsstudie zur Bundestagswahl 2005 (Kühnel u.a. 2009) wurden anlässlich der Bundestagswahl 2009 erneut befragt. Auf Initiative der DGfW waren diese Personen bereits zur Mitte des letzten Wahlzyklus im Herbst 2007 reinterviewt worden. Sie sollen bei der Bundestagswahl 2013 noch einmal befragt werden, danach wird dieses Panel beendet. Die in der ersten Welle (Komponente 1) etablierte Zuordnung der Befragten zur Vorwahl- bzw. Nachwahlbefragung bleibt bei diesen rollierenden Langfristpanels jeweils erhalten. Alle Panelumfragen werden persönlich-mündlich durchgeführt (CAPI). Zu Zwecken der Panelpflege, aber auch, um Momentaufnahmen wesentlicher politischer Einstellungen während des Wahlzyklus zu erhalten, werden mit den Teilnehmern der Langfristpanels zusätzlich jährliche telefonische Kurzbefragungen durchgeführt.

Um auf kostengünstige Weise eine noch dichtere Beobachtung der öffentlichen Meinung und ihrer Veränderungen zwischen den Bundestagswahlen zu erreichen, werden diese Panelbefragungen durch eine Serie von Onlineumfragen ergänzt, die während der gesamten Laufzeit des GLES-Projektes in dreimonatlichen Abständen als Querschnitte durchgeführt werden. Mittels eines größtenteils konstanten, teilweise aber auch situationsbezogen variierenden Fragebogens wird ermittelt, wie sich die Einstellungen der Wähler zu den wichtigsten Issues sowie zu den Parteien und ihrem Spitzenpersonal, aber auch zu den Leistungen der Bundesregierung und der Opposition über die Bundestagswahlzyklen hinweg entwickeln (Komponente 8, verantwortet von Sigrid Roßteutscher (Universität Frankfurt)). Basierend auf einem Access Pool werden diese Tracking-Umfragen seit der Bundestagswahl 2009 regelmäßig mit jeweils etwa 1.000 Befragten durchgeführt. Eine zusätzliche Funktion der Tracking-Komponente besteht in der Analyse der Mehrebenensystematik des Wählerverhaltens im deutschen Föderalismus. Deswegen bezieht sie gezielt auch Landtagswahlen und Europawahlen ein. Wenn im zeitlichen Umfeld einer Tracking-Erhebung eine Landtagswahl stattfindet (vier Wochen davor oder danach), wird diese durch Zusatzstichproben im Umfang von 500 Befragten in den betreffenden Bundesländern erweitert. Den Befragten mit Wohnsitz in diesen Bundesländern werden zusätzlich zum Standardfragenprogramm besondere Fragenmodule mit Bezug auf diese Landtagswahlen vorgelegt. Für die deutsche Wahlforschung stellt diese Komponente eine bedeutende Innovation dar, welche die Bedingungen für Analysen des Wählerverhaltens in den Bundesländern insbesondere unter dem Aspekt ihres Mehrebenencharakters entscheidend verbessert. Darauf bezogenen Fragestellungen konnte bislang fast ausschließlich mittels Sekundäranalysen von Daten der privatwirtschaftlich verfassten Wahl- und Meinungsforschung nachgegangen werden. Die Forschungsmöglichkeiten waren deswegen äußerst begrenzt (Völkl u.a. 2008).

Ähnlich wie die Umfragen, welche die kurzfristige Dynamik von Einstellungen und Handlungspräferenzen im unmittelbaren Vorfeld der Bundestagswahl abbilden, werden auch die langfristig orientierten regelmäßigen Tracking-Umfragen durch eine Analyse des medialen Informationskontextes supplementiert. Gegenstände dieser langfristigen Themen- und Ereignisanalyse (Komponente 9, verantwortet von Sigrid Roßteutscher (Universität Frankfurt)) sind die Themenagenda der Massenmedien, politisch relevante Ereignisse und die Evaluation von Parteien und Spitzenpolitikern. Für die Datenerhebung wird eine mehrstufige Vorgehensweise gewählt. Die politischen Wochenmagazine „Der Spiegel" und „Focus" werden kontinuierlich analysiert, um die Entwicklung der Medienagenda lückenlos abzubilden. Im Monat vor der jeweiligen Tracking-Umfrage werden zusätzlich zentrale Teile der Politikberichterstattung von zwei Qualitätszeitungen („Frankfurter Allgemeine Zeitung" (Mitte-Rechts) und „Süddeutsche Zeitung" (Mitte-Links; vgl. Maurer/Reinemann 2006, 129ff.)) sowie der Boulevardzeitung und meistgelesenen deutschen Tageszeitung „Bild" einbezogen. Im Vorfeld derjenigen Tracking-Wellen, die in die zeitliche Nähe von Landtagswahlen fallen und diesen besondere Aufmerksamkeit widmen, werden überdies wichtige regionale Tageszeitungen berücksichtigt, um die landespolitische Berichterstattung einzufangen. Aus Effizienzgründen wird die langfristige Themen- und Ereignisanalyse mittels Verfahren computerbasierter Inhaltsanalyse realisiert.

Assoziierte Zusatzprojekte

Außerhalb des GLES-Zusammenhangs, doch im Interesse größtmöglicher Synergie damit assoziiert, wurden mit Unterstützung von GESIS aus der Projektgruppe heraus zwei Datenerhebungsprojekte zur Bundestagswahl 2009 initiiert, welche das Gesamtprojekt in sinnvoller Weise ergänzen. Auch diese Daten stehen der wissenschaftlichen Gemeinschaft restriktionsfrei zur Verfügung. Drei Zielen dient eine vor der Wahl durchgeführte Serie monatlicher Onlineerhebungen, welche sich über ein halbes Jahr erstreckte (Komponente X, verantwortet von allen Projektleitern der GLES): der mittelfristigen Beobachtung der Meinungsbildung der Wähler in den Monaten bis zur Wahl; der detaillierten Untersuchung spezieller Themen von besonderem Interesse im Zusammenhang mit dieser Wahl, die in der GLES selbst aufgrund der Notwendigkeit, ein umfassendes Fragenprogramm abzudecken, nicht in derselben Differenziertheit beachtet werden konnten (u.a. die Europawahl und die Landtagswahlen im Vorfeld der Bundestagswahl, Einschätzungen der Wirtschaftslage, Wahrnehmungen des Wahlkampfes); drittens schließlich Instrumententests für die GLES-Umfragen. Der hierfür gewählte Erhebungsmodus orientierte sich aus Gründen der Kosteneffizienz an der Komponente 8. Komponente Y (verantwortet von Sigrid Roßteutscher (Universität Frankfurt)) machte sich die besondere politische Konstellation des „Superwahljahres" 2009 (mit einer Europawahl und mehreren Landtagswahlen im unmittelbaren zeitlichen Vorfeld der Bundestagswahl) zunutze und dient dem Zweck, mehrere Ebenen des politischen Systems übergreifende dynamische Wechselwirkungen des Wählerverhaltens zu beschreiben und zu erklären. Es wurde eine dreiwellige Mehrebenenpanelumfrage konzipiert und auf Basis eines Access Panels online durchgeführt, deren Daten differenzierte Analysen von Stabilität und Wandel des Wählerverhaltens bei Haupt- und Nebenwahlen erlauben.

Integration der Komponenten

Das Erhebungsprogramm der GLES ist sehr umfassend und vielschichtig. Sein volles Analysepotenzial realisiert sich erst, wenn die verschiedenen Komponenten des Projektes miteinander kombiniert werden. Diese wurden daher eng aufeinander abgestimmt und mit Anschlussstellen ausgestattet, über welche Verknüpfungen mit anderen Studienteilen hergestellt werden können. Von zentraler Bedeutung war die Entwicklung eines umfangreichen gemeinsamen Kerns zentraler Instrumente, welche – von Modusanpassungen abgesehen – in allen Umfragekomponenten gleichermaßen eingesetzt wurden. Leitend war dabei die Maxime, alle wichtigen Konstrukte der modernen Wahlforschung möglichst angemessen zu berücksichtigen, um ein Maximum an Analysemöglichkeiten zu gewährleisten. Um die rückwärtige Anschlussfähigkeit an frühere Wahlstudien zu ermöglichen, wurde hierbei überdies dem Prinzip der Replikation bewährter Instrumente, für die bereits möglichst lange Zeitreihen vorliegen, hohe Priorität zugewiesen. Jede Umfragenkomponente setzt sich somit aus zwei Bestandteilen zusammen – den Instrumenten des gemeinsamen Kerns sowie speziellen Instrumenten, die vor dem Hintergrund der besonderen methodischen Charakteristika der jeweiligen Komponente interessante Analysemöglichkeiten versprechen.

Wie ausgeführt, ergänzt die GLES die Umfragekomponenten um direkte Messungen wesentlicher Aspekte des Informationsangebotes im Wahlkampf. Über Schlüsselinformationen unterschiedlicher Art können die GLES-Umfragen mit diesen flankierenden Erhebungen ihres kommunikativen Kontextes verzahnt werden. Alle Umfragen enthalten je nach Modus und verfügbarer Befragungszeit mehr oder weniger extensive Module zur Erfassung des Informationsverhaltens der Wähler. Diese beziehen alle für die Wähler relevanten Quellen wahlbezogener Informationen (Gunther u.a. 2007) in möglichst differenzierter Weise ein – traditionelle und neue Massenmedien (Presse, Fernsehen, Internet), die Kampagnenkommunikation der Parteien sowie politische Gespräche im persönlichen Umfeld der Wähler. Politische Einstellungen und Verhaltensorientierungen der Befragten können so direkt mit Inhalten von ihnen genutzter Informationsquellen in Verbindung gebracht und als deren mögliche Konsequenzen analysiert werden. Den Umfragedatensätzen zugespielte Wahlkreiskennungen ermöglichen überdies die direkte Verknüpfung von Wählerdaten mit wahlkreisbezogenen Informationen zu lokalen Wahlkämpfen, die den Kandidatenbefragungen entstammen. Verfeinerte Analysen wahlpolitischer Medienwirkungen können durch die kombinierte Auswertung von Umfragedaten aus der RCS-Umfrage bzw. dem Kampagnen-Panel und Daten der Medieninhaltsanalyse erzielt werden, die über das Erhebungsdatum fusioniert werden können.

Erste Befunde zum Wählerverhalten bei der Bundestagswahl 2009

Um das GLES-Projekt nicht nur abstrakt, sondern auch anschaulich darzustellen, präsentiert der nachfolgende Abschnitt abschließend einige Ergebnisse erster Explorationen zum Wählerverhalten bei der Bundestagswahl 2009. Sie basieren auf Komponente 2 des Projektes, d.h. der RCS-/Panelumfrage mit 6.008 über eine Spanne von zwei Monaten vor der Bundestagswahl realisierten Erstinterviews (bei einer durchschnittlichen Zahl von 100,1 pro Tag) und 4.027 Wiederholungs-befragungen nach der Wahl. Tabelle 1 nutzt die besonderen Eigenschaften dieser Daten, um einen Eindruck von den Entwicklungen zu gewinnen, die auf der individuellen Ebene zu den am Ende getroffenen Wahlentscheidungen geführt haben. Ausgehend von den in der Nachwahlwelle registrierten Wahlentscheidungen der Befragten wird bei dieser Analyse gleichsam in der Zeit zurückgegangen und nachvollzogen, wie sich die Wahlabsichten der späteren Wähler bestimmter Parteien, aber auch der Nichtwähler im Verlauf des Wahlkampfes auskristallisiert haben. Die Teilstichprobe derjenigen Befragten, für die gültige Antworten aus beiden Panelwellen vorliegen, wurde zu diesem Zweck anhand des Befragungs-zeitpunkts in der RCS-Umfrage in Terzile zerlegt. Dieses technische Kriterium wurde als Periodisierungsgrundlage für den Wahlkampf gewählt, um für alle Unterstichproben ähnlich große Fallzahlen und damit gleichermaßen robuste und infolgedessen direkt vergleichbare Verteilungen zu erhalten. Die sich ergebenden Perioden reichen vom 3. bis 22. August[2], vom 23. August bis 10. September und vom 11. bis 26. September. Die erste Phase endet somit einen guten Monat, die zweite zweieinhalb Wochen und die dritte einen Tag vor der Bundestagswahl.

Insgesamt ergaben sich während des Bundestagswahlkampfes 2009 geringere Präferenzverschiebungen in der Wählerschaft als bei der vorangegangenen Wahl (vgl. Schmitt-Beck 2009). Die späteren Wähler der CDU/CSU gaben zu mehr als zwei Dritteln schon zu Beginn des Beobachtungszeitraums dieselbe Partei als Wahlabsicht zu Protokoll und blieben dieser Präferenz bis zur Wahl zumindest im Aggregat weitgehend treu. Dasselbe Maß an Entschlossenheit erreichten die SPD-Wähler erst in den letzten Wochen vor der Wahl. Viele von ihnen hatten nach einer längeren Phase relativ hoher Unentschlossenheit auch kurzfristig noch mit dem Gedanken gespielt, für die Grünen zu stimmen, taten dies aber am Ende doch nicht. Vor der Bundestagswahl 2005 hatte nur jeder fünfte spätere FDP-Wähler bereits eine Präferenz für diese Partei erkennen lassen. Das war 2009 anders, doch auch diesmal bestand immerhin fast die Hälfte derjenigen, die letztlich für die Liberalen votierten, aus Personen, die zuvor unentschlossen gewesen waren oder erwogen hatten, eine andere Partei zu wählen. Hierbei dominierte mit einem Anteil von rund einem Viertel die CDU/CSU. Während die FDP bei der Vorwahl von einem substanziellen „last minute swing" profitierte, der vor allem auf Kosten der Union ging, baute sich ihre Wählerschaft 2009 schon erheblich früher auf.

---

2   Die Befragten der ersten Erhebungstage, die designbedingt noch keine sauberen Zufalls-stichproben aus der Grundgesamtheit aller Wahlberechtigten darstellen, wurden aus dieser Analyse ausgeschlossen.

Im Vergleich zur Konkurrenz erscheint die FDP aber auch diesmal als die Partei mit der insgesamt zögerlichsten Wählerschaft.

Tabelle 1:   Bundestagswahl 2009: Entwicklung der Wahlabsichten im Wahlkampf nach Wahlentscheidung (Prozent)

Wahlentscheidung	CDU/CSU			SPD			FDP		
Wahlkampfphase	I	II	III	I	II	III	I	II	III
Wahlabsicht									
CDU/CSU	69,2	72,4	67,6	5,3	8,1	3,8	24,0	22,0	25,4
SPD	3,3	3,8	2,5	59,8	58,8	67,5	1,4	1,4	3,6
FDP	6,2	3,4	3,6	4,3	2,8	2,8	46,2	54,1	52,9
Die Grünen	1,9	0,5	0,2	5,3	5,0	9,6	1,4	1,3	1,1
Die Linke	0,5	0,3	0,8	0,7	1,3	3,0	0,7	0,0	0,7
Weiß nicht	17,2	18,2	20,6	21,0	19,0	12,9	20,7	19,0	14,0
Nichtwahl	1,0	0,9	3,7	3,7	1,5	0,1	2,6	1,5	1,5
(N)	(357)	(344)	(333)	(260)	(262)	(274)	(199)	(179)	(189)

Wahlentscheidung	Die Grünen			Die Linke			Nichtwahl		
Wahlkampfphase	I	II	III	I	II	III	I	II	III
Wahlabsicht									
CDU/CSU	9,3	3,6	0,3	7,4	6,1	3,4	6,7	9,8	14,5
SPD	10,7	4,8	6,9	11,6	9,3	9,1	4,0	26,7	5,2
FDP	4,9	0,9	4,2	3,6	0,0	0,0	4,4	0,3	1,2
Die Grünen	51,4	61,1	65,1	3,7	3,0	2,4	8,3	1,5	2,1
Die Linke	0,7	4,9	4,2	47,4	49,1	72,3	7,1	3,5	4,9
Weiß nicht	19,3	23,5	14,9	17,6	25,9	7,8	22,4	15,2	12,8
Nichtwahl	2,5	0,0	3,9	5,7	0,0	2,9	47,0	42,9	56,4
(N)	(159)	(173)	(184)	(124)	(131)	(109)	(77)	(79)	(78)

Wahlkampfphasen: I = 3. August - 22. August (N=1.302); II = 23. August - 10. September (N=1.285); III = 11. September - 26. September (N=1.307).

Die Grün-Wähler von 2005 hatten in nicht ganz so ausgeprägter, aber doch deutlicher Weise zwischen der von ihnen am Ende gewählten Partei und der Alternative SPD geschwankt. 2009 waren die Loyalitäten dieser Wählergruppe weit weniger geteilt. Kontinuierlich wuchs bei denjenigen, die für die Grünen votierten, über den Wahlkampf hinweg die Neigung zu dieser Partei; in den letzten Vorwahlwochen wurde nahezu dieselbe Größenordnung erreicht wie bei Union und SPD. Der Anteil derjenigen, die erwogen, die SPD zu wählen, war schon lange vor der

Wahl unter die 10-Prozent-Marke gerutscht. Die Wähler der Linken fanden zu einem erheblichen Teil erst auf der Zielgeraden zu ihrer Partei. Rund 10 Prozent von ihnen tendierten sogar bis zum Ende des Wahlkampfes stabil zur SPD und entschieden sich offenkundig erst sehr kurzfristig für die dunkelrote Konkurrenz. Die Nichtwähler setzten sich 2009 in erheblich geringerem Umfang als 2005 aus Personen zusammen, die schon während des Wahlkampfes entschieden hatten, dass sie der Urne fernbleiben würden. Etwa ein Drittel von ihnen hatte vor der Wahl durchaus Präferenzen für die eine oder andere Partei – direkt vor der Wahl vor allem die CDU/CSU – erkennen lassen, setzte diese aber am Ende nicht in die Tat um.

Tabelle 2 berichtet das Ergebnis einer Analyse der Hintergründe der Präferenzen für die Bundestagsparteien. Der erste Teil bezieht die während des Wahlkampfes anhand der RCS-Umfrage gemessenen Wahlabsichten auf eine Reihe von Standardprädiktoren des Wählerverhaltens, der zweite Teil der Tabelle basiert auf der Nachwahlpanelwelle und zeigt Effekte für dieselben unabhängigen Variablen. Diese beziehen sich auf den Wandel der Parteipräferenzen zwischen der Vorwahl- und der Nachwahlwelle, da die vor der Wahl geäußerten Wahlabsichten kontrolliert werden. Auf Basis multinomialer Logit-Modelle zeigt die Tabelle für ausgewählte Parteienpaare, ob und in welcher Richtung bestimmte Merkmale der Wähler die Neigung zur einen oder zur anderen Alternative beeinflussten. Als strukturelles Attribut berücksichtigen die Modelle lediglich die Wohnregion der Befragten. Ob ein Wähler in den alten oder neuen Bundesländern lebte, wirkte sich vor allem für die Entscheidung zwischen Sozialdemokraten und Linken aus. Ostdeutsche ließen nicht nur signifikant häufiger im Wahlkampf eine Präferenz zugunsten der Linken anstelle der SPD erkennen; sie entwickelten auch zwischen der Vor- und der Nachwahlbefragung eher eine Präferenz für diese Partei als für die Sozialdemokraten. Überdies tendierten Bürger der neuen Bundesländer bei der Entscheidung zwischen CDU/CSU und FDP eher zur letztgenannten Partei. Wenig überraschend prägten die Parteibindungen sowohl die Wahlabsichten als auch die letztlich getroffenen Entscheidungen in erheblichem Maße. Auffällig ist allerdings, dass diese Effekte bei den Kleinparteien erheblich stärker ausfielen als bei den Großparteien.

Tabelle 2: Bundestagswahl 2009: Hintergründe der Parteipräferenzen (*odds ratios*)

Wahlabsicht	CDU/CSU > FDP	CDU/CSU > SPD	SPD > Grüne	SPD > Linke
Region (1=W)	1.03	1.19^{-1}	1.21	2.15**
Parteiidentifikation CDU/CSU (1/0)	2.26***	5.26***	1.32	1.38
Parteiidentifikation SPD (1/0)	1.23	6.49^{-1}***	3.37***	2.69***
Parteiidentifikation FDP (1/0)	5.99^{-1}***	5.59*	1.05	1.02
Parteiidentifikation Grüne (1/0)	1.54	2.69^{-1}*	9.89^{-1}***	1.34
Parteiidentifikation Linke (1/0)	1.78^{-1}	2.23^{-1}	1.13^{-1}	11.16^{-1}***
Kanzlerpräferenz Merkel (1/0)	2.52*	6.92***	1.00	1.53*
Kanzlerpräferenz Steinmeier (1/0)	1.64	1.29^{-1}	2.35***	3.05***
Issuekompetenz CDU/CSU (0-2)	1.28*	2.11***	1.01^{-1}	1.21
Issuekompetenz SPD (0-2)	1.33^{-1}	2.47^{-1}***	1.29*	1.91***
Issuekompetenz FDP (0-2)	3.37^{-1}***	2.35**	1.62^{-1}	1.24
Issuekompetenz Grüne (0-2)	1.13	1.22^{-1}	2.69^{-1}***	1.27^{-1}
Issuekompetenz Linke (0-2)	1.41^{-1}	1.59^{-1}	1.05	4.19^{-1}***
Eigene Wirtschaftslage retrospektiv (1-5)	1.05^{-1}	1.08	1.04	1.03^{-1}
Eigene Wirtschaftslage prospektiv (1-5)	1.04	1.15^{-1}	1.13	1.01
Allgemeine Wirtschaftslage retrospektiv (1-5)	1.01	1.11	1.01^{-1}	1.38^{-1}**
Allgemeine Wirtschaftslage prospektiv (1-5)	1.15#	1.01	1.02	1.01^{-1}
Angst vor Wirtschaftskrise (1-7)	1.05	1.00	1.09#	1.12^{-1}#
Regierungsperformanz CDU (-5 - +5)	1.11**	1.27***	1.02^{-1}	1.01
Regierungsperformanz SPD (-5 - +5)	1.05#	1.27^{-1}***	1.18***	1.21***
Erhebungstag (1-60)	1.004	1.004	1.002^{-1}	1.009^{-1}

N = 3.388; Cox & Snell-R^2 = .80 (*** $p < .001$; ** $p > .01$; * $p < .05$; # $p < .10$)

Wahlentscheidung	CDU/CSU > FDP	CDU/CSU > SPD	SPD > Grüne	SPD > Linke
Wahlabsicht CDU/CSU (1/0)	2.59***	3.43***	1.67	1.63
Wahlabsicht SPD (1/0)	1.37^{-1}	7.57^{-1}***	3.69***	2.84**
Wahlabsicht FDP (1/0)	5.68^{-1}***	1.06^{-1}	1.62^{-1}	4.69*
Wahlabsicht Grüne (1/0)	1.66^{-1}	3.12^{-1}**	5.39^{-1}***	1.38
Wahlabsicht Linke (1/0)	2.01^{-1}	4.31^{-1}#	1.45^{-1}	17.14^{-1}***
Region (1=W)	1.48^{-1}#	1.01^{-1}	1.30^{-1}	2.19**
Parteiidentifikation CDU/CSU (1/0)	1.61**	2.88***	1.10^{-1}	1.29
Parteiidentifikation SPD (1/0)	1.50	3.77^{-1}***	2.02**	2.43**
Parteiidentifikation FDP (1/0)	3.07^{-1}***	3.27	1.76^{-1}	1.52^{-1}

Wahlentscheidung *(Forsetzung)*	CDU/CSU > FDP	CDU/CSU > SPD	SPD > Grüne	SPD > Linke
Parteiidentifikation Grüne (1/0)	1.21	1.33^{-1}	2.95^{-1}***	1.01^{-1}
Parteiidentifikation Linke (1/0)	2.14^{-1}	4.50^{-1}	1.29^{-1}	6.79^{-1}***
Kanzlerpräferenz Merkel (1/0)	1.06	2.23**	1.63$^{-1\#}$	1.09^{-1}
Kanzlerpräferenz Steinmeier (1/0)	1.79^{-1}	3.91^{-1}**	1.03	1.58
Issuekompetenz CDU/CSU (0-2)	1.24$^{\#}$	1.74***	1.11^{-1}	1.06^{-1}
Issuekompetenz SPD (0-2)	1.22	1.45$^{-1\#}$	1.15	1.49*
Issuekompetenz FDP (0-2)	1.89^{-1}***	1.66	1.18^{-1}	1.05
Issuekompetenz Grüne (0-2)	1.28^{-1}	1.03^{-1}	2.18^{-1}***	1.25^{-1}
Issuekompetenz Linke (0-2)	1.40	1.16	1.03	2.06^{-1}**
Eigene Wirtschaftslage retrospektiv (1-5)	1.08^{-1}	1.15^{-1}	1.10	1.13^{-1}
Eigene Wirtschaftslage prospektiv (1-5)	1.13	1.11^{-1}	1.00	1.25
Allgemeine Wirtschaftslage retrospektiv (1-5)	1.02^{-1}	1.09	1.02^{-1}	1.16
Allgemeine Wirtschaftslage prospektiv (1-5)	1.05	1.04^{-1}	1.15^{-1}	1.06^{-1}
Angst vor Wirtschaftskrise (1-7)	1.08^{-1}	1.01^{-1}	1.06	1.07^{-1}
Regierungsperformanz CDU (-5 - +5)	1.01	1.15**	1.02	1.11*
Regierungsperformanz SPD (-5 - +5)	1.07$^{\#}$	1.17^{-1}**	1.10*	1.14*

N = 2.865; Cox & Snell-R^2 = .82 (*** p < .001; ** p > .01; * p < .05; # p < .10)

Angesichts des im Wahlkampf an beiden Kanzlerkandidaten häufig monierten Mangels an Charisma ist bemerkenswert, wie deutlich Präferenzen für Angela Merkel (CDU/CSU) bzw. Frank-Walter Steinmeier (SPD) das Wählerverhalten prägten. Die Anziehungskraft, welche die Kanzlerkandidaten zugunsten ihrer Parteien entfalteten, zeigte sich allerdings am stärksten im direkten Kontrast zwischen CDU/CSU und SPD. Die Entscheidungen zwischen Groß- und diesen ideologisch benachbarten Kleinparteien waren von den Kanzlerpräferenzen weniger betroffen, auf den Wandel der Präferenzen bis zur endgültigen Wahlentscheidung wirkten sie sich bei diesen Parteienpaaren überhaupt nicht aus. Auffällig ist aber auch, dass Präferenzen für Steinmeier im direkten Kontrast der Volksparteien nur den Wandel von Parteipräferenzen zugunsten der SPD beeinflussten, nicht jedoch die vor der Wahl geäußerten Wahlabsichten. Wer Merkel favorisierte, zeigte hingegen schon während des Wahlkampfes eine starke Tendenz, die Union zu unterstützen. Wenn man zusätzlich in Rechnung stellt, dass Merkel einen „Kanzlerbonus" besaß und von deutlich mehr Wählern präferiert wurde als ihr Gegenkandidat, legt das den Schluss nahe, dass die Konkurrenten um das Amt des Regierungschefs nicht nur insgesamt einen starken Einfluss auf das Abschneiden ihrer Parteien hatten, sondern dass hiervon überdies besonders die CDU/CSU profitierte.

Welche Rolle spielte die Politik – d.h. politische Sachfragen und Leistungs-bewertungen durch die Wähler – bei der Bundestagswahl 2009? Kompetenzzu-schreibungen im Hinblick auf die Lösung wichtiger politischer Probleme wirkten sich immer deutlich zugunsten der betreffenden Parteien aus, und zwar ebenso wie die Parteibindungen stärker bei den kleinen als bei den großen Parteien. Bemerkenswert ist darüber hinaus, dass Kompetenzzuschreibungen zugunsten der FDP im Kontrast zwischen den beiden Volksparteien Wahlabsichten für die Union ebenso stark begünstigten wie Kompetenzzuschreibungen zugunsten der CDU/CSU selbst. Angesichts der weltweiten Finanz- und Wirtschaftskrise, die ein Jahr vor der Bundestagswahl ausgebrochen war und die Regierungsarbeit seit-her beherrscht hatte, ist erstaunlich, wie gering die Bedeutung wirtschaftlicher Lagebeurteilungen für das Stimmverhalten gewesen ist. Tabelle 2 zeigt nur einen einzigen signifikanten Effekt: Je negativer die retrospektive Einschätzung der all-gemeinen Wirtschaftslage, desto stärker ausgeprägt die Neigung, vor der Wahl die Linke anstelle der SPD zu präferieren. Mit $p < .10$ etwas unterhalb der konventi-onellen Schwelle statistischer Signifikanz zeigt sich ein analoger Zusammenhang auch für emotionale Reaktionen auf die Wirtschaftskrise – diejenigen, bei denen die Krise nach eigenem Bekunden Angst auslöste, tendierten ebenfalls eher zur Linken als zur SPD.

Deutlich wichtiger für das Abschneiden der Parteien waren Performanzwahr-nehmungen. Wähler, die der CDU/CSU gute Arbeit in der Großen Koalition bescheinigten, favorisierten sie auch eher an der Urne. Dasselbe galt auch für die SPD, doch profitierte sie davon in geringerem Maße, weil die Union auf dieser Dimension insgesamt positiver beurteilt wurde. Interessant ist, dass die CDU/CSU in der Konkurrenz mit der FDP ebenso wie die SPD in der Konkurrenz mit der Linken auch von positiven Performanzwahrnehmungen des jeweiligen Partners in der Großen Koalition profitierte. Die letzte Zeile des oberen Teils von Tabelle 2 zeigt, wie sich die Parteienkontraste mit fortschreitender Kampagne verlagerten. Zwar sind in sparsameren Modellen für einige Paarungen Zusammenhänge zu erkennen, die darauf hindeuten, dass eine Partei zu Lasten der anderen während des Wahlkampfes Stimmen gewonnen hat. Aber in diesem umfassenden Modell erreicht keiner dieser Zusammenhänge die Schwelle statistischer Signifikanz.

Ausblick

Im sechsten Jahrzehnt ihrer Geschichte verzeichnet die deutsche Wahlforschung eine wichtige Neuerung. Das seit Langem angestrebte Ziel der Institutionalisierung einer *German National Election Study (GES)* nach dem Vorbild vergleichbarer Studien in anderen Demokratien ist noch nicht erreicht (Schmitt-Beck 2009). Doch mit der *German Longitudinal Election Study (GLES)* gelang ein großer Schritt in diese Richtung. Damit ist eine neue Forschungsinfrastruktur für die empirische Sozialforschung entstanden, welche die bereits existierenden Programme sozialwissenschaftlicher „Großforschung" (Knight/Marsh 2002, 16) komplementiert und die Forschungsbedingungen für alle Sozialforscher, die sich für die realwissenschaftliche Analyse des tatsächlichen Funktionierens der zentralen Institution der repräsentativen Demokratie in Deutschland interessieren, entscheidend verbessert. Allerdings steht noch der letzte Schritt aus – diese Infrastruktur unter dem Dach einer geeigneten Forschungsorganisation, wofür sich GESIS anbieten würde, als institutionalisiertes Programm auf Dauer zu stellen.

Literatur

Arzheimer, K.; Evans, J. (Hrsg.) (2008): Electoral Behavior. 4 Bände. London u.a.: Sage.

Dunleavy, P. (1990): Mass Political Behaviour: Is There More to Learn?. In: Political Studies 38, S. 453-469.

Faas, T.; Maier, J. (2004): Chancellor-Candidates in the 2002 Televised Debates. In: German Politics 13, S. 300-316.

Faas, T.; Arzheimer, K.; Roßteutscher, S. (Hrsg.) (2010): Information – Wahrnehmung – Emotion: Politische Psychologie in der Wahl- und Einstellungsforschung. Wiesbaden: VS-Verlag.

Faas, T.; Mayerl, J. (2010): Michigan reloaded: Antwortlatenzzeiten als Moderatorvariablen in Modellen des Wahlverhaltens. In: Faas, T.; Arzheimer, K.; Roßteuscher, S. (Hrsg.): Information – Wahrnehmung – Emotion: Politische Psychologie in der Wahl- und Einstellungsforschung. Wiesbaden: VS-Verlag, S. 259-276.

Falter, J. W.; Schoen, H. (2005): Handbuch Wahlforschung. Wiesbaden: VS-Verlag.

Federico, C. M. (2007): Expertise, Evaluative Motivation, and the Structure of Citizens' Ideological Commitments. In: Political Psychology 28, S. 535-561.

Federico, C. M.; Jost, J. T.; Pierro, A.; Kruglanski, A. W. (2007): The Need for Closure and Political Attitudes: Final Report for the ANES Pilot. ANES Pilot

Study Report, No. nes01190 (http://www.electionstudies.org/resources/papers/ Pilot2006/nes011904.pdf, letzter Zugriff 11.05.2010).

Firebaugh, G. (1997): Analyzing Repeated Surveys. Thousand Oaks: Sage.

Franklin, M.; Wlezien, C. (Hrsg.) (2002): The Future of Election Studies. Amsterdam: Pergamon.

Gabriel, O. W.; Keil, S. (2005): Empirische Wahlforschung in Deutschland: Kritik und Entwicklungsperspektiven. In: Falter, J. W.; Schoen, H. (Hrsg.): Handbuch Wahlforschung. Wiesbaden: VS-Verlag, S. 611-641.

Güllner, M.; Dülmer, H.; Klein, M.; Ohr, D.; Quandt, M.; Rosar, U.; Klingemann, H.-D. (2005): Die Bundestagswahl 2002. Eine Untersuchung im Zeichen hoher politischer Dynamik. Wiesbaden: VS-Verlag.

Gunther, R.; Montero, J. R.; Puhle, H.-J. (Hrsg.) (2007): Democracy, Intermediation, and Voting on Four Continents. Oxford: Oxford University Press.

Johnston, R.; Blais, A. (2007): The Future of Canadian Election Studies: A Proposal. unpubliziertes Manuskript.

Johnston, R.; Brady, H. E. (2002): The rolling cross-section design. In: Electoral Studies21, S. 283-295.

Kaase, M. (2000): Entwicklung und Stand der Empirischen Wahlforschung in Deutschland. In: Klein, M.; Jagodzinski, W.; Mochmann, E.; Ohr, D. (Hrsg.): 50 Jahre Empirische Wahlforschung in Deutschland. Wiesbaden: Westdeutscher Verlag, S. 17-40.

Kaase, M.; Klingemann, H.-D. (1994): Electoral research in the Federal Republic of Germany. In: Thomassen, J. (Hrsg.): The Intellectual History of Election Studies, European Journal of Political Research 25 (special issue), S. 343-366.

Kämper, E.; Nießen, M. (2008): Developing the Research Infrastructure in the Social Sciences: The Role and Contribution of the German Research Foundation. Council for Social and Economic Data Working Paper 50. Berlin: RatSWD.

Katz, R. S. (1997): Democracy and Elections. Oxford: Oxford University Press.

Katz, E.; Warshel, Y. (Hrsg.) (2001): Election Studies. What's Their Use?. Boulder: Westview.

Klein, M.; Jagodzinski, W.; Mochmann, E.; Ohr, D. (Hrsg.) (2000): 50 Jahre Empirische Wahlforschung in Deutschland. Entwicklung, Befunde, Perspektiven, Daten. Wiesbaden: Westdeutscher Verlag.

Klingemann, H.-D. (Hrsg.) (2009): The Comparative Study of Electoral Systems. Oxford: Oxford University Press.

Knight, K.; Marsh, M. (2002): Varieties of election studies. In: Franklin, M. N.; Wlezien, C. (Hrsg.): The Future of Election Studies. Amsterdam u.a.: Pergamon, S. 13-31.

Kommission zur Verbesserung der informationellen Infrastruktur zwischen Wissenschaft und Statistik (KVI) (Hrsg.) (2001): Wege zu einer besseren informationellen Infrastruktur. Baden-Baden: Nomos.

Kühnel, S.; Niedermayer, O.; Westle, B. (Hrsg.) (2009): Wähler in Deutschland: Sozialer und politischer Wandel, Gender und Wahlverhalten. Wiesbaden: VS-Verlag.

Lachat, R. (2007): A Heterogeneous Electorate: Political sophistication, predispostition strength, and the voting decicion process. Studien zur Wahl- und Einstellungsforschung, Band 7. Baden-Baden: Nomos.

Lau, R. R.; Redlawsk, D. P. (2006): How Voters Decide: Information Processing During Election Campaigns. Cambridge: Cambridge University Press.

Maier, J.; Faas, T. (2005): Schröder gegen Stoiber: Verfolgung, Verarbeitung und Wirkung der Fernsehdebatten im Bundestagswahlkampf 2002. In: Falter J. W.; Gabriel, O. W.; Wessels, B. (Hrsg.): Wahlen und Wähler: Analysen aus Anlass der Bundestagswahl 2002. Wiesbaden: VS-Verlag, S. 77–101.

Maier, J.; Maier, M.; Maurer, M.; Reinemann, C.; Meyer, V. (Hrsg.) (2009): Real-Time Response Measurement in the Social Sciences: Methodological Perspectives and Applications. Frankfurt: Peter Lang.

Marcus, G. E.; Neuman, W. R.; MacKuen, K. (2000): Affective Intelligence and Political Judgment. Chicago: University of Chicago Press.

Maurer, M.; Reinemann C.; Maier, J.; Maier, M. (Hrsg.) (2007): Schröder gegen Merkel: Wahrnehmung und Wirkung des TV-Duells 2005 im Ost-West-Vergleich. Wiesbaden: VS-Verlag.

Maurer, M.; Reinemann, C. (2003): Schröder gegen Stoiber: Nutzung, Wahrnehmung und Wirkung der TV-Duelle. Wiesbaden: VS-Verlag.

Maurer, M.; Reinemann, C. (2006): Medieninhalte. Wiesbaden: VS-Verlag.

Mochmann, E.; Zenk-Möltgen, W. (2000): Nationale Wahlstudien als Datenschwerpunkt im Zentralarchiv für Empirische Sozialforschung. In: Klein, M.; Jagodzinski, W.; Mochmann, E.; Ohr, D. (Hrsg.): 50 Jahre Empirische Wahlforschung in Deutschland. Wiesbaden: Westdeutscher Verlag, S. 587-595.

Neller, K.; Gabriel, O. W. (2000): Politische Einstellungen, politische Partizipation und Wählerverhalten im vereinigten Deutschland: Die Deutsche Nationale Wahlstudie 1998. In: Klein, M.; Jagodzinski, W.; Mochmann, E.; Ohr, D. (Hrsg.): 50 Jahre Empirische Wahlforschung in Deutschland. Wiesbaden: Westdeutscher Verlag, S. 542-563.

Neuman, W. R.; Marcus, G. E.; Crigler, A. N. (Hrsg.) (2007): The Affect Effect: Dynamics of Emotion in Political Thinking and Behavior. Chicago: University of Chicago Press.

Niedermayer, O. (2001): Wahlen und Parteien. Expertise für die KVI. In: Kommission zur Verbesserung der informationellen Infrastruktur zwischen Wissenschaft und Statistik (KVI) (Hrsg.): Wege zu einer besseren informationellen Infrastruktur. Baden-Baden: Nomos (CD-ROM-Anhang).

Quandt, M. (2008): Individualisierung, Individualismus, politische Partizipation und politische Präferenzen: Eine theoretische und empirische Studie am Beispiel der Bundestagswahl 2002. Hamburg: Verlag Dr. Kova .

Rattinger, H.; Gabriel, O. W.; Falter, J. W. (Hrsg.) (2007): Der gesamtdeutsche Wähler: Stabilität und Wandel des Wählerverhaltens im wiedervereinigten Deutschland. Baden-Baden: Nomos.

Rattinger, H.; Roßteutscher, S.; Schmitt-Beck, R.; Weßels, B. (2008): The Dynamics of Voting: A Long-term Study of Change and Stability in the German Electoral Process. Antrag an die Deutsche Forschungsgemeinschaft. Bamberg u.a.: mimeo.

Rattinger, H.; Roßteutscher, S.; Schmitt-Beck, R.; Weßels, B., u.a. (2010): Die Bundestagswahl 2009. Baden-Baden: Nomos (i.V.).

Reif, K.; Schmitt, H. (1980): Nine Second-Order National Elections – A Conceptual Framework for the Analysis of European Election Results. In: European Journal of Political Research 8, S. 3-44.

Romer, D.; Kenski, K.; Waldman, P.; Adasiewicz, A.; Hall Jamieson, K. (Hrsg.) (2006): Capturing Campaign Dynamics, 2000 and 2004: The National Annenberg Election Survey. Philadelphia: University of Pennsylvania Press.

Rudolph, T. J.; Popp, E. (2007): An Information Processing Theory of Ambivalence. In: Political Psychology 28, S. 563-586.

Scheuch, E. K. (2000): Die Kölner Wahlstudie zur Bundestagswahl 1961. In: Klein, M.; Jagodzinski, W.; Mochmann, E.; Ohr, D. (Hrsg.): 50 Jahre Empirische Wahlforschung in Deutschland. Wiesbaden: Westdeutscher Verlag, S. 41-58.

Scheuch, E. K.; Wildenmann, R. (Hrsg.) (1965): Zur Soziologie der Wahl (Sonderheft 9 der Kölner Zeitschrift für Soziologie und Sozialpsychologie). Köln u.a.: Westdeutscher Verlag.

Schmitt, H. (2000): Die Deutsche Nationale Wahlstudie – eher kollektive Aufgabe als aktuelle Realität. In: Klein, M.; Jagodzinski, W.; Mochmann, E.; Ohr, D. (Hrsg.): 50 Jahre Empirische Wahlforschung in Deutschland. Wiesbaden: Westdeutscher Verlag, S. 529-541.

Schmitt, H.; Wüst, A. M. (2004): Direktkandidaten bei der Bundestagswahl 2002: Politische Agenda und Links- Rechts-Selbsteinstufung im Vergleich zu den Wählern. In: Brettschneider, F.; van Deth, J.; Roller, E. (Hrsg.): Die Bundestagswahl 2002: Analysen der Wahlergebnisse und des Wahlkampfes. Wiesbaden: VS-Verlag, S. 303-325.

Schmitt-Beck, R. (2007): New Modes of Campaigning. In: Dalton R. J.; Klingemann, H.-D. (Hrsg.): Oxford Handbook on Political Behavior. Oxford: Oxford University Press, S. 744-764.

Schmitt-Beck, R. (2009): Political Participation/National Election Study. Council for Social and Economic Data Working Paper 123. Berlin: RatSWD.

Schmitt-Beck, R.; Faas, T.; Holst, C. (2006): Der Rolling Cross-Section Survey – ein Instrument zur Analyse dynamischer Prozesse der Einstellungsentwicklung. Bericht zur ersten deutschen RCS-Studie anlässlich der Bundestagswahl 2005. In: ZUMA-Nachrichten 58, S. 13-49.

Schmitt-Beck, R.; Faas, T.; Wolsing, A. (2010): Kampagnendynamik bei der Bundestagswahl 2009: die Rolling Cross-Section-Studie im Rahmen der „German Longitudinal Election Study" 2009. MZES-Arbeitspapier 134. Mannheim: MZES (http://www.mzes.uni-mannheim.de/publications/wp/wp-134.pdf, letzter Zugriff 19.05.2010).

Schnell, R.; Kohler, U. (1995): Empirische Untersuchung einer Individualisierungshypothese am Beispiel der Parteipräferenz von 1953-1992. In: Kölner Zeitschrift für Soziologie und Sozialpsychologie 47, S. 634-658.

Schoen, H. (2006): Der demokratische Musterbürger als Normalfall? Kognitionspsychologische Einblicke in die black box politischer Meinungsbildung. In: Politische Vierteljahresschrift 47, S. 89-101.

Schoen, H.; Rattinger, H.; Gabriel, O. W. (Hrsg.) (2009): Vom Interview zur Analyse: Methodische Aspekte der Einstellungs- und Wahlforschung. Baden-Baden: Nomos.

Steenbergen, M. R. (2010): The New Political Psychology of Voting. In: Faas, T.; Arzheimer, K.; Roßteutscher, S. (Hrsg.): Information – Wahrnehmung – Emotion: Politische Psychologie in der Wahl- und Einstellungsforschung. Wiesbaden: VS-Verlag, S. 13-31.

Steinbrecher, M. (2009): Politische Partizipation in Deutschland. Studien zur Wahl- und Einstellungsforschung, Band 11. Baden-Baden: Nomos.

Stimson, J.A. (2004): Tides of Consent. How Public Opinion Shapes American Politics. Cambridge University Press.

Thomassen, J. (Hrsg.) (1994): The Intellectual History of Election Studies. In: European Journal of Political Research 25, S. 239-245.

Thomassen, J. (Hrsg.) (2005): The European Voter. A Comparative Study of Modern Democracies. Oxford: Oxford University Press.

Völkl, K.; Schnapp, K.-U.; Holtmann, E.; Gabriel, O. W. (Hrsg.) (2008): Wähler und Landtagswahlen in der Bundesrepublik Deutschland. Studien zur Wahl- und Einstellungsforschung, Band 10. Baden-Baden: Nomos.

Zittel, T.; Gschwend, T. (2007): Der Bundestagswahlkampf von 2005 und Kollektive Repräsdentation: Ein kurzer Auftakt zum langen Abschied?. In: Brettschneider, F.; Niedermayer, O.; Weßels, B. (Hrsg.): Die Bundestagswahl 2005. Analysen des Wahlkampfes und der Wahlergebnisse. Wiesbaden: VS-Verlag, S. 119-144.

Zittel, T.; Gschwend, T. (2008): Individualised Constituency Campaigns in Mixed-Member Electoral Systems: Candidates in the 2005 German Elections. In: West European Politics 31, S. 879–1003.

60 Jahre Empirische Sozialforschung in vergleichender Perspektive

Christian Fleck

"Traditionally, German sociology and political science have been primarily theoretical, speculative, or historical, rather than empirical and quantitative. Change in research orientation is in itself an important problem for social sciences. In the case of German social science, there was much resistance to change because emphasis on measurement was frequently considered an American idea, while the development of all-inclusive philosophical systems was associated with the supremacy of German social science" (Katona 1953/54, 471).

Diese Sätze stammen aus einem Beitrag über „Survey Research in Germany", der 1953/54 im *Public Opinion Quarterly* erschien. Sein Autor war ein emigrierter deutschsprachiger Sozialwissenschaftler. George Katona wurde 1901 in Ungarn geboren und studierte in Göttingen Psychologie. Bis 1933 lebte er in Berlin als Mitarbeiter des *Deutschen Volkswirts* und als Korrespondent des *Wall Street Journal*. In den USA arbeitete er u.a. bei der berühmten, die Ökonometrie (mit-) begründenden Cowles Commission und als er diesen Bericht über die Umfrageforschung in Deutschland schrieb, war er Program Director des Survey Research Centers an der University of Michigan.

Ein anderer, weniger bekannter, ebenfalls emigrierter deutscher Sozialwissenschaftler, Hans J. Arndt, schrieb zur selben Zeit über die Lage der soziologischen Forschung in Deutschland ganz ähnliches im *Midwest Sociologist*: „(…) but very little is done to explore the social structure of present Germany by careful inductive research (…) Germany urgently needs re-establishment of means to acquire the latest achievements in the social sciences. She most urgently needs information about the present stage in sociology, since during the Hitler era sociology was branded as dangerous, 'Jewish', and unnecessary; and, in fact, this science was dangerous to a totalitarian regime, and always will be, by critically questioning what may be sanctioned ideologies or basic propagandists prerequisites for a whatever inadequate and inhumane, but 'holy' political system" (Arndt 1951, 17f.).

Was Katona und Arndt sagten könnte auch in einer soziologiehistorischen Arbeit jüngeren Datums stehen -- oder dort wortreich bestritten werden. Auf die These, es habe während der NS-Herrschaft so etwas wie empirische Sozialforschung gegeben, worauf in den Nachkriegsjahren aufgebaut werden konnte und was den von der amerikanischen Besatzungsmacht aufgenötigten Import positivistischer Faktenhuberei erst erfolgreich werden habe lassen, wird im Folgenden jedoch nicht eingegangen. Es genügt hier, darauf zu verweisen, dass mit den Verhältnissen in Deutschland und Amerika vertraute Zeitgenossen wie Katona und Arndt, und in Deutschland verbliebene Soziologen der Meinung waren, dass sich im westlichen Ausland, insbesondere in den USA, in den Jahren seit 1933 eine geradezu stürmische Entwicklung der empirischen soziologischen Forschung vollzogen habe. Leopold von Wiese schrieb beispielsweise, dass „the war years prevented intellectual communication among the nations, [therefore] one has the feeling that what is being done in other lands is not sufficiently well known [in Germany]" (von Wiese 1951, 1). Amerikanische Besucher, die mit den deutschen Verhältnissen vor 1933 vertraut waren, wie Everett Ch. Hughes und die Mitarbeiter der Rockefeller Foundation, und Emigranten, die besuchsweise deutschsprachige Universitäten in Augenschein nahmen, attestierten den deutschen Sozialwissenschaften der unmittelbaren Nachkriegszeit Rückständigkeit gegenüber der amerikanischen Entwicklung (vgl. Fleck 2007, Kapitel 7). In den Jahrzehnten seither hat sich der Abstand verringert oder ist gar zum Verschwinden gekommen. Die empirische Sozialforschung hat sich in Deutschland einen festen Platz erobert. Diese Entwicklung wird im Folgenden dargestellt und analysiert.

Um diese Aufgabe innerhalb des zur Verfügung stehenden Raums bewältigen zu können, bediene ich mich eines Verfahrens, das zu den Basisinnovationen der ESF zählt: der Stichprobe. Die nachfolgenden Darlegungen beruhen also nicht auf einer Auswertung von Archivalien, noch wurden Befragungen von Zeitzeugen durchgeführt und auch die eher spärlich vorhandenen autobiografischen Texte von Beteiligten wurden nicht herangezogen (vgl. zu Letzterem die beiden Sammelbände Fleck 1996 und Bolte und Neidhardt 1998). Vielmehr begnüge ich mich mit einer Analyse der *Kölner Zeitschrift für Soziologie und Sozialpsychologie* (KZfSS). Die Wahl der „Kölner" bedarf keiner sehr ausführlichen Rechtfertigung, ist sie doch die Zeitschrift, die über den gesamten hier interessierenden Zeitraum erschien, als hoch reputierlich gilt und ein breites Spektrum abdeckt. Sie ist damit jene Zeitschrift von der man auch im internationalen Vergleich sagen kann, dass sie trotz ihres „lokalistischen" Namens die führende deutsche soziologische Zeitschrift ist. Die Analyse stützt sich auf eine in 10-Jahresschritten erfolgte Auswertung der Hauptaufsätze eines ganzen Jahrgangs. Zum Vergleich wurde die *American Sociological Review* (ASR) herangezogen, von der man sagen kann, dass sie die Soziologie in den USA ähnlich gut repräsentiert wie die „Kölner" den deutschen Fall.[1] Obwohl beide Zeitschriften zu den Leuchttürmen der Soziologie ihrer Länder zu zählen sind, stehen sie gleichzeitig für das Gegenteil von Kosmopolitismus: Drei von vier Autoren, die im Zeitraum von 1948 bis 2008 in der „Kölner" publizierten, schickten ihren Beitrag von einer Adresse in Deutschland an die Redaktion und beim ASR benötigten sogar 9 von 10 der dann zur Veröffentlichung akzeptierten Beiträge für die Einsendung nur Inlandsporto.

Ergänzt wird die Zeitschriftenanalyse durch einen systematischen Vergleich der Beiträge zu zwei im Beobachtungszeitraum erschienenen sozialwissenschaftlichen Enzyklopädien, die daraufhin untersucht wurden, welche methodologischen Beiträge von deutschen Autoren stammen. In weniger systematischer Weise werden schließlich noch Lehrbücher der ESF und exemplarische Buchveröffentlichungen Berücksichtigung finden.

Die Novität „empirische Sozialforschung"

Die heute weitgehend akzeptierte Bezeichnung empirische Sozialforschung (künftig kurz: ESF) wurde erst nach 1945 gebräuchlich. Der in der Soziologie weit verbreiteten Neigung zum Pleonasmus begegnet man auch hier. Der Versuch, das semantische Feld in seine Bestandteile, insbesondere die Kontrapositionen aufzudröseln, kann damit beginnen, zu klären, wovon sich die Bezeichnungen „empirisch" und „induktiv" abheben. Zuerst einmal bilden sie den Gegenpol zu „theoretisch", danach aber auch zu „spekulativ" und schließlich findet sich bei Katona auch noch „historisch" als semantische Opposition.

Im englischen Original scheint das „social" in „social research" der Abgrenzung von anderen sozialwissenschaftlichen Disziplinen zu dienen. Die Verwechslung des Objektes (sozial) mit der Wissenschaft, die sich dieses annimmt (soziologisch), wäre sprachlich leicht vermeidbar, wird aber auch in anderen Disziplinen selten vermieden: während sich in der Geschichtswissenschaft die

---

1 Die beiden offensichtlichen Alternativkandidaten, das *American Journal of Sociology* (AJS) und die *Zeitschrift für Soziologie* (ZfS) blieben aus unterschiedlichen Gründen unberücksichtigt: Die ZfS blieb unberücksichtigt, weil sie nur einen Teil des Zeitraums abdeckt. Das AJS ist (ähnlich wie die „Kölner") weniger stark als die ASR vom Rhythmus wechselnder Herausgeber geprägt. Diesbezüglich stehen ASR und KZfSS für unterschiedliche Herausgeber-„Regimes", die für die nationale soziologische Wissenschaftskultur charakteristisch sind. Über lange Zeit im Amt befindliche Herausgeber prägen wie im Fall der Kölner das Fach anders als die nur für relativ kurze Perioden aktiven Herausgeberteams des ASR. Nach Ansehen unter den Kollegen und bibliometrischen Rangmessungen stehen die beiden gewählten Zeitschriften für die längste Zeit am ersten Platz.

Differenzierung zwischen der *res gestae* und *historia rerum gestarum* findet, wird in der National(-Ökonomie) oder Volkswirtschaftslehre von „ökonomisch" und in der Psychologie von „psychologisch" gesprochen ohne das jeweils gemeinte Objekt eindeutig zu identifizieren. Erst der Kontext klärt uns darüber auf, ob wir es mit einer Aussage über die jeweilige Wissenschaft oder deren Gegenstand zu tun haben. Der Soziologie bleibt es allerdings vorbehalten, dass ihr gelegentlich Änderungen zugeschrieben werden, wo vom Wandel sozialer Tatbestände gesprochen wird. In unfreiwilliger Parodie spricht dann jemand in durchaus gehobener Alltagssprache von „soziologischem Wandel", wo er soziale Veränderungen meint. Zumindest für solche Mehrdeutigkeit tragen die Mitglieder des Soziologenstammes nicht die Verantwortung.

Eine eigene Bezeichnung für die empirische Forschung findet man bei anderen Sozialwissenschaften nur sehr selten und nie in der umfassenden Bedeutung, in der sich die ESF als jener Teil der Soziologie etabliert hat, der sich in systematischer Weise der Produktion von überprüfbarem neuem Wissen widmet. In Deutschland wurde mit der Wahl des Begriff Sozialforschung als Etikett für das eigene Tun allerdings schon früh statt des Gegensatzes von Theorie (=Soziologie) und Empirie (=Sozialforschung) der der Enge und Weite der eigenen Perspektive deutlich zu machen versucht. Das von (Katheder-)Marxisten gegründete Instituts für Sozialforschung und die von Max Horkheimer begründete Zeitschrift dieses Instituts wollten sich von der in ihren Augen Engführung der soziologischen Forschung ihrer Zeit frei halten. Sie versammelten unter „Sozialforschung" sehr viel mehr als die Soziologen ihrer Zeit. Die Grünberg/Horkheimersche Sozialforschung war sogar breiter als die Staatswissenschaften dieser Jahre; sie entsprach mehr oder weniger dem Spektrum, das in der führenden deutschsprachigen sozialwissenschaftlichen Zeitschrift des ersten Drittels des 20. Jahrhunderts, dem *Archiv für Sozialwissenschaft und Sozialpolitik* behandelt wurde, fügte diesem breiten Spektrum aber noch die Psychoanalyse, Kunst- und Literaturwissenschaft hinzu. Die Empirie war in diesen beiden Zeitschriften des frühen 20. Jahrhunderts deutlich geisteswissenschaftlicher als es die ESF ab den 1950er Jahren im deutschen Sprachraum werden sollte.

Eine weitere Facette erwähnt von Wiese in dem im *American Journal of Sociology* 1951 in Übersetzung erschienenen Aufsatz über „The Place of Social Science in Germany Today", aus dem schon weiter oben zitiert wurde. Der Beitrag beginnt mit der Deklaration „Sociology, considered in the light of its individual problem is not history of philosophy, jurisprudence, national economy, or social politics; it is rather an empirical and independent science" (v. Wiese 1951, 1). Wenig später wird die Bedrohung der Soziologie nicht nur als von den Nachbardisziplinen kommend gesehen: „another danger is present today, namely, that all possible techniques and mere research methods will completely crowd out theory and system" (v. Wiese 1951, 4). Im Gegensatz zu den Weisheiten wissenschaftstheoretischer Lehrbücher auch schon der frühen 1950er Jahre denkt v. Wiese offenbar daran, dass es neben einem empirischen Weg zur Gewinnung von neuem Wissen auch einen rein theoretischen geben könnte, doch relativiert er diesen Gedanken umgehend: „research work which is unsystematic and poor in theory frequently results in much activity but, measured by the results achieved, costs too much in time, money, and effort" (ibid.). Ohne den Ausdruck selbst zu benutzen grenzt sich v. Wiese hier gegen die Fliegenbeinzählerei ab, seit langem einer der Gemeinplätze empirieskeptischer Autoren.

Die Etablierung der ESF innerhalb der Soziologie war – nicht nur in Deutschland – ein Kampf an mehr als einer Front. Neben der Auseinandersetzung um die autonomen Erkenntnisbeiträge von Theorie und Spekulation – bei v. Wiese heisst es: „German investigators are exhibiting a susceptibility to speculation, metaphysics, and deduction" – ging es auch um die Frage, welche Art von empirischer Forschung denn erfolgversprechend wäre. Während Emigranten wie George Katona nach mehr als einem Jahrzehnt in den USA mit ESF „quantitative measurement" assoziieren, möchte v. Wiese „welcome the efforts to observe the realities of practical life through induction, sociometry, case studies, and other methods. The Cologne School, as a matter of fact, is moving in this direction and is trying to learn as much as possible from America" (ibid.).

Die Etablierung der „Empirie"

Die eben skizzierten Gegensätze waren einmal mehr, dann wieder weniger wichtig. Die Unterscheidung zwischen theoretischen und empirischen Arbeiten lässt sich über den hier betrachteten Zeitraum hinweg mit einiger Konsistenz treffen. Tabelle 1 zeigt die Zunahme „empirisch" orientierter Beiträge in der KZfSS und der ASR im Zeitverlauf. Als empirisch wurde ein Aufsatz klassifiziert, wenn sich in ihm in beschreibender oder erklärender Weise eine Auseinandersetzung mit einem bestimmten Teil oder Aspekts des gesellschaftlichen Lebens findet. Die Komplementärmenge der nicht-empirischen Beiträge setzt sich zusammen aus historischen, konzeptuellen und theoretischen Texten. [2] Die historischen Aufsätze konzentrieren sich bei der „Kölner" in den ersten drei Erhebungszeitpunkten und in der ASR erschienen insgesamt nur drei solche, die 1948 und 1958 veröffent-

---

2 Im Fall der ASR wurden davon separat noch state-of-the-art Berichte gezählt. Zu ihnen gehört eine größere Zahl von Überblicksartikeln, die im Jg. 1948 erschienen, und später dann die ASA Presidential Addresses.

licht wurden. Als historische Beiträge wurden Abhandlungen wie von Wieses Rückblick auf die 12 Jahre der NS-Herrschaft, Auseinandersetzungen mit geistigen Strömungen in der Geschichte der Soziologie, werkgeschichtliche und biografische Darstellungen einzelner Soziologen oder soziologischer Forschungsstätten, aber auch der Nachruf auf v. Wiese klassifiziert.[3] Als konzeptuell wurden Beiträge kodiert, in denen neue Forschungsperspektiven diskutiert wurden, wozu auch all jene Artikel zählen, die sich der Diskussion und Weiterentwicklung des methodischen Instrumentariums der ESF widmen, was in beiden Zeitschriften kaum der Fall war; in der KZfSS erschien im gesamten Zeitraum nur ein derartiger Beitrag. In der amerikanischen Zeitschrift halten sich konzeptuelle und theoretische Beiträge die Waage, wobei in den letzten beiden Erhebungsjahren keine konzeptuellen mehr erschienen. Als theoretisch wurden Beiträge klassifiziert, die in generalisierter Sprache und/oder in systematischer Absicht vornehmlich begrifflich argumentieren, wobei empirische Aussagen, falls sie überhaupt vorkommen, nur illustrierenden Charakter haben.

Tabelle 1:   Forschungsstil der Beiträge in der KZfSS

		1948	1958	1968	1978	1988	1998	2008	*Gesamt*
Empirisch	Anzahl	11	16	8	12	14	16	20	97
	%	48	70	50	57	56	89	100	66
Theoretisch	Anzahl	6	4	2	9	9	1		31
	%	26	17	13	43	36	6		21
Historisch/Konzeptuell	Anzahl	6	3	6		2	1		18
	%	26	13	38		8	6		12
Gesamt	Anzahl	23	23	16	21	25	18	20	146
	%	100	100	100	100	100	100	100	100

---

3   Die wenigen als historisch kodierten Aufsätze in der ASR stellen die Korrespondenz zwischen Ward und Ross vor, porträtieren Cooley und widmen sich den Möglichkeiten des historischen Kulturvergleichs.

Forschungsstil der Beiträge in der ASR

		1948	1958	1968	1978	1988	1998	2008	*Gesamt*
Empirisch	Anzahl	26	32	36	45	48	41	43	271
	%	49	71	78	85	87	93	98	80
Theoretisch	Anzahl	4	6	5	4	6	2	0	27
	%	8	13	11	8	11	5	0	8
Historisch/Konzeptuell	Anzahl	11	6	5	3	1	0	0	26
	%	21	13	11	6	2	0	0	8
state-of-the-art-report	Anzahl	12	1	0	1	0	1	1	16
	%	23	2	0	2	0	2	2	5
Gesamt	Anzahl	53	45	46	53	55	44	44	340
	%	100	100	100	100	100	100	100	100

In der „Kölner" zeigt sich keine stetige Zunahme der empirischen Beiträge, sondern 1968 ein Knick, während ASR eine kontinuierliche Steigerung aufweist; am Ende des Beobachtungszeitraums findet man in beiden Zeitschriften faktisch nur noch empirische Beiträge. Die Herausgeber beider Zeitschriften scheinen der Analyse sozialer Tatsachen weit aufgeschlossener gegenüber zu stehen als methodologischen oder theoretischen Erörterungen. Die Diversifikation des soziologischen Zeitschriftenmarktes hat wohl zu dieser Art Spezialisierung der führenden „generalistischen" soziologischen Zeitschriften beigetragen. Als „empirisch" klassifizierte Aufsätze beruhen in der ASR seltener auf bloßen Literaturstudien, während das in der „Kölner" anfangs der Fall war.

Die deutsche Soziologie war nach Kriegsende hinsichtlich der Methodenentwicklung was man in der Sprache der Innovationsforschung einen „innovation follower" (European Union 2010) nennt und blieb das zumindest in den beiden folgenden Jahrzehnten. Methodische Neuerungen entstanden anderswo und wurden in Deutschland nur übernommen. Einer der ersten und lange Zeit auch folgenreichsten Importwege waren die Umfrageabteilungen der US-Besatzungsmacht und deren spin offs in Form von Gründung von deutschen Niederlassungen amerikanischer Meinungsforschungsinstitute (vgl. Gerhardt 2006). Das Allensbacher Institut für Demoskopie war jene deutsche Neugründung, die dank der Geburtshilfe der französischen Besatzungsmachtzustande kam, wo allerdings ebenfalls Erhebungstechniken Verwendung fanden, die amerikanischen Vorbildern nachempfunden waren (Noelle-Neumann 2006). Dem 1949 wieder errichtete Frankfurter Institut für Sozialforschung gelang es, dem deutschen Publikum und den Fachkollegen gegenüber den Eindruck zu erwecken, man habe während der Exiljahre selbst an der Weiterentwicklungen der ESF mitgewirkt und könne daher bei der Verbreitung dieser Novität in Deutschland eine Leitungsrolle in Anspruch nehmen (Katona 1953/54). Tatsächlich brachte das Frankfurter Institut während der 1950er Jahre immer wieder Ratgeber aus den USA nach Deutschland, zumeist handelte es sich um befreundete Mit-Exilanten, die es vorgezogen hatten, nach Kriegsende in den USA zu bleiben, Einladungen zu Gastaufenthalten in Frankfurt aber annahmen (Wiggershaus 1988).

Eine ähnliche, aber nicht immer erfolgreiche Rolle spielten amerikanische Gastprofessoren, die im Rahmen des Fulbright-Programms oder dank anderer, von amerikanischer Seite finanzierter Bemühungen an deutschen Universitäten lehrten. Jene, die wie Everett Hughes bemüht waren, den Chicagoer Forschungsstil deutschen Studenten zu vermitteln, scheiterten (vgl. Fleck 2007), während Stichprobentechnik und Fragebogenerhebung offenkundig mit geringeren Transportschäden über den Atlantik gebracht werden konnten.

Amerikanische Ratgeber findet man auch bei Institutionen und Forschungsprojekten, wie dem UNESCO Institut in Köln (gegründet 1951). Die beiden unter der Herausgeberschaft von René König erschienenen Bände *Praktische Sozialforschung* (König 1952 und 1956), die in enger Zusammenarbeit mit dem Bureau of Applied Social Research der Columbia University in New York entstanden, und das ebenfalls von René König konzipierte *Fischer Lexikon Soziologie* (zuerst 1958) kodifizierten die Techniken der soziologischen Empirie. Allerdings dauerte es ziemlich lange, bis der „Königsweg der Sozialforschung" (König 1972, 27), das Interview, in der Zeitschrift, deren langjähriger Herausgeber diese hübsche Formulierung in die Welt gesetzt hatte, zur ersten Wahl der Datenerhebung wurde.

Die empirischen Studien der 50er Jahre, die in Deutschland größere Beachtung auf sich zogen, entstanden in einem institutionellen Umfeld, in dem ausländische bzw. internationale Einflüsse und Ratgeber eine bedeutende Rolle spielten. Am UNESCO-Institut in Köln wirkten der vormalige Chicagoer Soziologe Nels Anderson, der durch seine Studie über amerikanische Wanderarbeiter bekannt wurde, und der Sozialanthropologe und Harvard-Absolvent Conrad M. Arnsberg, die den deutschen Mitarbeitern Gerhard Wurzbacher (Wurzbacher u.a. 1954), Erich Reigrotzki (1956) und Renate Pflaum (später: Mayntz, 1958) ein on-the-job-Training in ESF boten. Das Institut für Sozialforschung orientierte sich in seinem „Gruppenexperiment" (Pollock 1955) sehr stark am „Focused Interview" des Bureau of Applied Social Research (Merton u.a. 1990). An der Sozialforschungsstelle Dortmund (gegründet 1946) mussten die Empiriker das Handwerkszeug weitgehend ohne ausländische „Trainer" erlernen (Popitz u.a. 1957). Die älteren der ersten Generation deutscher Sozialforscher der Nachkriegszeit kamen, mit

Ausnahme von Renate Mayntz, noch nicht in den Genuss eines Studienaufenthalts in den USA. Als Stipendiaten der Rockefeller Foundation verbrachten u.a. Renate Mayntz (ab 1958), Erwin K. Scheuch (ab 1959), Dieter Rüschemeyer (ab 1960) und Rainer Mackensen (ab 1961) jeweils zwei Jahre an amerikanischen Universitäten. Rüschemeyer blieb in Nordamerika und Scheuch nahm nach dem Ende seines Stipendiums – unterbrochen nur durch die 1961 in Köln erfolgte Habilitation – eine Stelle in Harvard an, von wo er 1965 nach Köln wechselte.

In der „Gründungsphase" der ESF in Deutschland (Weischer 2004, 35ff.) waren jene, die die empirische Sozialforschung erlernen wollten, in mehrfacher Weise auf ausländische Anregungen verwiesen, was auch daran deutlich wird, dass deutschsprachige Lehrbücher der ESF erst Ende der 1960er Jahre erschienen (Noelle-Neumanns 1963 veröffentlichte Einführung in die Methoden der Demoskopie bildet die Ausnahme): Diese ersten Lehrbücher lehnen sich an amerikanische Vorbilder an (die damals auch noch ins Deutsche übersetzt wurden: Phillips 1970) oder profitierten von Studienaufenthalten in Übersee (Atteslander 1969, Mayntz u.a. 1969).

Noch bevor die ESF in Deutschland als etabliert bezeichnet werden konnte, was mehr als ein Jahrzehnt dauerte, rezipierten deutsche Soziologen allerdings die Kritik daran, ja manchmal erschienen die Kritiken, ehe noch das Kritisierte bekannt war oder Verbreitung fand. Diese Ungleichzeitigkeit beruht darauf, dass die amerikanische Entwicklung der soziologischen Standardforschung während der 50er Jahre weitaus breiter und nachhaltiger erfolgte und dort daher kritische Stimmen aus Außenseiterposition formuliert wurden und in den USA auch als solche wahrgenommen wurden. Dank prominenter Verlage und wohlfeiler Ausgaben fanden die Übersetzungen dieser Kritiken in Deutschland ein breiteres Echo. Das gilt für C. W. Mills' (1963) Polemik gegen den abstrakten Empirismus Paul Lazarsfelds, seinem ehemaligen „Vorgesetzten" im Decatur Projekt, aus welchem nach dem Scheitern Mills, den Daten Sinn abgewinnen zu wollen, dann *Personal Influence* wurde (Katz und Lazarsfeld 1955), ebenso wie für Cicourels avancierte Methodenkritik, die sich viele deutsche Leser wohl statt der Grundkenntnisse der ESF angeeignet haben (Cicourel 1970). Im Echoraum des Positivismusstreits (Habermas 1967) fanden solche Kritiken geneigte Imitatoren (Schäfers 1969), Interpreten (Berger 1974), Fort- (Arbeitsgruppe Bielefelder Soziologen 1973) und Übersetzer (Gouldner 1974).

Die Ungleichzeitigkeit, von der eben die Rede war, spiegelt sich in dem von René König herausgegebenen Handbuch der empirischen Sozialforschung. Im Vorwort zur dritten Auflage (1973) hält König Rückschau auf die Etablierung der empirischen Soziologie: „Während wir unsere ersten publizistischen Bemühungen (…) darauf beschränkt hatten, an anderem Orte entstandene und veröffentlichte Leistungen bekanntzumachen (...), sind sämtliche Kapitel, die in diesem Werk vereinigt sind, ausnahmlos auf Veranlassung des Herausgebers eigens für dies Werk nach einigermaßen einheitlichen Direktiven und nach einem einheitlichen Plan verfaßt worden (...). (D)as Ergebnis [ist] eine relativ geschlossene Konzeption (...), in der sich in der Tat die Erfahrungen der akademischen Forschungspraxis mit einem bestimmten theoretischen Bilde der Soziologie vereinen" (König 1973, VII) Das „bestimmte theoretische Bild der Soziologie" wird dann als jene „Umrisse einer allgemeinen Soziologie und ihrer Kategorienlehre" eher angedeutet als erläutert, die in der Neuauflage des Fischer Lexikons (König 1972) detaillierter ausgeführt nachgelesen werden könnten.[4] Das Selbstbewusstsein und der Stolz auf das Erreichte, die in diesem Vorwort zum Ausdruck kommen, sowie die Resonanz, die die drei Auflagen des *Handbuchs der empirischen Sozialforschung* fanden, sind ein deutlicher Hinweis auf die erfolgreiche Etablierung des Unternehmen ESF in Westdeutschland. In der 3. Auflage des *Handbuchs* tritt dann auch eine doppelte, spezifisch deutsche Akzentsetzung hervor: Zum einen finden sich relativ breit abgehandelte historische, grundlagentheoretische und wissenschaftstheoretische Themen und zum anderen nehmen in der 14 Taschenbuchbände umfassenden Ausgabe die speziellen Soziologien einen weit mehr Raum ein als die im engeren Sinne methodischen Beiträge, die in zwei Bänden versammelt sind. Dort werden sechs Erhebungsmethoden (Beobachtung, Interview, Panel, Gruppendiskussion, Soziometrie und Experiment)[5], Auswahl- und statistische Verfahren (Grundlagen, Skalierung, Faktorenanalyse) behandelt. Die Autonomiesierung der ESF, die man angesichts des Spektrums der Beiträge des Handbuches gut auch nur Empirische Soziologie (oder ein wenig despektierlich Handbuch der Bindestrichsoziologien) nennen könnte, trat wenig später deutlich zutage, als 1974 beim 17. Soziologentag in Kassel, der einer „Zwischenbilanz der Soziologie" gewidmet war, zwar Vertreter verschiedener Theorierichtung das Zeitalter der Multiparadimatik einläuteten, aber die Spezialität ESF bei dieser

---

4   Im selben Vorwort nimmt König dann auch noch für die von Theodor Geiger formulierte „furchtlose Sozialwissenschaft" Partei, „die sich angesichts der theoretischen und kulturelle, aber auch der sozialen und politischen Vorurteile zu behaupten hat, wozu wir beide in der Auseinandersetzung mit dem Nationalsozialismus und während der sorgenreichen Zeit der Emigration wahrlich Gelegenheit genug gehabt haben. Und die Aufgabe dauert noch immer an, heute wie ehedem, angesichts des Aufstiegs neuer Vorurteile, radikaler und reaktionärer zugleich, die sich mit der Macht verbinden und von denen sich die Zurückhaltung des Wissenschaftlers gleich weit entfernt zu halten hat" (König 1973, X).

5   Im Band Komplexe Forschungsansätze findet man zusätzlich Beiträge über Demographie, Sozialökologie, Gemeindesoziologie, Soziographie, Volksunde, biographische Methode, systematische Inhaltsanalyse, Soziologie und Geschichte und interkulturellen Vergleich.

Heerschau der deutschen Soziologie nur im zweiten Glied Platz fand (Herz und Stegemann 1976).

Nachdem die ESF in den ersten beiden Jahrzehnten nach dem Ende der NS-Diktatur in Deutschland schrittweise institutionelle Gestalt annahm, geriet das Unternehmen Sozialforschung im Umfeld der Studentenbewegung unter Kritik, deren es sich, zumindest nicht im breiteren (studentischen) Publikum, kaum zu erwehren vermochte. In den 70er Jahren führte das zu einer Auseinanderentwicklung einer von weiten Kreisen geteilten Skepsis gegenüber den Routinen der ESF auf der einen Seite und einer professionalisierten Veralltäglichung und Verstetigung der Praxis der ESF in den einschlägigen Forschungs- und Universitätsinstituten. An der *Kölner Zeitschrift für Soziologie und Sozialpsychologie*, die bis zur Gründung der *Zeitschrift für Soziologie* geradezu eine Monopolstellung für akademische Publikationen besaß, lässt sich diese Entwicklung ablesen.

Zwei soziologische Zeitschriften im Vergleich

Beim Vergleich der beiden soziologischen Fachzeitschriften KZfSS und ASR lassen sich Gemeinsamkeiten und Unterschiede der Entwicklung erkennen. Tabelle 2 zeigt, welche Varianten von Datenerhebung den in den beiden Zeitschriften veröffentlichten Aufsätzen zugrunde lagen. Als „Literatur" wurden Beiträge klassifiziert, die ihre empirischen Informationen aus Veröffentlichungen anderer Autoren beziehen, die also ohne eigene Datenerhebung das Auslangen fanden. Bemerkenswerterweise beruhen über den gesamten Beobachtungszeitraum mehr als die Hälfte aller in der KZfSS erschienenen Aufsätze auf solcher Bibliotheksforschung; sogar noch 1988 ist das der häufigste Typ. Im ASR verschwindet diese Variante der Informationsgewinnung bereits 1958. Als „Interview" wurden Datenerhebungsverfahren klassifiziert, bei denen mündliche oder schriftliche Befragungen standardisierter oder weniger standardisierter Form benutzt wurden, egal ob sie per Post, Telefon oder face-to-face durchgeführt wurden. Separat wurden Erhebungen als „Omnibus" kodiert, wenn Daten des General Social Survey, von ALLBUS, SOEP, etc. benutzt wurden. Die Verwendung von Volkszählungen und Mikrozensuserhebungen, also amtlichen Massendatensätzen, bilden eine dritte Gruppe von auf persönlichen Befragungen beruhenden Datenerhebungen. Über den gesamten Zeitraum hinweg sind diese drei Varianten von Interviewdaten bei der ASR in weit mehr als der Hälfte aller Veröffentlichungen nachzuweisen, während sie bei der „Kölner" nur ein Drittel ausmachen.

Tabelle 2: Datenerhebungstechniken

Journal		1948	1958	1968	1978	1988	1998	2008	*Gesamt*
ASR	Interview	11	19	24	19	10	10	5	98
	Inhaltsanalyse, Archivmaterial	9	7	6	14	12	4	7	59
	Omnibus			1	4	10	19	16	50
	Literaturstudie	27		2				1	30
	Ethnography	1	3		2	1	3	6	16
	Zensus		2		2	7	1	4	16
	Experiment etc.	1	1	2	2	3	4	1	14
	gemischt, multi-methodisch					1	2		3
	Gesamt	49	32	35	44	45	41	40	286
KZfSS	Literaturstudie	21	15	10	15	6	4	3	74
	Interview		6	4	4	4	6	5	29
	Omnibus			1		1	3	8	13
	Inhaltsanalyse, Archivmaterial					3	2	2	7
	gemischt, multi-methodisch				1	1	2	2	6
	Ethnography	1	2						3
	Zensus						1	1	2
	Experiment etc.			1		1			2
	Gesamt	22	23	16	20	17	18	20	136

Qualitative Erhebungsverfahren, wie Intensivinterviews, Feldforschung, teil-nehmende Beobachtung und dergleichen mehr, wurden in der Kategorie „eth-nography" zusammengefasst. Sie sind in beiden Zeitschriften extrem selten; in der KZfSS kommen sie überhaupt nur in den ersten beiden Erhebungsjahren vor, während sie im ASR regelmäßig und zuletzt sogar häufiger Verwendung fanden.

Die ASR räumt Aufsätzen, die Verfahren der Inhaltsanalyse benutzen oder sich mit archivierten Materialien auseinandersetzen, mehr Platz ein als den im engeren Sinn qualitativen Techniken, während Inhaltsanalyse als Datenerhebungstechnik in Deutschland erst recht spät und dann eher marginal auftaucht. Weder in den USA noch in Deutschland spielen Experimente eine bedeutende Rolle, doch auch multimethodische und gemischte Erhebungsstrategien sind nur so selten zu fin-den, dass eine eingehendere Auseinandersetzung unterbleiben kann.

Betrachtet man die Datenerhebung unter einer etwas anderen Perspektive ergibt sich ein noch eindeutigerer Trend. Klassifiziert man all in Frage kommenden, das heißt also die empirischen Beiträge im weiter oben definierten Sinne, danach, ob es sich bei den erhobenen Daten um selbst erhobene (*primär*) handelt oder ob sie durch einen (Zu-)Griff auf (archivierte) *Datensätze* auf den Schreibtisch des Forschers oder in den Computer der Forscherin gelangten oder ob es sich um *Sekundäranalysen* im engeren Sinn handelt, also Studien, die archivierte Datensätze früherer Erhebungen neu auswerten, sieht man, dass die Autoren der KZfSS seit 1968 nur noch in sehr geringem Umfang Sekundäranalysen durchführen[6], während diese Strategie im ASR in den 50er und 60er Jahren noch ein weniger stärker auftrat, danach aber praktisch nicht mehr benutzt wurde.

Der Zugriff auf Datensätze, die eigens für die Forschung erhoben wurden, bei denen aber der Forscher und aktuelle Verfasser des Aufsatzes auf die Art der Datenerhebung, auf die Fragen, die gestellt wurden und auf die Stichprobenziehung keinen (oder kaum einen) Einfluss nehmen konnte, ist in den USA ab 1972 möglich, als der General Social Survey initiiert wurde und findet im ASR ab den 80er in etwas gleich häufig wie Primärforschung Verwendung. In Deutschland greifen Soziologen auf diese Strategie erstmals in den 80er Jahren zu (ALLBUS ab 1980); häufiger als Primärforschung werden Datensätzen ab den 90er Jahren genutzt (Tabelle 3).

Tabelle 3:   Form der Datenerhebung

		1948	1958	1968	1978	1988	1998	2008	*Gesamt*
ASR	Primär	24	30	31	41	32	18	22	198
	Dataset				2	14	22	20	58
	Re-analysis		2	4	1	1	1		9
	Gesamt	24	32	35	44	47	41	42	265
KZfSS	Primär	2	8	4	6	6	6	5	37
	Dataset					1	7	7	15
	Re-analysis			1	2	3	1	4	11
	Gesamt	2	8	5	8	10	14	16	63

---

6   Ziemlich sicher spielt die räumliche und persönliche Nähe des Zentralarchivs in Köln dafür eine wichtige Rolle.

Wie sich die Verschiebung des Forschungsalltags vom „armchair" zum „desktop" auf die Qualität und die Originalität der Beiträge auswirkt, kann hier nicht im Einzelnen diskutiert werden. Für ein zutreffendes Urteil müsste die eigene Datenbasis wohl breiter sein, doch die Vermutung mag wenigstens geäußert werden, dass die reale Ferne des Forschers vom Untersuchungsobjekt Serendipity-Entdeckungen unwahrscheinlicher werden lässt (Merton und Barber 2006).

Mit dem erleichterten Zugriff auf Datensätze und dank der Steigerung der Verarbeitungskapazität der Rechenmaschinen ist ein Trend zur Vergrößerung der Stichproben, die den jeweiligen Aufsätzen zugrunde liegen, verbunden. Allerdings ist die Steigerung nicht stetig und die Kurve verläuft in den beiden Zeitschriften unterschiedlich. Während die „Kölner" 1948 gerade einmal einen Aufsatz abdruckt, der auf einer Einzelfallstudie beruht, veröffentlichen die Amerikaner in diesem Jahrgang bereits 20 Beiträge mit einem mittleren Stichprobenumfang von fast 500 Fällen, was angesichts des Fehlens von Computern mit zeitaufwändigen Durchläufen der Lochkarten durch die Hollerith-Maschinen verbunden war.[7] 1968 und 1988 verringert sich in der KZfSS die mittlere Stichprobengröße, die Zahl der Beiträge, die solche Daten benutzen, geht dort 1968 zurück, um danach kontinuierlich anzusteigen, während im ASR sowohl die Zahl der Beiträge (mit einem Rückgang 1998) als auch die mittlere Stichprobengröße größer werden (s. Tabelle 4).

---

7   Leider halten sich die meisten Autoren beider Zeitschriften mit Angaben über die benutzten technischen Hilfsmittel wie eben Rechenmaschinen, Computern, Statistikpaketen etc. so sehr zurück, dass eine Auswertung dieser wenigen Angaben unterbleiben muss. 1948 erwähnt ein ASR-Autor die Benutzung von Hollerith-Lochkarten, zwanzig Jahre danach wird drei Mal auf den Einsatz eines IBM Rechners 7090 verwiesen. Später findet man im ASR fallweise Hinweise auf benutzte Statistikpakete, doch zunehmend seltener finden es Soziologen nötig, derartige Hilfsmittel zu erwähnen. Die Autoren der KZfSS machen solche Angaben überhaupt nicht.

Tabelle 4:   Mittelwert der Stichprobengrößen

Journal	Jahrgang	Mittelwert	N
ASR	1948	468	20
	1958	901	28
	1968	2.379	36
	1978	3.706	43
	1988	3.600.990	42
	1998	194.560	34
	2008	49.332	42
	Gesamt		245
KZfSS	1948	1	1
	1958	905	9
	1968	460	5
	1978	3.823	5
	1988	2.193	10
	1998	10.227	16
	2008	9.147	17
	Gesamt		63

Empirische Sozialforschung kann Aussagen über ganz unterschiedliche Einheiten treffen. Die Präferenz für Individuen als Erhebungs- und Aussageeinheiten ist durch die soziologische Theorie und Methodologie nicht gedeckt, wohl gälte eher das Gegenteil. Die forschungspraktische Bevorzugung von persönlichen Interviews geht mit einer Beschränkung der Aussagen eben über Individuen einher. Andere soziale Einheiten kommen weit seltener ins Spiel. Im Vergleich der beiden Zeitschriften wird deutlich, dass die deutsche Soziologie in dieser Hinsicht Aussagen viel häufiger über Individuen trifft (80%) als die Amerikaner (68%). In der „Kölner" spielen alle anderen Einheiten kaum eine Rolle, während im ASR Gruppen, Unternehmen, Regionen, Staaten in geringem Umfang, jedoch über die Jahre hinweg regelmäßig analysiert werden (Tabelle 5).

Tabelle 5: Einheit, über die Aussagen getroffen werden

Journal		1948	1958	1968	1978	1988	1998	2008	*Gesamt*
ASR	Individuum	18	25	25	30	26	23	24	171
	Gruppe		2	2	3	4	2	1	14
	Organisation			2	1	7	2	4	16
	Region		3	4	4	3	1	3	18
	Staat	1	2	2	3	7	2	4	21
	Text, Foto	1		1	2	1	2	5	12
	Gesamt	20	32	36	43	48	32	41	252
KZfSS	Individuum	1	9	5	4	6	13	11	49
	Gruppe				1	3		2	6
	Organisation							1	1
	Region						1		1
	Staat					2	1	2	5
	Gesamt	1	9	5	5	11	15	16	62

Die kognitive Gestalt einer Disziplin kann man im Ländervergleich auch daran festmachen, welche geografischen Regionen Gegenstand der Analysen sind. Wenig überraschend sieht man, dass es Amerikaner bevorzugen die USA und Deutsche Deutschland zu untersuchen. Darin unterscheiden sich die beiden Soziologien nur wenig (78% der ASR Beiträge sind ausschließlich den USA gewidmet und 83% der Beiträge der Kölner behandeln ausschließlich deutsche Verhältnisse). In der KZfSS spielen Länder außerhalb Europas (und Nordamerikas) praktisch keine Rolle, während im ASR zumindest einige wenige Beiträge international vergleichend angelegt sind oder sich dem „Rest der Welt" zuwenden (Tabelle 6).

Tabelle 6:   Geografie der ESF: Über welches Territorium werden Aussagen getroffen

Journal		1948	1958	1968	1978	1988	1998	2008	*Gesamt*
ASR	USA	23	29	30	35	29	26	29	201
	Kanada			1	3	1	1		6
	Deutschland					1			1
	Westeuropa, Israel				1	7	1		9
	Sowiet Europa				1		1	1	3
	Rest of the World	2		2	1	1	1	5	12
	Welt	2	2	2	3	6	5	5	25
	Gesamt	27	31	35	44	45	35	40	257
KZfSS	USA	2							2
	Deutschland	5	3	2	13	13	14		50
	Westeuropa, Israel	1	1	2		2			6
	Rest of the World	1							1
	Welt					1			1
	Gesamt	9	4	4	13	16	14		60

Methodenforschung in sozialwissenschaftlichen Enzyklopädien

Die historisch vergleichende Betrachtung der beiden führenden soziologischen Zeitschriften der USA und Deutschlands zeigte, dass in diesen vornehmlich konkrete empirische Forschungsergebnisse der soziologischen Analyse der jeweils eigenen Gesellschaft veröffentlicht wurden. Fragt man, an welchem Ort Beiträge zur Methodenforschung publiziert worden sein könnten, müsste man wohl die Zeitschriften, die sich darauf spezialisiert haben, analysieren. Das kann hier nicht geleistet werden. Doch um herauszufinden, ob und wie deutsche Soziologen an der methodologischen Entwicklung teil hatten, kann man auch einen anderen Weg einschlagen. Im 20. Jahrhundert erschienen mehrere Enzyklopädien der Sozialwissenschaften, in denen auch der Stand der methodischen Entwicklung dokumentiert wurde. Herausgeber solcher Kompedien des state-of-the-art bemühen sich als Autoren Wissenschaftler zu gewinnen, die entweder selbst zum jeweiligen Gebiet originelle Beiträge geliefert haben oder zumindest das zur Debatte stehende Gebiet mit fachlicher Autorität beurteilen können. 1968 erschien, von David Sills herausgegeben, die *International Encyclopedia of the Social Sciences*

(Sills 1968) und 2001 edierten der amerikanische Soziologe Neil Smelser und der deutsch-amerikanische Psychologe Paul Baltes eine an Sills anschließende, aber in einem anderen Verlag erschienene und deshalb nicht als Nachfolge der 1968er Enzyklopädie firmierende *International Encyclopedia of the Social and Behavioral Sciences* (Smelser und Baltes 2001).[8] Bei beiden Kollektivwerken ist es möglich, die Autoren nach ihrem Wirkungsort nationalstaatlich zu klassifizieren; dabei sollte klar sein, dass es sich bei dieser Auswertung nicht um Nationszugehörigkeit qua Staatsbürgerschaft handeln kann, sondern nur die aktuelle Wirkungsstätte in die Auswertung einbezogen werden konnte. Die erste der beiden Enzyklopädien, die sich anders als ihr unmittelbarer Vorläufer (Seligman und Johnson 1930ff.) als „international" positionieren wollte, weist sowohl unter den Mitgliedern des Editorial Advisory Boards wie unter den Verfassern von Beiträgen eine überdeutliche US-amerikanischen Majorität auf (45% der Berater und 77% der Autoren hatten eine Adresse in den USA), jedoch kommen unter den Autoren auch 39 Sozialwissenschaftler mit einer Adresse in Deutschland zum Zug (das sind 2,6% aller Beiträger; 10 Schweizer und 5 Österreicher vervollständigen das damals relativ kleine Kontingent deutschsprachiger Beiträger; aus Großbritannien kamen 1968 135 Autoren und aus Frankreich 50). In der von Smelser und Baltes edierten neuen Enzyklopädie bilden die 431 Erstautoren mit einer Adresse in Deutschland mit 11% nach den 2061 US-Amerikanern die zweitgrößte Gruppe.

Zur 1968 Enzyklopädie trugen deutsche Autoren vornehmlich biografische Würdigungen bei. Nur zwei Artikel stammen von deutschen Statistikern: Hans Kellerer über „Descriptive Statistics: Location and Dispersion" und Johann Pfanzagl über „Confidence Intervals and Regions (Estimation)". Drei Jahrzehnte später wurden zehn Artikel zu Statistik und mathematischen Grundlagen, sechs zur Wissenschaftstheorie, vier zur Psychologie, drei zur Demographie, zwei zur Soziologie und je einer zur Politikwissenschaft bzw. zur Infrastruktur und Geschichte der Sozialwissenschaften von Autoren mit deutschen Adressen geschrieben.[9] In dieser Enzyklopädie wurde die Zahl der biografischen Beiträge auf 147

---

8   Der Verlag Macmillan brachte jüngst eine als Nachfolge der Sills-Enzyklopädie vermarktete Neuausgabe auf den Markt (Darity 2008), die hier allein schon deswegen nicht einbezogen werden muss, weil zu ihr nur ein deutscher Soziologe Beiträge verfasste, die im vorliegenden Rahmen zu berücksichtigen wären: Klaus G. Troitzsch, Department of Information Systems Research, Universität Koblenz–Landau, verfasste folgende Einträge: Classical Statistical Analysis; Difference Equations; Differential Equations; Distribution, Poisson; Linear Systems und Stylized Fact.

9   Die große Zahl an Beiträgen verbietet es, sie hier im Einzelnen anzuführen. Eine Liste der Namen der (Erst-)Autoren der ESF-relevanten Beiträge muss genügen (und ermöglicht das Auffinden des Beitrags): D. Berg-Schlosser, W. Bibel, H.-P. Blossfeld, J. Bredenkamp, H. Colonius, A. Diederich, H. Feger, A. Fürnkranz-Prskawetz, G. Gigerenzer, D. Heyer, J.M.

beschränkt; zu dieser Elite gehören soziologische Theoretiker aus dem deutschen Sprachraum (Adorno, Elias, Husserl, Luhmann, Marx, Nietzsche, Schütz, Simmel, Weber, Wittgenstein), sowie Personen, die Spezialgebiete geprägt haben (Arendt, Bleuler, Burckhardt, Karl Deutsch, Erik Erikson, Freud, Hayek, Hegel, Heider, Helmholtz, Hintze, Humboldt, Jung, Kant, Köhler, Kraepelin, Lewin, Lorenz, Mannheim, John v. Neumann, Pestalozzi, Karl Polanyi, Popper, Ranke, Schumpeter), aber mit Lazarsfeld, Gauss und Hempel nur drei, die man als zum Kreis der Methodenforscher der ESF rechnen könnte (Smelser und Baltes 2001, xxxv ff.).

Der Vergleich der deutschen Beiträge zu den beiden großen enzyklopädischen Werken des letzten halben Jahrhunderts erlauben es wohl zu behaupten, dass in jüngster Zeit deutsche Beiträge zu Nischen der Methodenforschung internationale Resonanz fanden, dass aber die wesentlichen Innovationen der ESF in der zweiten Hälfte des 20. Jahrhunderts ohne Beteiligung deutschsprachiger Sozialforscher zustande kamen.

Trends der Datenauswertungstechniken

Um das Bild abzurunden soll abschließend noch auf die Entwicklung der Datenauswertungsverfahren und die Präsentation der Ergebnisse empirischer Forschung eingegangen werden. Die Beiträge, die zwischen 1948 und 2008 in den beiden Zeitschriften veröffentlicht wurden, wurden daraufhin inspiziert, welche Auswertungsmethode(n) Verwendung fanden, wobei jeweils nur die „avancierteste" Methode Berücksichtigung fand. Vorweg war zu klären, ob Auswertungsmethoden ordinal geordnet werden können. Zwei Kriterien wären denk- und anwendbar: Für den Fall, dass sich für jede Technik ein Geburtsdatum finden ließe, ergäben sich gleichsam Methoden-Generationen; oder man kann ein zugegeben eher intuitives Kriterium der Komplexität (oder noch simpler der Schwierigkeit des Erlernens) der Technik wählen. Entstehungsdaten lassen sich für viele Methoden nicht nachweisen, sodass das vage Komplexitätskriterium benutzt wurde. Tabelle 7 enthält in der zweiten Spalte die (bereits aggregierten) Methoden, die bei der Auszählung angetroffen werden konnten. Die Ordinalitätshypothese wird hier nicht weiter verfolgt, obwohl man vielleicht darüber Konsens erzielen kann, dass einfache Häufigkeitsangaben weniger komplex (bzw.

Hoem, K.C. Klauer, K. Knorr-Cetina, R. Liesenfeld, L. Martignon, R. Picard, H. Scheiblechner, R. Steyer, R. Suck, A. Unwin, N. Wermuth und H. Westmeyer. Die Enzyklopädie teilt weder die Vornamen noch Fachbezeichnungen mit, die obige Zuordnung zu Fächer ergibt sich daher nur aus dem Thema des Beitrags.

schwierig zu erlernen) sind als Kreuztabellen, die wiederum weniger Fertigkeiten erfordern als Berechnungen von Korrelationen. Doch im mittleren Bereich dürfte eine Rangordnung der Faktoren-, Cluster- und Pfadananalyse wohl ebenso wenig Zustimmung finden wie die Höher- oder Niedriger-Reihung von Strukturgleichsmodell, Zeitreihenanalyse und Fuzzy Set am oberen Ende.[10] Die „qualitativen" Auswertungstechniken der Analyse von Texten, Bildern und sozialen Feldern mit den (oder gegen die) „quantitativen" Methoden zu reihen, würde nicht nur auf heftigen Protest derer stoßen, die diese Interpretationstechniken benutzen, obwohl die Unterscheidung von Beiträge, die auf Literaturstudium beruhten, von jenen, bei denen irgendein der bekannten qualitativen Verfahren Verwendung fand, zumindest empirisch leicht zu treffen war. Relativ selten fand sich in den Artikel Methodentriangulation oder Methodenmix, wenn man davon absieht, dass Beiträge, in denen Regressionsanalysen benutzt wurden, zumeist auch über Häufigkeitstabellen und Faktorenanalysen berichtet wurde. Da die Kodierungen alle vom Autor (innerhalb recht kurzer Zeit) selbst vorgenommen wurden, entstand zumindest nicht das Problem geringer Interkoderreliabilität; die Kodierung selbst kann man wohl als eine der relativen Prominenz der von den Autoren gewählten Datenauswertungsverfahren bezeichnen.[11] Nimmt man die in Tabelle 7 berichteten Ergebnisse also als Nominalordnung, kann man immerhin noch Vergleiche über Zeit und zwischen den beiden Zeitschriften ziehen.

---

10 Reichmann (2010) hat in überzeugender Weise seinem Vergleich von Disziplinen (und Ländern) einen anders „komponierten" Quantifizierungsindex zugrundegelegt, der sehr plausible Ergebnisse erbrachte.

11 Zu sagen, dass im Fall von verschiedenen Methoden jene kodiert wurde, die vom Autor im Text am prominentesten präsentiert wurde, erlaubt es auch leichter über Zeit hinweg fair zu kodieren.

Tabelle 7:   Prominenteste Datenauswertungstechnik

Journal		1948	1958	1968	1978	1988	1998	2008	*Gesamt*
ASR	Literaturstudium	11	1	2					14
	Qualitativ	3	3	2	1	3	3	11	26
	Häufigkeiten	13	10	9	5	6	4	3	50
	Korrelation	7	15	15	8	4	1		50
	Faktorenanalyse	1	3	2	1	2	1	1	11
	Cluster Analyse						2	3	5
	Kausal-, Pfadanalyse	1	2	3	4	4	1	1	16
	Regression		1	5	15	23	15	14	73
	Logistische Regression				6	6	10	4	26
	Strukturgleichungsmodelle				1		1		2
	Time Series Analysis			1	3		2	3	9
	Fuzzy Set							1	1
	Gesamt	36	35	39	44	48	40	41	283
KZfSS	Literaturstudium	23	16	10	11	1	2	2	65
	Qualitativ		2	0		2	1	1	6
	Häufigkeiten		5	3	4	3	4	2	21
	Korrelation			2	2	2	4		10
	Faktorenanalyse				2	1		1	4
	Cluster Analyse			1		2		1	4
	Kausal-, Pfadanalyse				1	1			2
	Regression					1	2	3	6
	Logistische Regression					1	5	6	12
	Strukturgleichungsmodelle				1				1
	Time Series Analysis							4	4
	Gesamt	23	23	16	21	14	18	20	135

Wiederum zeigt der Vergleich von ASR und KZfSS deutliche Akzentunterschiede: Die auf Literaturstudium beruhenden Beiträge verschwinden in ASR praktisch bereits in den 50er Jahren, während sie in der KZfSS bis in die 70er Jahre hinein die häufigste Auswertungstechnik darstellen (und auch danach nicht völlig verschwinden). Qualitative Studien erschienen in bescheidenem Umfang, aber regelmäßig im ASR (und bildeten 2008 ein Viertel aller Beiträge), während sich die KZfSS mit dieser Art von Datenauswertung offensichtlich nie anfreunden konnte. Artikel, in denen nicht mehr als Häufigkeitsauszählungen (in Tabellenform) präsentiert werden, spielen anfangs im ASR eine prominenten Rolle während diese Textsorte in den frühen Bänden der KZfSS noch nicht auftaucht. Über die sieben Erhebungszeitpunkte hinweg bleibt die Häufigkeitstabelle aber in der KZfSS die zweihäufigste Auswertungstechnik. Im ASR sieht man, dass zwischen 1968 und 1978 der Wechsel von (einfacher) Korrelationsstatistik zu Regressionsanalyse erfolgte (was wohl auch mit der Entwicklung der Computertechnik und der Statistikpakete zu tun hat). In der „Kölner" erfolgt dieser Übergang weit später: Erst in den 90er Jahren werden Artikel veröffentlicht, die sich dann aber gleich logistischer Regressionen bedienen, während in den USA die einfacheren Regressionsmodelle vorherrschend bleiben.

Mit aller Vorsicht wird man doch sagen können, dass die amerikanische Soziologie sich rascher und breiter entwickelte als die in der KZfSS vorfindliche deutsche Soziologie.

Einen markanten Unterschied zwischen den beiden Zeitschriften kann man schon bei flüchtiger Inspektion feststellen: Im ASR findet man nicht nur Text und Tabellen, sondern deutlich häufiger als in der Kölner auch Landkarten, Grafiken und sogar Fotos, während die Kölner sich jenseits der Tabelle mit Kurvengrafiken zufrieden gibt.

Schluss

Der Versuch, die Entwicklung über mehr als ein halbes Jahrhundert hinweg zu analysieren, ergab, dass der fast schon als säkular zu nennende Trend der Verfeinerung der statistischen Analyse sich, wenn auch zeitverzögert, auch in Deutschland nachweisen lässt. Die neuen Erhebungs-, Auswertungs- und Darstellungsformen kommen weitgehend als Importprodukte nach Deutschland, finden hier aber Nachahmer. Methodologische Innovationen finden eher in eng definierten Nischen statt, wie die Beiträge der Smelser und Baltes Enzyklopädie gezeigt haben. Während nicht alle „quantiativen" Innovationen auch in Deutschland Anhänger und Nutzer finden, wurde die Option, sich statt auf kleinkalibrierter Eigenforschung lieber auf heute per File Transfer Protocol abrufbarer, von anderen designter und administrierter Datensätze zu stützen, auch in Deutschland zur Gewohnheit. Die damit notwendigerweise einher gehende Ferne des Forschers vom sozialen Feld und dessen Vielfältigkeit ließe sich zumindest hypothetisch auch als „Angst des Sozialforschers vor dem Objekt seiner Begierde" begreifen.

Wie wohl jeder, der schon einmal versucht hat, Studierende ins Feld zu schicken, bestätigen wird könne, gibt es tatsächlich eine derartige habituelle Scheu. Wissenschaftstheoretisch lässt sich dieses Argument noch dahin gehend erweitern, dass das Vertrauen auf die Validität der Datensätze auch unterstellt, dass die „Welt da draußen" nicht nur irgendwie geordnet ist, sondern sich deren Ordnung am Schreib- (oder Konferenz-)Tisch erschließen lässt. Eine, wie mir scheint, Annahme, die erst noch begründet werden müsste. Ließe sie sich mit guten Gründen zurückweisen, hätten wir es am Beginn des 21. Jahrhunderts zwar mit einer neuen Soziologie zu tun, die sich von derjenigen der Epoche der soziologischen Klassiker aber nur dadurch unterscheidet, dass sie nicht als „armchair"-, sondern als „desktop"-Forschung karikiert werden könnte.

Literatur

Arbeitsgruppe Bielefelder Soziologen (1973): Alltagswissen, Interaktion und gesellschaftliche Wirklichkeit. Reinbek: Rowohlt.

Arndt, Hans J. (1951): Differences between German and American Approaches to the Science of Sociology. In: The Midwest Sociologist 14 (1951) [1], 17-18.

Atteslander, P. (1969): Methoden der empirischen Sozialforschung. Berlin: de Gruyter.

Berger, H. (1974): Untersuchungsmethode und soziale Wirklichkeit. Eine Kritik an Interview und Einstellungsmessung in der Sozialforschung. Frankfurt: Suhrkamp.

Bolte, K. M.; Neidhardt, F., Hrsg. (1998): Soziologie als Beruf. Erinnerungen westdeutscher Hochschulprofessoren der Nachkriegsgeneration. Baden-Baden: Nomos.

Cicourel, A. V. (1970): Methode und Messung in der Soziologie. Frankfurt: Suhrkamp.

Darity, W. A., ed. (2008): International encyclopedia of the social sciences. 2nd ed. Detroit: Macmillan Reference USA.

European Union (2010): European Innovation Scoreboard (EIS) 2009: Comparative Analysis of Innovation Performance. In: Enterprise & Industry Online Magazine, http://ec.europa.eu/enterprise/e_i/index_en.htm.

Fleck, C., Hg. (1996): Wege zur Soziologie nach 1945. Autobiographische Notizen. Opladen: Leske+Budrich.

Fleck, C. (2007): Transatlantische Bereicherungen. Zur Erfindung der empirischen Sozialforschung. Frankfurt: Suhrkamp.

Gerhardt, U. (2006): Die Wiederanfange der Soziologie nach 1945 und die Besatzungsherrschaft. Ein Beitrag zur Wissenschaftsgeschichte. In: Franke, B. und Hammerich, K., Hrsg., Soziologie an deutschen Universitäten: Gestern – heute – morgen. Wiesbaden: VS Verlag für Sozialwissenschaften, 31-114.

Gouldner, A. W. (1974): Die westliche Soziologie in der Krise. Reinbek: Rowohlt.

Habermas, J. (1967): Zur Logik der Sozialwissenschaften. Tübingen: Mohr.

Herz, T. A.; Stegemann, H. (1976): Empirische Sozialforschung in der Bundesrepublik Deutschland. In: Lepsius, M. R., Hg., Zwischenbilanz der Soziologie. Stuttgart: Enke, 128-162.

Katona, G. (1953-54): Survey Research in Germany. In: The Public Opinion Quarterly 17 (1953-54), [4], 471-480.

Katz, E.; Lazarsfeld, P. F. (1955): Personal influence. The part played by people in the flow of mass communications. Glencoe, Ill.: Free Press.

König, R., Hg. (1952): Das Interview. Formen, Technik, Auswertung. Dortmund: Ardey (Praktische Sozialforschung 1).

König, R., Hg. (1956): Beobachtung und Experiment in der Sozialforschung. Köln: Verlag für Politik und Wirtschaft (Praktische Sozialforschung, 2).

König, R., Hg. (1958): Fischer-Lexikon Soziologie. Frankfurt: Fischer.

König, R., Hg. (1972): Fischer-Lexikon Soziologie. Umgearb. und erw. Neuausg., 333. - 352. Tsd., Frankfurt: Fischer.

König, R., Hg. (1973 - 1979): Handbuch der empirischen Sozialforschung. 3., umgearb. u. erw. Aufl. München: Enke/Dtv.

Mayntz, R. (1958): Soziale Schichtung und sozialer Wandel in einer Industriegemeinde. Eine soziologische Untersuchung der Stadt Euskirchen. Stuttgart: Enke.

Mayntz, R.; Holm, K.; Hübner, P. (1969): Einführung in die Methoden der empirischen Soziologie. Köln: Westdeutscher Verlag.

Merton, R. K.; Fiske, M.; Kendall, P. L. (1990): The Focused Interview: A Manual of Problems and Procedures. New York: Free Press.

Merton, R.K.; Barber, E. (2006): The Travels and Adventures of Serendipity: A Study in Sociological Semantics and the Sociology of Science. Princeton: Princeton University Press.

Mills, C. W. (1963): Kritik der soziologischen Denkweise. Neuwied: Luchterhand.

Noelle-Neumann, E. (1963): Umfragen in der Massengesellschaft. Einführung in die Methoden der Demoskopie. Hamburg: Rowohlt.

Noelle-Neumann, E. (2006): Die Erinnerungen. München: Herbig.

Phillips, B. S. (1970): Empirische Sozialforschung. Strategie und Taktik. Wien: Springer.

Pollock, F. (1955): Gruppenexperiment. Ein Studienbericht. Frankfurt: Europäische Verlags-Anstalt.

Popitz, H.; Bahrdt, H. P.; Jüres, E. A.; Kesting, H. (1957): Das Gesellschaftsbild des Arbeiters. Soziologische Untersuchungen in der Hüttenindustrie. Tübingen: Mohr.

Reichmann, W. (2010): Die Disziplinierung des ökonomischen Wandels. Soziologische Analysen der Konjunkturforschung in Österreich. Marburg: Metropolis.

Reigrotzki, E. (1956): Soziale Verflechtungen in der Bundesrepublik. Elemente der sozialen Teilnahme in Kirche, Politik, Organisationen und Freizeit. Tübingen: Mohr .

Schäfers, B.; Baier, H.; Danckwerts, D.; Franke, B.; Kaufmann, F. –X.; Klima, R. et al. (1969): Thesen zur Kritik der Soziologie. Frankfurt: Suhrkamp.

Seligman, E. R. A.; Johnson, A. S., eds. (1930): Encyclopaedia of the social sciences. New York: Macmillan.

Sills, D. L., ed. (1968): International encyclopedia of the social sciences. New York: Macmillan.

Smelser, N. J.; Baltes, P. B., eds. (2001): International encyclopedia of the social & behavioral sciences. 1st ed. Amsterdam, New York: Elsevier.

von Wiese, L. (1951): The Place of Social Science in Germany Today. In: The American Journal of Sociology 57 (1951), [1], 1-6.

Weischer, C. (2004): Das Unternehmen „Empirische Sozialforschung". Strukturen, Praktiken und Leitbilder der Sozialforschung in der Bundesrepublik Deutschland. München: Oldenbourg.

Wiggershaus, R. (1988): Die Frankfurter Schule. Geschichte, theoretische Entwicklung, politische Bedeutung. München: Deutscher Taschenbuch-Verlag.

Wurzbacher, G.; Pflaum, R.; Arensberg, C. M. (1954): Das Dorf im Spannungsfeld industrieller Entwicklung. Untersuchung an den 45 Dörfern und Weilern einer westdeutschen ländlichen Gemeinde. Stuttgart: Enke.

Sechzig Jahre Datenanalyse
Ein selektiver Rückblick aus verschiedenen Perspektiven

Hans-Jürgen Andreß

1 Einleitung

In diesem Beitrag will ich versuchen, sechzig Jahre Datenanalyse in Deutschland Revue passieren zu lassen. Mit Datenanalyse meine ich die Vielzahl statistischer und anderer Verfahren, mit denen Sozialwissenschaftler theoretische und praktische Forschungsfragen mit Hilfe empirischer Daten beantworten. Tabelle 1 zeigt – ohne Anspruch auf Vollständigkeit – eine kleine Auswahl unterschiedlicher Verfahren der Datenanalyse. Im Folgenden will ich mir die Frage stellen, ob es eine Geschichte gibt, mit der sich die Entwicklung und der Einsatz dieser Verfahren in der Forschungspraxis in den letzten sechzig Jahren nacherzählen lässt. Im Prinzip ist das eine wissenssoziologische Frage nach den Verlaufsformen und Durchsetzungsbedingungen wissenschaftlicher Innovationen. Eine entsprechende Theorie der Diffusion von Innovationen wurde von Everitt Rogers (1964) vorgelegt. Danach müsste man die Art der jeweiligen datenanalytischen Innovationen analysieren, die unterschiedlichen Kommunikationskanäle benennen, die zur Verbreitung dieser Innovationen zur Verfügung standen und schließlich die Sozialsysteme charakterisieren, in denen diese Innovationen sich verbreitet haben, um daraus Schlussfolgerungen über den Erfolg und die Durchsetzungsgeschwindigkeit der einzelnen Innovationen abzuleiten.

Ich habe jedoch ein sehr viel bescheideneres deskriptives Ziel. Mir geht es zunächst nur darum, die wesentlichen Entwicklungen der Datenanalyse aufzuzählen. Wie der Untertitel des Beitrages andeutet, kann diese Nacherzählung aus unterschiedlichen Blickwinkeln erfolgen. Ich werde versuchen zu zeigen, dass die Entwicklung der Datenanalyse aus dem Zusammenspiel von zunehmend komplexer werdenden Forschungsfragen, entsprechend differenzierten Daten und passenden Methoden, die den Informationsgehalt der Daten umfassend ausschöpfen, verstanden werden kann.

Tabelle 1:   Verfahren der Datenanalyse (Auswahl)

▪ Clusteranalyse	▪ Netzwerkanalyse
▪ Ereignisdatenanalyse	▪ Panelanalyse
▪ Faktorenanalyse	▪ Pfadanalyse
▪ Imputationsverfahren	▪ Selektionsmodelle
▪ Korrespondenzanalyse	▪ Skalierungsverfahren
▪ Lineare Regression	▪ Strukturgleichungsmodelle
▪ Logistische Regression	▪ Tabellenanalyse
▪ Log-lineare Modelle	▪ Textanalyse
▪ Mehrebenenanalyse	▪ Zeitreihenanalyse
▪ Metaanalyse	▪ ....

Notwendigerweise ist dieser Rückblick selektiv. Um mir die Aufgabe so einfach wie möglich zu machen, habe ich mich auf die Entwicklung in Deutschland beschränkt, obwohl diese – wie wir sehen werden – ganz wesentlich von Entwicklungen in anderen Ländern (insbesondere in den USA) beeinflusst wurde. Was den Untersuchungszeitraum anbetrifft, so beschränke ich mich auf die Entwicklung seit Anfang der 1970er Jahre, was aber, wie wir gleich sehen werden, keine wirkliche Beschränkung ist, denn die massenhafte Anwendung und Ausdifferenzierung moderner Datenanalyseverfahren setzt erst Ende der 1960er Jahre ein. Schließlich mag ich aus biographischen Gründen (als Soziologe und akademischer Lehrer) die eine oder andere Entwicklung im außeruniversitären Bereich oder in anderen sozialwissenschaftlichen Disziplinen übersehen (z.B. in der Politik- oder Kommunikationswissenschaft).

2   Ein Rückblick aus verschiedenen Perspektiven

Als Einstieg in die folgende Diskussion ist es zunächst hilfreich zu fragen, wann welche Voraussetzungen erfüllt sein müssen, um Datenanalysen durchführen zu können. Zu diesen Voraussetzungen gehören zunächst eine oder mehrere Forschungsfragen, anhand derer sich entscheiden lässt, welche Daten und Methoden zu ihrer Überprüfung notwendig sind. Dann benötigt man verschiedene Werkzeuge, mit denen dieser Untersuchungsplan praktisch umgesetzt werden kann und zu denen auch die bereits erwähnten Auswertungsverfahren gehören. Da sozialwissenschaftliche Daten in der Regel umfangreich sind und die vorliegenden Methoden häufig komplexe mathematische Operationen verwenden, benötigt man weiterhin entsprechende Software für Datenmanagement und Datenanalyse. Natürlich ist die Entwicklung der einschlägigen Software immer auch von der technischen Entwicklung der Hardware abhängig, auf der diese Software eingesetzt wird. Schließlich werden alle diese Werkzeuge in einem arbeitsteiligen Prozess erstellt und weiter entwickelt. Es ist daher eine gewisse Infrastruktur in Form von Institutionen und Personen notwendig, in der diese Werkzeuge und das dafür notwendige Wissen längerfristig vorgehalten, gepflegt und weitergegeben werden.

Die Geschichte der Datenanalyse kann also prinzipiell geschrieben werden als eine Geschichte der (meistens statistischen) Methoden, der entsprechenden Hard- und Software, der sozialwissenschaftlichen Daten sowie der Institutionen und Personen.

2.1 Statistische Methoden

Die folgende Tabelle 2 nennt einige der statistischen Methoden, auf die Sozialwissenschaftler heute mit großer Selbstverständlichkeit zurückgreifen. Auffallend dabei ist, dass sie eigentlich alle „Erfindungen" aus der ersten Hälfte des letzten Jahrhunderts sind und sozusagen lange im Baukasten der Statistiker geschlummert haben, bis sie innerhalb der Sozialwissenschaften für empirische Fragestellungen genutzt wurden.

Tabelle 2:   Statistische Methoden (Auswahl)

- Kleinste-Quadrate Schätzung (1805: Legendre, 1809: Gauss)
- Lineare Regression (1885: Galton)
- Maximum Likelihood Schätzung (1912-1922: R.A. Fisher)
- Varianzanalyse (1918, 1921: R.A. Fisher)
- Faktorenanalyse (1904: Spearman, 1940: Thurstone)
- Logistische Regression (1944: J. Berkson)
- ...
- Verallgemeinerte lineare Modelle (1977: Nelder / Wedderburn)
- Klassifikation fehlender Werte (1976: Rubin)

Wichtige Weiterentwicklungen nach dem zweiten Weltkrieg – zwei davon sind in Tabelle 2 beispielhaft aufgeführt – betreffen dagegen häufig Verallgemeinerungen existierender Modelle und haben mehr die Art und Weise beeinflusst, wie wir über bestimmte methodische Probleme nachdenken, als dass sie substantiell neue Methoden einführen.

Wie erklärt sich aber die große Zeitspanne zwischen Methodenentwicklung und der Intensivierung der Anwendungen in der sozialwissenschaftlicher Forschungspraxis? – Eine Erklärung dafür findet sich in einer zweiten Geschichte sozialwissenschaftlicher Datenanalyse, nämlich in der Geschichte der Maschinen bzw. der Hardware, mit der Sozialwissenschaftler ihre Daten ausgewertet haben.

2.2 Hardware

In den ersten anderthalb Jahrzehnten nach dem 2. Weltkrieg wurde die empirische Arbeit noch von der Lochkartenzählmaschine dominiert, die bereits zu Beginn des 20. Jahrhunderts auf den Markt gekommen war. Funktionsfähige Großrechner standen erst ab Mitte der 1960er Jahre zur Verfügung (für einen kurzen geschichtlichen Abriss der historischen Entwicklung vgl. Laudon et al. 2010). Das IBM System/360 kam im Jahr 1964 auf den Markt und der Telefunken Rechner TR 440 im Jahr 1971. Nur wenige zentrale universitäre Rechenzentren (z.b. in Hamburg oder in Darmstadt) verfügten über eine entsprechende Rechnerausstattung.

1960 geben erstmalig Peter Koch und Hansgert Peisert in einem Aufsatz der Kölner Zeitschrift für Soziologie und Sozialpsychologie eine Einführung in die Funktionsweise elektronischer Rechenanlagen. Dort werden Rechenwerk, Steuerwerk und Ein- und Ausgabegeräte erklärt und am Beispiel einer Kreuztabelle erläutert, wie ein Computerprogramm funktioniert. Als einer der Hauptvorteile wird der geringere Arbeitsaufwand genannt, den man gegenüber traditionellen Formen der Datenverarbeitung bspw. mit Zählmaschinen habe. „Legt man die 45-Stundenwoche eines Bearbeiters zugrunde, so benötigt man für die Aufbereitung nach der konventionellen Methode etwa 8 Wochen im Gegensatz zu knapp 4 Stunden mittels des Magnettrommelrechners" (Koch & Peisert 1960: 471). Kleine Randbemerkung: Bei dieser Rechnung haben die Autoren die manuelle Beschriftung der Tabellen allerdings noch nicht berücksichtigt. Aus einer weiteren Fußnote erfährt man weiterhin, dass entsprechende Rechenanlagen lediglich an der Universität Hamburg und den technischen Universitäten Hannover und Darmstadt zur Verfügung standen.

Abgesehen von den begrenzten technischen Möglichkeiten dürften aber den meisten Sozialwissenschaftlern die Fähigkeiten gefehlt haben, entsprechende Auswertungsprogramme für ihre Datenanalysen zu schreiben. Erst ca. zehn Jahre später kann Klaus Allerbeck, frisch aus den USA zurück, über die ersten sozialwissenschaftlichen Programmpakete berichten, die ohne großen Programmieraufwand die Verarbeitung sozialwissenschaftlicher Daten erlauben und unterschiedliche statistische Auswertungsverfahren mit einer einheitlichen Kommandosprache für den methodisch vorgebildeten Sozialwissenschaftler verfügbar machen (Allerbeck 1971). In seinem 1972 erschienenen Teubner Studienskript stellt er dann fest, dass es für Sozialwissenschaftler nicht mehr erforderlich sei, selbst Experte in Datenverarbeitung zu werden. „Seit Datenanalysesysteme zur Verfügung stehen, bedarf es dazu nur eines genauen Verständnisses der Probleme, die mit Computereinsatz gelöst werden sollen, und eines realistischen Verständnisses der Möglichkeiten, die Datenverarbeitungsanlagen heute (gemeint ist 1972) für die Sozialwissenschaften bieten" (Allerbeck 1972: 9).

Mit anderen Worten: Bis weit in die 1970er Jahre hinein hat die große Mehrheit der empirisch arbeitenden Sozialwissenschaftler keinen direkten Zugang zu entsprechender Rechenleistung, um vor allem rechenintensive Methoden wie ML-Schätzungen anzuwenden. Ganz zu schweigen von den technischen Möglichkeiten, die Sozialwissenschaftlern heute in Form von persönlichen Arbeitsplatzrechnern zur Verfügung stehen, die mit einer vielfachen Rechenleistung und Speicherkapazität der damaligen Großrechner ausgestattet sind. Der IBM Personal Computer kam erst 1981 auf den Markt, und die statistische Auswertungssoftware, mit der wahrscheinlich die meisten Sozialwissenschaftler groß geworden sind, das Statistical Package for Social Sciences (SPSS), war erst seit 1984 auf dem IBM PC verfügbar. Kurz zusammengefasst: Für eine breite Anwendung statistischer Datenanalyseverfahren in den Sozialwissenschaften sind die technischen Voraussetzungen eigentlich erst seit 25 Jahren gegeben.

2.3 Software

Wie im Falle der Hardware ließe sich natürlich auch eine Geschichte sozialwissenschaftlicher Datenanalyse anhand der Entwicklung der Software erzählen. Dabei ist zunächst an die vielen Spezialprogramme zu denken, die in verschiedenen Wellen die Verbreitung multivariater Analyseverfahren befördert haben (s. Tabelle 3). Früher oder später wurden sie aber alle durch die „Großtanker" der sozialwissenschaftlichen Programmpakete BMDP, SPSS, SAS, Stata usw., z. Teil als Module, aufgesogen. Diese Programmpakete, übrigens alle universitäre Ausgründungen, haben ebenfalls ihre eigenen Konjunkturen. SPSS ist sicherlich das in den Sozialwissenschaften am weitesten verbreitete Programmpaket, wird aber zunehmend von Stata verdrängt. SAS ist ebenfalls ein mächtiges Analyseinstrument, insbesondere aufgrund seiner Datenmanagement- und Datenbankfähigkeiten. Es zielte aber von Anfang an auf den kommerziellen Einsatz und spielte daher – auch aufgrund seiner Preispolitik – in der universitären Lehre und Forschung eher eine untergeordnete Rolle. Dinosaurier aus der Zeit der Großrechner, wie etwa Osiris, P-Stat, Data-Text oder auch BMDP, sind dagegen weitgehend in Vergessenheit geraten.

Tabelle 3:   Spezialprogramme und Programmpakete zur statistischen Analyse (Auswahl)

Spezialprogramme	Programmpakete

▪ Strukturgleichungen
  – LISREL, EQS, Amos
▪ Kategoriale Daten
  – ECTA, Nonmet, lEM
▪ Verallgemeinerte lineare Modelle
  – Glim
▪ Ereignisanalyse
  – Rate, TDA
▪ Clusteranalyse, Skalierung
  – Clustan, MDS
▪ Mehrebenenanalyse
  – HLM, MLWin, Mplus
▪ Textanalyse
  – Textpack, Max, Atlas.ti
	▪ Osiris
	  – ICPSR, U Michigan
	▪ BMDP (1961)
	  – U California (Dixon)
	▪ Data-Text (1963)
	  – U Harvard (Couch, Armor)
	▪ SPSS (1968)
	  – NORC, U Chicago (Nie)
	  – 1984: PC Version
	▪ SAS (1971)
	  – U North Carolina (Barr,
	    Goodnight)
	▪ Stata (1985)
	  – StataCorp (Gould)

Auch hier ergeben sich interessante Anschlussfragen. Etwa: Wie hängen die Konjunkturen dieser Programmpakete mit Preispolitiken, Philosophien, Nutzung der technischen Möglichkeiten und Benutzerfreundlichkeit der Software sowie den Forchungsfragestellungen zusammen? Entscheidend für den Durchbruch von SPSS war beispielsweise ein Manual, das gleichzeitig als Lehrbuch multivariater Analyseverfahren verwendet werden konnte und so den Einstieg in komplexe Analyseverfahren mit Hilfe realer sozialwissenschaftlicher Daten erlaubte. Umgekehrt scheinen mir die konsequente Ausnutzung der sich in den 1980er Jahren rasant entwickelnden Hardware sowie die Offenheit der Software für benutzereigene Weiterentwicklungen entscheidende Triebfedern für den Siegeszug von SAS und vor allem Stata zu sein.

Eine wichtige Rolle bei der Weiterverbreitung sozialwissenschaftlicher Statistiksoftware spielten in den 1980er Jahren die vom Zentrum für Umfragen, Methoden und Analysen (ZUMA, Mannheim; s. Abschnitt 2.6) organisierten Software-Konferenzen. Die Durchführung dieser Konferenzen war zunächst außerhalb von ZUMA, u.a. vom Manfred Küchler und Helmut Wilke, angeregt worden. Vorbild waren die Nutzerkonferenzen von SPSS in den USA. Nach dem Eintritt von Manfred Küchler in ZUMA als einer der wissenschaftlichen Leiter bot sich ZUMA aufgrund seiner Aufgabenstellung und Infrastruktur als Veranstalter an. Später wurde die Gesellschaft für Strahlen- und Umweltforschung (GSF, München), die auch einen Statistical Software Newsletter herausgab, mit ins Boot geholt. Die erste Konferenz mit knapp 400 Teilnehmern wurde 1982 durchgeführt (Küchler 1982), weitere Konferenzen fanden in den Folgejahren 1983-1997 in zweijährigen Abständen statt (Wilke et al. 1983; Lehmacher & Hörmann 1986; Faulbaum & Ühlinger 1988; Faulbaum, Haux & Jöckel 1989; Faulbaum 1991, 1993; Faulbaum & Bandilla 1995; Faulbaum & Bandilla 1997). Auf allen diesen Konferenzen waren neben Vorträgen über Spezialsoftware und sozialwissenschaftlichen Anwendungen immer auch die Hersteller der großen statistischen Programmpakete vertreten, um über neueste Weiterentwicklungen und zukünftige Planungen zu informieren. Zum Teil wurden dort Neuentwicklungen erstmals vorgestellt, wie z.B. Programme zur interaktiven graphischen Datenanalyse. Die Tradition dieser Software-Konferenzen, bei der sich Anwender und Anwenderinnen in kurzer Zeit einen vergleichenden Überblick über das vorhandene Softwareangebot machen konnten, ist leider nach 1997 nicht weiter fortgesetzt worden. Verblieben sind nur die internationalen und regionalen Nutzerkonferenzen der statistischen Programmpakete SAS, SPSS und Stata. Teilweise wurde die Rolle von den Compstat-Konferenzen des International Statistical Institute übernommen, die schon immer um ein Jahr zeitlich versetzt zu den Softstat-Konferenzen durchgeführt wurden.

2.4 Daten

Natürlich kann eine Geschichte sozialwissenschaftlicher Datenanalyse auch anhand der Daten erzählt werden, deren Vielfalt über die Jahre erheblich zugenommen hat, sowohl was die Art der Daten als auch was ihre methodische Differenzierung anbetrifft. Mit Daten meine ich vor allem Umfragedaten, aber auch Daten, die im Rahmen sozialwissenschaftlicher Experimente gewonnen wurden, oder Daten, die als Prozessdaten in der Arbeit bürokratischer Organisationen z.B. der Sozialhilfe-, Renten-, Arbeitslosen- oder Krankenversicherung routinemäßig anfallen, sowie schließlich – verbunden mit dem Aufschwung qualitativer Methoden – im zunehmenden Umfang auch Text-, Audio- und Videodaten (vgl. Tabelle 4).

Im Laufe der Jahre sind diese Datenquellen immer weiter verfeinert worden. Das gilt im besonderen Maße für sozialwissenschaftliche Umfragen, die mehr und mehr nicht nur als einfache Zufallsauswahlen, sondern durch komplexe mehrstufige Auswahlprozesse erhoben werden, in denen sowohl geschichtete als auch geklumpte Auswahlen in mehreren Auswahlstufen miteinander kombiniert werden. Typische Beispiele sind das Stichprobendesign des Arbeitskreises Deutscher Markt- und Sozialforschungsinstitute e.V. (ADM), das zunächst Haushalte innerhalb einer geschichteten Stichprobe von Wahlbezirken anhand einer Zufallsadresse auswählt und dann innerhalb dieser Haushalte Befragungspersonen anhand eines Zufallsschlüssels bestimmt, oder das Stichprobendesign der Allgemeinen Bevölkerungsumfrage der Sozialwissenschaften (ALLBUS), das zufällig Personen aus kommunalen Melderegistern zieht, wobei die Kommunen selbst wiederum aus einer geschichteten Stichprobe aller deutschen Gemeinden und Städte ausgewählt werden.

Tabelle 4:   Sozialwissenschaftliche Daten

▪ Umfragen
  – einfache Zufallsauswahlen
  – komplexe Auswahlverfahren
 	
▪ Experimentaldaten
 	
▪ Prozessproduzierte Daten
 	
▪ Textdaten
  – strukturierte Texte
  – unstrukturierte Texte
 	
▪ Audio- und Videodaten
	▪ Einbeziehung der Zeitdimension
	  – gepoolte Querschnitte
	  – Zeitreihen (Makropanels)
	  – Paneldaten (Mikropanels)
	  – Ereignisdaten
	
	▪ Einbeziehung des Kontextes
	  – Haushaltskontext
	  – soziale Netzwerke
	  – international vergleichende Umfragen

Während in der Anfangsphase (einmalige) Befragungen dominieren, die Einstellungen und Verhalten *individueller* Akteure zu *einem* bestimmten Zeitpunkt erfassen, werden seit den 1980er Jahre immer häufiger Daten erhoben, die die Querschnittsbetrachtung sowohl in der Zeit- als auch in der Kontextdimension erweitern. Der ALLBUS ist beispielsweise eine im zweijährigen Turnus wiederholte Bevölkerungsbefragung zu identischen Themen und ermöglicht dadurch die Beschreibung gesellschaftlicher Entwicklungstrends. Der Familiensurvey des Deutschen Jugendinstituts (DJI) erhebt nicht nur die soziale Lage der einzelnen Familienmitglieder, sondern auch die Netzwerkbeziehungen zu Freunden und Verwandten außerhalb des Familienhaushaltes. Das Sozio-ökonomische Panel (SOEP) ist eine seit 1984 jährlich durchgeführte Wiederholungsbefragung einer repräsentativen Bevölkerungsstichprobe und ermöglicht somit nicht nur die Analyse gesellschaftlicher Entwicklungstrends, sondern vor allem die Analyse individueller Veränderungen sowohl auf der Personen- als auch auf der Haushaltebene. International vergleichende Umfragen wie beispielsweise das International Social Survey Programme (ISSP) oder der Europäische Soziale Survey (ESS) gestatten schließlich den systematischen Vergleich nationaler Kontextbedingungen und deren Einfluss auf individuelle Einstellungen und Verhaltensweisen.

2.5 Personen

Die Entwicklung der sozialwissenschaftlichen Datenanalyse ist auch nicht zu denken ohne die Personen, die als Methoden- und Softwareentwickler, als Lehrbuchautoren und als Lehrende – vor allem in Weiterbildungsveranstaltungen des Zentralarchivs für Empirische Sozialforschung (ZA, Köln) und des Zentrums für Umfragen, Methoden und Analysen (ZUMA, Mannheim) – zur Popularisierung der entsprechenden Modelle und Denkweisen beigetragen haben. Der Name Klaus Allerbeck ist bereits gefallen, der zusammen mit anderen Kölner Kollegen und Kolleginnen mit der Einrichtung des Frühjahrsseminars des ZAs zu Beginn der 1970er Jahre die computerunterstützte Datenanalyse aus den USA nach Deutschland importierte (Allerbeck et al. 1972).

In ähnlicher Weise lassen sich zu vielen anderen Datenanalyseverfahren Kollegen und Kolleginnen benennen, die wesentlich zur Verbreitung dieser Methoden beigetragen haben. Erich Weede, Peter Schmidt und Karl-Dieter Opp haben uns in Methoden der Pfadanalyse für kontinuierliche Variablen eingeführt (Weede 1977, Schmidt & Opp 1976), während Karl Gustav Jöreskog und Dag Sörbom die notwendigen statistischen Methoden entwickelt und mit dem Programm LISREL eine passende Software bereit gestellt haben, um entsprechende Strukturgleichungsmodelle anhand empirischer Daten schätzen zu können. Durch die Verbindung von Regressions- und Faktorenanalyse (Jöreskog & Sörbohm 1984) ist in diesem Ansatz erstmals auch eine systematische Unterscheidung zwischen theoretischen Konstrukten und ihren empirischen Indikatoren möglich, die im Rahmen von Strukturgleichungsmodellen durch latente und manifeste Variablen bzw. durch die Spezifizierung von Struktur- und Messmodellen abgebildet werden. Sowohl was die Modellstruktur und die Verfahren zur Parameterschätzung als auch was die Verfahren der Modellmodifikation angeht, wurden seit Beginn der 80er Jahre alternative Programme zu LISREL entwickelt. Besonders zu erwähnen ist hier das von Bentler (vgl. Bentler 1985) entwickelte Computerprogramm EQS, das im Unterschied zur matrixorientierten Spezifikation von Modellen in LISREL die gleichungsorientierte Spezifikation einführte und aymptotisch verteilungsfreie Schätzer (vgl. Browne 1982, 1984) sowie den multivariaten Lagrange-Multiplier-Test einbezog. Überlegungen zur Verteilungsunabhängigkeit der Schätzungen führten schließlich zur Entwicklung robuster Teststatistiken (vgl. Satorra & Bentler 1988, 1994). Die Unterscheidung von latenten Konstrukt- und latenten Antwortvariablen und die Behandlung in einem gemeinsamen Modellansatz wurde dagegen in dem von Muthén ebenfalls in den 80er Jahren entwickelten Programm LISCOMP eingeführt (vgl. Muthén 1987), das nunmehr in seiner fortgeschrittenen, erweiterten Form als Mplus zur Verfügung steht.

Manfred Küchler (1979) und Rolf Langeheine (1980) haben in angeregten Debatten (Küchler 1978, Langeheine 1979) entsprechende Methoden zur Analyse kategorialer Daten eingeführt, die zuvor von Leo Goodman (1972) bzw. von James E. Grizzle, C. Frank Starmer und Gary G. Koch (1969) in den USA entwickelt wurden. Ein Spezialfall des nach den Autoren Grizzle et al. bezeichneten GSK-Ansatzes ist Theodor Harders dichotom-orthogonales Modell (Harder 1975). Ein anderer spezifisch deutscher Beitrag zur Analyse kategorialer Daten ist die von Krauth und Lienert (1973) entwickelte Konfigurationsfrequenzanalyse, die vor allem in der Psychologie Beachtung fand. Allan McCutcheon (1987) und Jacques Hagenaars (1990) haben gezeigt, wie man durch die Verwendung latenter Klassen in ähnlicher Weise wie im LISREL-Ansatz auf für kategoriale Variablen Struktur- und Messmodelle spezifizieren und messen kann. Bengt und Linda Muthen (1998), Jeroen Vermunt und Jay Magidson (2005) sowie Anders Skrondal und Sophia Rabe-Hesketh (2004) haben schließlich beide Denkschulen in ihren Softwareentwicklungen (MPlus, Latent Gold, GLLAMM) miteinander vereint und gezeigt, dass sich Strukturgleichungsmodelle für kontinuierliche und kategoriale Variablen sowie beliebige Kombinationen derselben spezifizieren lassen. An dieser Stelle sind auch die Arbeiten von Arminger und Küsters (1988, 1989) sowie Fahrmeir und Tutz (2001) über verallgemeinerte lineare Modelle zu erwähnen, die insbesondere von frühen Programmentwicklungen wie GLIM (vgl. Aitkin et al. 1989) angestoßen wurden. Sowohl der LISREL-Ansatz als auch Verfahren latenter Klassenanalyse sind auch ein Musterbeispiel für den Einfluss moderner Computertechnologie auf die Entwicklung sozialwissenschaftlicher Datenanalyse. Die statistischen Methoden für Faktorenanalysen wurden bereits in den ersten Jahrzehnten des 20. Jahrhunderts entwickelt (s. Tabelle 2), und die latente Klassenanalyse geht auf Arbeiten Paul Lazarsfelds (Lazarsfeld & Henry 1968) zurück, die dieser bereits Anfang der 1950er Jahre anstellte. Rechenstarke Computer haben es jedoch erst ermöglicht, diese Grundlagen mit anderen statistischen Verfahren zu verknüpfen und die Modellparameter mit Hilfe der Maximum Likelihood Methode zu schätzen.

Die zunehmende Verfügbarkeit zeitbezogener Daten ab Mitte der 1970er Jahre hat dann eine breit gefächerte Methodenentwicklung angestoßen, die sich der Analyse von Zeitreihen, Panel- und Ereignisdaten annahm. Zeitreihen- und Paneldatenanalyse waren schon seit langem ein Thema in der ökonometrischen Fach- und Lehrbuchliteratur. Gerhard Arminger und Franz Müller (1990) bzw. Uwe Engel und Jost Reinecke (1994) waren jedoch die ersten, die Lehrbücher zur Panelanalyse für ein sozialwissenschaftliches Publikum in deutscher Sprache vorstellten. Zeitreihenanalytische Methoden wurden vor allem im Zentrum für Historische Sozialforschung (ZHS, eine Abteilung des ZA) gepflegt, und Helmut Thome, ein ehemaliger Mitarbeiter des ZHS, hat kürzlich ein Lehrbuch zur Zeitreihenanalyse vorgelegt (Thome, 2005). Nancy B. Tuma, Michael T. Hannan und Lyle P. Groeneveld (1979) waren in den USA die ersten, die bio- und techno-metrische Methoden der Überlebens- und Haltbarkeitsanalyse zur Analyse sozialwissenschaftlicher Ereignisdaten nutzten (vgl. auch das Lehrbuch von Tuma & Hannan, 1984). Die Lehrbücher von Andreas Diekmann und Peter Mitter (1984), Hans-Jürgen Andreß (1985) sowie Hans-Peter Blossfeld, Alfred Hamerle und Karl Ulrich Mayer (1986) haben diesen Ansatz dann für die deutschsprachige Sozialwissenschaft popularisiert. Götz Rohwer hat schließlich mit seinem frei verfügbaren Softwarepaket TDA zur Übergangsratenanalyse (TDA – transition data analysis) ein Werkzeug zur Verfügung gestellt, das Methoden der Ereignisdatenanalyse benutzerfreundlich für ein breites Fachpublikum zugänglich macht (Blossfeld & Rohwer 1995).

Wenn man über zeitbezogene Daten spricht, kommt man natürlich auch nicht umhin, ein paar Worte über die Analyse sozialer Prozesse mit Hilfe von Simulationsverfahren zu verlieren, zumal sich eine Sektion der Deutschen Gesellschaft für Soziologie explizit dem Thema Modellbildung und Simulation widmet. James Coleman (1964) in den USA und Theodor Harder (1973), Anatol Rapaport (1980) und Rolf Ziegler (1972) im deutschsprachigen Raum waren die ersten, die sich mit den mathematischen Grundlagen der Modellierung sozialer Prozesse beschäftigten. Klaus G. Troitzsch, einer der Gründungsmitglieder der Sektion, hat dann 1990 ein Lehrbuch vorgelegt, in dem Probleme der Modellbildung und der Simulation in den Sozialwissenschaften ausführlich diskutiert werden. Im Rahmen des Sonderforschungsbereichs 3 „Mikroanalytische Grundlagen der Gesellschaftspolitik" an den Universitäten Mannheim und Frankfurt am Main wurden Verfahren der Mikrosimulation zur Analyse politischer Maßnahmen breit angewendet (vgl. Orcutt, Merz & Quinke 1986).

Mit der zunehmenden Verbreitung international vergleichbarer Umfragen kommen schließlich in den 1990er Jahren Methoden aus der Schulforschung in den Blick, die unter dem Label Mehrebenenanalyse die Analyse individueller Akteure innerhalb ihrer sozialen Kontexte in den Blick nehmen, wobei diese Mehrebenendaten Schüler in Schulen oder Schulklassen oder Personen in regionalen oder nationalen Kontexten sein können. Uwe Engel (1998) und Wolfgang Langer (2004) waren die ersten deutschsprachigen Einführungen, nachdem auf dem englischen Buchmarkt bereits eine Reihe von Lehrbüchern vorlag (Bryk & Raudenbush 1992; Goldstein 2003; Snijders & Bosker 1999; Hox 2002).

Die Analyse sozialer Netzwerke, die bereits Ende der 1970er Jahre im Rahmen eines gleichnamigen DFG-Forschungsverbundes thematisiert wurde, kann in gewisser Weise auch als eine Frage nach dem (sozialen) Kontext individueller

Akteure formuliert werden. Lange hat es hier keine deutschsprachige Einführung in die Methoden der Netzwerkanalyse gegeben, bis vor kurzem ein Lehrbuch von Hans-Jürgen Hummell und Wolfgang Sodeur erschienen ist, die auch an dem damaligen Forschungsverbund beteiligt waren (Trappmann, Hummell & Sodeur 2005). Einer ihrer Schüler, Lothar Krempel, hat kürzlich eine Software vorgestellt, um komplexe Netzwerkstrukturen zu visualisieren (Krempel 2005).

Schließlich geht es bei der Analyse sozialwissenschaftlicher Daten nicht nur um die Auswertung numerischer Informationen, sondern auch um die Analyse von Text-, Audio- und Videomaterial.

Für die Entwicklung der quantitativen Inhaltsanalyse hat sich in Deutschland insbesondere Hans-Dieter Klingemann verdient gemacht (Klingemann 1984). Cornelia Züll und Peter Ph. Mohler haben in der Folge bei ZUMA die Fahne der Inhaltsanalyse hoch gehalten, u.a. mit dem Computerprogramm Textpack (Züll & Mohler 1992). Aber auch die qualitative Sozialforschung, die auf unterschiedlichste und wenig standardisierte Daten (Texte, Sprache, Bilder) zurückgreift, hat sich zunehmend des Computers bedient. Udo Kuckartz (1999) hat sich insbesondere mit der computergestützen Analyse qualitativer Daten beschäftigt, u.a. mit seinem Programmpaket MAXQDA. Während MAXQDA sich auf die Verarbeitung von Texten beschränkt, ist das von Thomas Muhr entwickelte Programm ATLAS.ti für die Analyse sowohl von Texten als auch von Audio- und Videomaterialien geeignet (Muhr & Friese 2004).

2.6 Institutionen

Personen allein sind jedoch nur ein Teil der Geschichte. Die Erhebung und Bereitstellung umfangreicher Daten oder die Vorhaltung einer breit gefächerten Methodenkompetenz setzt entsprechende Institutionen voraus. Die empirische sozialwissenschaftliche Forschung hat sich bereits sehr früh nach dem 2. Weltkrieg sowohl innerhalb als auch außerhalb der Universitäten organisiert. Universitäre bzw. universitätsnahe Forschungseinrichtungen haben sich beispielsweise in der Arbeitsgemeinschaft Sozialwissenschaftlicher Institute e.V. (ASI) zusammengeschlossen. Die ASI wurde 1953 in das Vereinsregister eingetragen und organisiert selbstständige gemeinnützige Forschungsinstitute, Universitätsinstitute und sozialwissenschaftlich arbeitende Bereiche größerer Einrichtungen. Ziel der ASI ist die Förderung und Intensivierung der sozialwissenschaftlichen Forschung, insbesondere in ihrer empirischen Ausrichtung. Ihre Entstehungsgeschichte reicht bis in die unmittelbare Nachkriegszeit zurück, denn das erste Heft der Zeitschrift „Soziale Welt", die im Namen der ASI von der Sozialforschungsstelle Dortmund herausgegeben wurde, erschien bereits im Oktober 1949.

Der Arbeitskreis Deutscher Markt- und Sozialforschungsinstitute e.V. (ADM) vertritt dagegen als Wirtschaftsverband die Interessen der privatwirtschaftlichen Markt- und Sozialforschungsinstitute in Deutschland. Er wurde erst 1956 in das Vereinsregister eingetragen, aber auch seine Geschichte reicht bis in das Jahr 1949 zurück, in dem sich in der Wirtschaftshochschule Nürnberg der „Arbeitskreis für betriebswirtschaftliche Markt- und Absatzforschung" konstituierte, aus dem dann der ADM hervorging. Er versteht sich als politische Interessenvertretung, und zu seinen hauptsächlichen Aufgaben gehören die Beratung und Vertretung der Mitglieder, die Bekämpfung unlauteren Wettbewerbs und die Selbstregulierung der Markt- und Sozialforschung durch die Entwicklung und Durchsetzung von Berufsgrundsätzen, Standesregeln und wissenschaftlichen Qualitätsstandards.

Eine wichtige Rolle spielten natürlich auch die wissenschaftlichen Fachgesellschaften wie die Deutsche Gesellschaft für Soziologie e.V. (DGS), die Deutsche Gesellschaft für Psychologie e.V. (DGPs). die Deutsche Gesellschaft für Politikwissenschaft e.V. (DGfP), die Deutsche Statistische Gesellschaft e.V. (DStatG) oder der Verein für Socialpolitik, die alle über spezielle Ausschüsse und Sektionen verfügen, die sich mit sozialwissenschaftlichen Datenanalyseverfahren beschäftigen. In der DGS sind das beispielsweise die Sektionen „Methoden der empirischen Sozialforschung", „Methoden der qualitativen Sozialforschung" und die bereits erwähnte Sektion „Modellbildung und Simulation", die aus der informellen Gruppe „Mathematische Soziologie (MASO)" und der Arbeitsgruppe „Modellierung sozialer Prozesse" entstanden ist. Neben der Diskussion und Weiterentwicklung sozialwissenschaftlicher Datenanalyseverfahren waren diese Ausschüsse und Sektionen immer auch Foren der Diskussion akademischer Ausbildungsstandards (beispielhaft etwa Engel 2002). Weitere wichtige, aber vor allem berufsständische Organisationen sind der Berufsverband Deutscher Markt- und Sozialforscher e.V. (BVM), die Deutsche Gesellschaft für Online-Forschung e.V. (DGOF) und der Berufsverband der deutschen Soziologinnen und Soziologen e.V. (BDS).

Als wichtigste Fachzeitschrift für empirische sozialwissenschaftliche Forschungen entwickelt sich die Kölner Zeitschrift für Soziologie und Sozialpsychologie (KZfSS), in der seit 1955 in einer eigens eingerichteten Rubrik („Aus dem Leben der Forschung") über entsprechende Forschungsergebnisse berichtet wird. Die verschiedenen Jahrgänge der Kölner Zeitschrift in den 1950er Jahren dokumentieren auch sehr schön, wie sich die Ausbildung in empirischen Methoden langsam an den deutschen Universitäten etabliert. Während Harriett Hoffmann 1952/53 bei der Besprechung dreier Methodenlehrbücher noch feststellt, dass sozialwissenschaftliche Methoden immer noch ein „umstrittenes Fach" seien (Hoffman 1952: 369), findet man 1956 bereits Darstellungen verschiedener Dip-

lom-Studiengänge in Soziologie, in denen die Methodenausbildung und vor allem
die Durchführung zweisemestriger empirischer Praktika einen prominenten Platz
einnehmen.

1960 wird dann durch Günter Schmölders das Zentralarchiv (ZA) für empirische Sozialforschung an der Universität zu Köln mit dem Ziel gegründet, sozialwissenschaftliche Umfragen benutzerfreundlich zu dokumentieren und zu archi-
vieren und dann für Sekundäranalysen der interessierten Fachöffentlichkeit zur
Verfügung zu stellen (Schmölders 1963). In der Folgezeit entwickelt sich das
ZA zu einem wichtigen Nukleus empirischer Forschung und Methodenkompetenz. Viele der im vorherigen Abschnitt genannten Personen haben diese Schule
durchlaufen oder starteten ihre akademische Karriere in Köln. Das seit 1972 jährlich durchgeführte ZA Frühjahrseminar wurde von Kölner Assistentinnen und
Assistenten in Anlehnung an entsprechende Sommerschulen in den USA (Ann
Arbor) und Großbritannien (Essex) entwickelt (Allerbeck et al. 1972) und hat
sich über die Jahre als zentrale Fort- und Weiterbildungsmöglichkeit für fortge-
schrittene Datenanalyseverfahren im deutschsprachigen Raum entwickelt. In den
von Erwin K. Scheuch und Heinz Sahner im Teubner Verlag herausgegebenen
Studienskripten zur Soziologie sind viele Einführungen in statistische Analyseverfahren erschienen.

Im Jahre 1968 haben ASI, ZA, die Leitstelle politische Dokumentation (Berlin), das Pädagogisches Zentrum (Berlin) sowie das Max-Planck-Institut für
Bildungsforschung (Berlin) die Koordinierungsstelle für die Dokumentation
sozialwissenschaftlicher Forschung (KOST) gegründet, aus der ein Jahr später
das Informationszentrum Sozialwissenschaften e.V. (IZ) in Bonn hervorging. Es
wurde gegründet mit dem Auftrag, einen Überblick über die deutschsprachige
sozialwissenschaftliche Forschung und ihre Ergebnisse zu schaffen und kontinuierlich zu aktualisieren. Zusammen mit dem ZA hat das IZ jährlich eine Über-
sicht über sozialwissenschaftliche Forschungsprojekte herausgegeben (erstmalig
Schmölders 1962, 1968-1997 dann fortlaufend mit dem Titel „Empirische Sozialforschung <Jahr>" unter der Herausgeberschaft von ZA und IZ publiziert), die
parallel in einer Datenbank (FORIS, jetzt: SOFIS) abgelegt wurden und dort nach
verschiedenen Kriterien recherchierbar sind. Weiterhin erfasst das IZ die deutschsprachige sozialwissenschaftliche Literatur in der Datenbank SOLIS.

Im zunehmenden Maße wurde auch die Deutsche Forschungsgemeinschaft mit
Projektanträgen konfrontiert, in denen erhebliche (finanzielle) Ressourcen bean-
tragt wurden, um sozialwissenschaftliche Umfragen durchzuführen. Dementsprechend wuchs der Bedarf an professioneller Begleitung der Antragserstellung
und -bewilligung. Dementsprechend wurde 1974 von der DFG das Zentrum für
Umfragen, Methoden und Analysen e.V. (ZUMA) als eine Hilfseinrichtung mit

Sitz in Mannheim gegründet, um Sozialwissenschaftler bei der Anlage, Durchführung und Analyse empirischer Untersuchungen methodisch zu beraten und zu unterstützen. Mit der Gründung von ZUMA sind insbesondere die Namen der Wahlforscher Rudolf Wildenmann und Max Kaase, dem ersten Direktor von ZUMA, verbunden. Im Jahr 1986 schlossen sich schließlich alle drei Institute – ZA, IZ und ZUMA – zur Gesellschaft sozialwissenschaftlicher Infrastruktureinrichtungen e.V. (GESIS) zusammen, dass bund- und länderfinanziert nunmehr Mitglied der Leibniz-Gesellschaft ist.

Ein letzter Entwicklungsschritt wurde schließlich Ende der 1990er Jahre eingeleitet, als die damalige Bundesministerin für Forschung, Edelgard Bulmahn, eine Kommission zur Verbesserung der informationellen Infrastruktur (KVI) einsetzte, die von 1999 bis 2001 arbeitete. Neben einer Bestandsaufnahme der verfügbaren sozial- und wirtschaftswissenschaftlichen Datenquellen hat die KVI vor allem Empfehlungen für eine verbesserte Zusammenarbeit zwischen Wissenschaft und (amtlicher) Statistik entwickelt (KVI 2001). Aus dieser Kommissionsarbeit ist 2004 der Rat für Sozial- und Wirtschaftsdaten (RatSWD) hervorgegangen, dessen Aufgabe es ist, die Dateninfrastruktur in Deutschland für die empirisch arbeitenden Sozial- und Wirtschaftswissenschaften beratend zu gestalten (RatSWD 2010). Dabei geht es nicht nur darum, den Zugang zu und die Qualität von Mikrodaten nachhaltig zu verbessern. Es geht zunehmend auch um die gemeinsame Gestaltung der dauerhaften Datenerhebungen sowohl in der amtlichen als auch in der nicht-amtlichen Statistik. Datenproduzenten der amtlichen Statistik (Statistisches Bundesamt, Statistische Landesämter), der öffentlichen Verwaltung (z.B. Rentenversicherung, Bundesagentur für Arbeit) und der universitären oder universitätsnahen Forschungsinstitute (z.B. ZUMA, Deutsches Institut für Wirtschaftsforschung) haben in der Folge Forschungsdatenzentren aufgebaut und durch den Rat akkreditieren lassen, in denen Sozial- und Wirtschaftsdaten für Forschungszwecke der Fachöffentlichkeit zur Verfügung gestellt werden.

2.7 Typische Forschungsfragen

Der vorherige Rückblick hat zwar verdeutlicht, welche Elemente (Daten, Technologien, Personen, Institutionen) zum Aufschwung der sozialwissenschaftlichen Datenanalyse beigetragen haben. Er erzählt jedoch keine Geschichte, die diese Elemente ordnet, in eine zeitliche Reihenfolge bringt und einen Entwicklungsprozess aufzeigt; am besten einen Entwicklungsprozess vom Schlechten zum Guten oder besser: vom vereinfachenden, die soziale Realität nur näherungsweise abbildenden statistischen Verfahren zum komplexen, der sozialen Realität angemessenen Modell. An dieser Stelle wird es schwierig, denn bereits bei dem Versuch, eine gewisse zeitliche Anordnung aufzuzeigen, die mehr als nur eine

Nennung von Erscheinungsjahren umfasst, ergibt sich das Problem, dass es die „epochalen" Einschnitte und Veränderungen nicht gab, anhand derer man sechzig Jahre Datenanalyse in verschiedene Phasen einteilen könnte. Ich habe mir jedoch gedacht, dass ein solches Unternehmen, wenn überhaupt, nur dann erfolgreich sein kann, wenn es gelingt, typische Forschungsfragen zu identifizieren, die in bestimmten Perioden der letzten sechzig Jahre dominant waren. Das entspräche zumindest der üblichen Lehrbüchermeinung, nach der die inhaltliche Forschungsfrage die Methode bestimmen sollte und nicht umgekehrt die Methode die Forschungsfrage.

Also starten wir einmal mit typischen Forschungsfragen. Wie wir aber gleich sehen werden, sind diese auch wesentlich limitiert von unseren technischen Möglichkeiten, sprich der Verfügbarkeit entsprechender Daten und der technischen Anwendbarkeit entsprechender Methoden der Datenanalyse. Und natürlich funktioniert auch diese Geschichte nur, wenn wir sechzig Jahre Datenanalyse mit groben Pinselstrichen nachzeichnen, fließende Übergänge ignorieren und die eine oder andere „Sonderentwicklung" außer Acht lassen.

Bis 1960er Jahre: Vor dem Computer

Eine erste, klar abzutrennende Periode ist sicherlich die Zeit vor der massenhaften Einführung des Computers. Sie war gekennzeichnet durch die Verwendung der bereits genannten Zählmaschinen und durch die Verwendung von Großrechnern mit in der Regel selbst geschriebenen Auswertungsprogrammen. Zur Erinnerung: SPSS kam erst 1968 auf den Markt, und eine entsprechende Dateninfrastruktur war erst im Aufbau (das ZA wurde im Jahr 1960 gegründet). In dieser Zeit haben empirisch forschende Sozialwissenschaftler in der Regel ihre Daten selber erhoben, waren aber bei der Datenanalyse auf die Hilfestellung anderer Experten angewiesen, die für sie Tabellen, Zeitreihen oder Korrelationen angefertigt haben. Empirische Untersuchungen aus jener Zeit argumentieren daher in den meisten Fällen mit einfachen univariaten Statistiken – Mittelwerten und Prozentsätzen – und im besten Fall mit trivariaten Häufigkeitstabellen oder partiellen Korrelationskoeffizienten. Eine Durchsicht der einschlägigen sozialwissenschaftlichen Fachzeitschriften (hauptsächlich der KZfSS) zeigt, dass entsprechende empirische Abhandlungen neben vielen theoretischen und konzeptionellen Beiträgen eher in der Minderzahl sind. Von daher: eine typische Forschungsfrage lässt sich für diesen Zeitraum kaum ausmachen. Man ist als Empiriker sozusagen froh, dass in jener Zeit überhaupt die eine oder andere empirische Untersuchung durchgeführt wurde.

1970er Jahre: Repräsentativer Querschnitt

In den 1970er Jahren – mit der Verbreitung des Großrechners an den meisten deutschen Universitäten – haben Sozialwissenschaftler erstmalig die Möglichkeit, Mikrodaten selbständig zu analysieren. Gleichwohl wird diese Möglichkeit nur zögerlich in der Forschungspraxis umgesetzt, weil vielen immer noch die notwendigen Kenntnisse zur Bedienung der stellenweise nicht leicht zugänglichen Hardware und zur Verwendung sozialwissenschaftlicher Programmpakete fehlen. Eine wichtige Multiplikatorfunktion haben hier die o.g. ZA Frühjahrsseminare, die allerdings erst seit 1972 angeboten werden. Es dominieren Querschnittserhebungen, in denen verschiedene Merkmale der zu einem Zeitpunkt befragten Individuen miteinander in Beziehung gesetzt werden. Es ist die Hochzeit der Pfadanalysen, stellenweise auch schon mit latenten Variablen, in denen versucht wird, aus Querschnittsinformationen Rückschlüsse über kausale Beziehungen zu ziehen, z.B. zwischen der familiären Herkunft und der beruflichen Positionierung. Eine typische Publikation aus jener Zeit ist vielleicht Walter Müllers 1975 im Westdeutschen Verlag erschienene Monographie über den Zusammenhang von Familie, Schule und Beruf (Müller 1975).

1980er Jahre: Sozialer Wandel

Die 1980er Jahre sind dann die Zeit, in der die Sozialwissenschaft die Untersuchung des sozialen Wandels sowohl auf der Aggregat- als auch auf der Individualebene wiederentdeckt. Dabei geht es zunächst um die Analyse sozialer Trends. Beispiele wären hier das von Walter Müller geleitete VASMA-Projekt, das sich der vergleichenden Analyse der Sozialstruktur mit Massendaten der amtlichen Statistik (Mikrozensus, Volkszählung) widmete, oder die im Jahr 1980 begonnene und im zweijährigen Turnus wiederholte Allgemeine Bevölkerungsumfrage der Sozialwissenschaften (ALLBUS). Eine typische Publikation ist beispielsweise Hans-Peter Blossfelds Dissertation über Bildungsexpansion und Berufschancen, in denen er u.a. lineare Regressionsmodelle verwendet, um den Wandel der Bildungsrenditen über die Zeit zu beschreiben (Blossfeld 1985). Weiterhin beginnt in den 1980er Jahren Karl Ulrich Mayer seine Lebensverlaufsstudie am Max-Planck-Institut für Bildungsforschung in Berlin, in deren Rahmen Modelle der Ereignisanalyse verwendet werden, um den Wandel der Lebensläufe in der Kohortensukzession zu beschreiben. Nachzulesen ist dies in einem Sonderheft der Kölner Zeitschrift für Soziologie und Sozialpsychologie über Lebensverläufe und sozialen Wandel (Mayer 1990). Schließlich wurde 1984 das Sozio-ökonomische Panel (SOEP) gestartet (Hanefeld 1987), das seitdem eine solche Fülle von empirischen Publikationen generiert hat, dass es schwer fällt, eine davon als besonders typische herauszustellen. Eine der ersten umfangreicheren empirischen Analysen mit den Daten des SOEP war aber sicherlich Christoph Büchtemanns Untersuchung über Arbeitslosigkeit und Sozialhilfebedürftigkeit (Büchtemann 1985). Mit der Verfügbarkeit der SOEP-Daten wird schließlich auch in der Sozialwissenschaft die ökonometrische Literatur zur Panelanalyse wahrgenommen und mit der Tradition der Analyse von Wiederholungsbefragungen im Rahmen von Strukturgleichungsmodellen verknüpft (Arminger & Müller 1990; Engel & Reinecke 1994). Im gleichen Jahr 1984 wurde in einer Zusatzstudie zum ALL-BUS eine Test-Retest-Studie (ein Drei-Wellen-Panel) durchgeführt, um Stabilität und Reliabilität wichtiger Items des ALLBUS zu überprüfen (vgl. Bohrnstedt et al. (1987) und die Beiträge in Heft 3 des 15. Jahrgangs von Sociological Methods & Research).

1990er Jahre: Sozialer Kontext

Für die Zeit danach ist es schwierig, eine typische Untersuchungsfrage zu definieren, zumal Fragen des sozialen Wandels weiterhin eine gewichtige Rolle spielen und die Potentiale der in den 1980er Jahren angestoßenen Datenerhebungen noch lange nicht ausgeschöpft sind. Auffallend für die 1990er Jahre ist jedoch die Zunahme methodischer Publikationen und Lehrbücher, die sich mit der Analyse von Daten beschäftigen, die Informationen aus verschiedenen Ebenen miteinander kombinieren. Mehrebenenanalyse, ursprünglich eine Anwendung aus der angewandten pädagogischen Forschung (also z.b. Schüler innerhalb von Klassen oder Schulen), wird von der Sozialwissenschaft für die Analyse ländervergleichender Umfragen oder für die regionalwissenschaftliche Forschung "entdeckt". Entsprechende Daten liegen zwar schon aus den 1980er Jahren vor, etwa aus dem International Social Survey Programme (ISSP, seit 1985) oder den europäischen oder weltweiten Wertestudien (EVS, WVS, seit 1981). Das entsprechende Potential der Mehrebenenanalyse wird jedoch erst in empirischen Publikationen Ende der 1990er Jahre und nach der Jahrtausendwende mit der Einführung des European Social Survey (ESS, seit 2002) systematisch genutzt. Typische Publikationen sind etwa Ronald Ingleharts zusammen mit Christian Welzel durchgeführte Analysen zur politischen Partizipation (Inglehart & Welzel 2005) oder die religionssoziologischen Untersuchungen von Pippa Norris und Ronald Inglehart (Norris & Inglehart 2004). Fairerweise muss man allerdings darauf hinweisen, dass Fragen des sozialen Kontextes bereits in früheren Perioden virulent waren. So beispielsweise in dem Forschungsverbund zur Analyse sozialer Netzwerke, der von der Deutschen Forschungsgemeinschaft 1977-1981 gefördert wurde. Hieraus sind von Franz-Urban Pappi, Hans-Joachim Hummell, Wolfgang Sodeur und

Lothar Krempel wichtige methodische Publikationen zur Analyse egozentrierter Netzwerke entstanden (Hummell & Sodeur 1984; Pappi 1987; Krempel 1987).

Ausblick auf das neue Jahrtausend

Seit der Jahrtausendwende ist die Anzahl, Qualität und Tiefenschärfe verfügbarer sozialwissenschaftlicher Daten beeindruckend. Eine wichtige Rolle haben hier die KVI und der RatSWD gespielt. Auf der Homepage des Rates werden mittlerweile 13 Forschungsdatenzentren und 2 Datenservicezentren aufgeführt (RatSWD 2010), die jeweils wiederum eine Vielzahl von Datenquellen für die wissenschaftliche Öffentlichkeit zur Verfügung stellen. Gleichzeitig zeigt sich aber auch ein verstärkter Bedarf an Längsschnittdaten. Neben dem SOEP existieren mittlerweile der als Panel angelegte Survey of Health, Ageing and Retirement in Europe (SHARE), das Panel Analysis of Intimate Relationships and Family Dynamics (pairfam), das Panel Arbeitsmarkt und Soziale Sicherung (PASS) oder die National Educational Panel Study (NEPS). Weitere Längsschnittstudien werden folgen. Alle diese Paneluntersuchungen fokussieren auf spezifische Bevölkerungsgruppen und Untersuchungsfragen, die in einer Mehrthemenuntersuchung wie dem SOEP nicht in der gewünschten Differenzierung erhoben werden können.

3 Zusammenfassung und Diskussion

Nach sechzig Jahren sozialwissenschaftlicher Datenanalyse können wir heute auf ein breit gefächertes Arsenal von Methoden zurückgreifen, das faktisch alle Stadien der Datenauswertung von der Modellierung des Prozesses der Datenerhebung bis zur Konstruktion komplexer Verhaltensmodelle abdeckt. Typische Fragen im Rahmen dieses Auswertungsprozesses sind etwa:

- Wie lassen sich spezielle Probleme der erhobenen Daten, wie beispielsweise fehlende Werte oder von einfachen Zufallsverfahren abweichende Auswahlen, im Rahmen der Auswertung berücksichtigen? (⇨ *Gewichtung, Imputation, Selektion und Surveydesign*)

- Wie lassen sich Validität und Reliabilität der Messung theoretischer Konstrukte überprüfen, und wie können die empirischen Indikatoren dieser Konstrukte in empirischen Analysen berücksichtigt werden? (⇨ *Faktoren, latente Klassen, Skalierung*)

- Wie lassen sich wesentliche Strukturen der erhobenen Daten erkennen, ohne bereits bestimmte Modellvorstellungen über die Daten zu spezifizieren? (⇨ *Datenreduktion, robuste Statistik, Bootstrap*)
- Wie lassen sich statistische Abhängigkeiten zwischen unterschiedlichen Typen von Variablen untersuchen? (⇨ *Verallgemeinertes lineares Modell*)
- Wie lassen sich kausale Effekte nachweisen? (⇨ *Strukturgleichungsmodelle, Experiment, Matching*)
- Wie lassen sich die zeitbezogenen Informationen von Längsschnittdaten nutzen, die als gepoolte Querschnitte, Zeitreihen, Panel- oder Ereignisdaten vorliegen? (⇨ *Trend-, Panel-, Zeitreihen-, Ereignisanalyse*)
- Wie kann man die erhobenen Mikrodaten um Kontextinformationen ergänzen, und wie lässt sich das Handeln individueller Akteure in ihren sozialen Kontexten modellieren? (⇨ *Netzwerk-, Mehrebenenanalyse*)
- Wie lassen sich strukturierte und unstrukturierte Textdaten verarbeiten und auswerten? (⇨ *Inhaltanalyse, Textretrieval*)

Für alle genannten Stadien der Datenanalyse gibt es mittlerweile spezielle Methoden, wie die in Klammern gesetzten Stichworte andeuten. Sechzig Jahre Datenanalyse haben also eine prall gefüllte Toolbox hinterlassen. Dies wirft mehrere Fragen auf, von denen ich vier abschließend kurz benennen möchte.

Die *erste Frage* betrifft die zukünftige Ausbildung in modernen Datenanalyseverfahren. Es ist offensichtlich, dass die soeben genannten Verfahren niemals in ihrer gesamten Breite im Rahmen einer universitären Ausbildung vermittelt werden können. Sicherlich nicht in allgemeinen sozialwissenschaftlichen Studiengängen, die immer auch einen fachlichen Schwerpunkt haben müssen. Wahrscheinlich aber auch nicht im Rahmen spezialisierter Studiengänge, z.B. im Fach Statistik mit einem Schwerpunkt in angewandter Statistik oder im Fach Soziologie mit einem Schwerpunkt in empirischer Sozialforschung oder Survey Methodology. Daraus ergeben sich verschiedene Anschlussfragen: Was gehört zum Kernbestand dieser Toolbox, das auf jeden Fall vermittelt werden sollte? Wie ist sichergestellt, dass der große Überblick nicht verloren geht, wenn selektiv gelernt wird? Und schließlich: Wie sollte ein Weiterbildungsprogramm inhaltlich und organisatorisch angelegt sein, in dem man bedarfsabhängig die anderen Tools erlernen kann, die nicht zum Kernbestand gehören?

Zweitens: Was wäre ein Lehrbuch, oder wie sollte ein Lehrbuch aussehen, das sowohl den Überblick über als auch den Kernbestand an Datenanalysemethoden vermittelt? Sollte es so aussehen, wie die Toolbox selbst, also aus einer Aneinanderreihung mehrerer Kapitel, in denen einzelne Tools möglichst praxisnah dargestellt werden und aus denen man sich selektiv bedienen kann (Roth 1984; Wolf &

Best 2010)? Oder sollte man sich an den ökonometrischen Lehrbüchern orientieren, die mittlerweile auch häufiger in der sozialwissenschaftlichen Methodenausbildung eingesetzt werden (Greene 2003, Cameron & Trivedi 2005, Wooldridge 2008)? Wenn ja, warum gibt es diese Bücher eigentlich nur für Wirtschaftswissenschaftler? Analoge Lehrbücher mit explizit sozialwissenschaftlichem Bezug (wie z.b. Hanushek & Jackson 1977) lassen sich dagegen an den Fingern einer Hand abzählen.

Drittens ist die prall gefüllte Toolbox und vor allem die Verfügbarkeit entsprechender benutzerfreundlicher Software eine große Verführung. Sarkastisch ausgedrückt: Man benötigt lediglich eine Korrelationsmatrix, um graphisch unterstützt die komplexesten Kausalmodelle zu schätzen, ohne die Daten genauer zu kennen oder eine theoretisch abgeleitete Fragestellung zu haben. Beispiele methodischen Overkills sind auf vielen Konferenzen und in vielen Fachzeitschriften zu finden. Wie lässt sich also die Balance zwischen notwendiger Komplexität der Datenanalyse einerseits und inhaltlicher Angemessenheit andererseits halten? Und vor allem: Wie lässt sich in der Ausbildung der zukünftigen Datenanalytiker und –analytikerinnen eine kritische Methodenkompetenz entwickeln, die diesen Versuchungen widersteht?

Wenn man schon die Entwicklung der Datenanalyse in Deutschland beschreibt, kann man schließlich *viertens* fragen, was eigentlich die deutschen Beiträge zu dieser Toolbox waren. Spezifisch deutsche Beiträge, die die internationale Entwicklung und Anwendung sozialwissenschaftlicher Datenanalyseverfahren beeinflusst oder befruchtet haben, sind nicht einfach zu benennen. Götz Rohwers Programm TDA ist sicherlich ein Produkt, das auch international Spuren hinterlassen hat. Weitere Beiträge ließen sich nennen, wenn auch nicht in großer Zahl. Damit bin ich auch wieder bei der Geschichte der Datenanalyse. Phasenmodelle, wie etwa das von mir skizzierte, sind doch häufig nur nachträgliche Rationalisierungen des Geschehenen. Eigentlich ist die Geschichte sozialwissenschaftlicher Datenanalyse in Deutschland (und in anderen Ländern) eine Geschichte von Zufällen, Moden, Importen und inkrementellen Weiterentwicklungen. Das gilt sowohl für die Daten als auch für die eigentlichen Auswertungsmethoden. Das SOEP hat sich beispielsweise an der Panel Study of Income Dynamics orientiert und der US-amerikanische General Social Survey ist das Vorbild für den deutschen ALLBUS. Irgendwann hat mir Aage B. Soerensen auf einer Tagung der Arbeitsgruppe „Mathematische Soziologie (MASO)" ein Computerband mit Nancy Tumas Programm Rate in die Hand gedrückt, und ich habe Ereignisanalysen mit Kassendaten durchgeführt und einen ZUMA-Methodentext darüber geschrieben. Ähnliche Anekdoten ließen sich über andere „Methodenentwicklungen" berichten. Vielleicht ist es aber auch illusionär zu glauben, dass wissenschaftlicher Fortschritt immer etwas mit „Neuerfindungen" zu tun hat. Häufig besteht er eben aus Zufällen, Moden, Importen und Weiterentwicklung bestehender Erkenntnisse.

Danksagung

Ich danke Evelyn Funk, Katharina Hörstermann und Ravena Penning, die mich bei der Korrektur des Manuskriptes und der Literaturrecherche unterstützt haben. Wertvolle Anregungen für die Manuskriptgestaltung habe ich von Andreas Diekmann, Heiner Meulemann, Matthias Stahl und den beiden Herausgebern, Frank Faulbaum und Christof Wolf, erhalten, bei denen ich mich ebenfalls herzlich bedanke. Ich vermute, wenn ich noch weitere Personen gefragt hätte, dann wären noch viele weitere Hinweise dazu gekommen, weil sich als Einzelperson 60 Jahre Datenanalyse kaum vollständig überblicken lassen. Von daher ist dieser Rückblick notwendigerweise selektiv, und ich entschuldige mich vorab bei allen Personen und Institutionen, die ich hier vergessen habe.

Literatur

Allerbeck, K. (1971): Data analysis systems: a user's point of view. In: Social Science Information 10, 23-35.

Aitkin, M.A.; Anderson, D.; Francis, B.J.; Hinde, J.P. (1989): Statistical modelling in GLIM. Oxford: Clarendon Press.

Allerbeck, K. (1972): Datenverarbeitung in der empirischen Sozialforschung: eine Einführung für Nichtprogrammierer: Stuttgart: Teubner.

Allerbeck, K. R.; Mockmann, E. ; Wieken-Mayser, M. (1972): Frühjahrsseminar – Techniken der Datenanalyse in der empirischen Sozialforschung. In: Kölner Zeitschrift für Soziologie und Sozialpsychologie 24, 915-921.

Andreß, H.-J. (1985): Multivariate Analyse von Verlaufsdaten. ZUMA-Methodentexte Bd.1. Mannheim: Zentrum für Umfragen, Methoden und Analysen e.V.

Arminger, G.; Müller, F. (1990): Lineare Modelle zur Analyse von Paneldaten. Wiesbaden: Westdeutscher Verlag.

Arminger, G.; Küsters, U. (1988): Latent Trait Models with Indicators of Mixed Measurement Level. In. Langeheine, R., Rost, J. (Hrsg.): Latent Trait and Latent Class Models. New York; Plenum, 51 - 73.

Arminger, G.; Küsters, U. (1989): Construction Principles for Latent Trait Models. In: Sociological Methodology 1989, 369 - 393.

Bentler, P.M. (1985). Theory and implementation of EQS. A structural equations program. Los Angeles: BMDP Statistical Software.

Blossfeld, H.-P. (1985): Bildungsexpansion und Berufschancen. Empirische Analysen zur Lage der Berufsanfänger in der Bundesrepublik. Frankfurt a. M./ New York: Campus.

Blossfeld, H.-P.; Hamerle, A.; Mayer, K.U. (1986): Ereignisanalyse: Statistische Theorie und Anwendung in den Wirtschafts- und Sozialwissenschaften,. Frankfurt – New York: Campus Studium, Bd. 569.

Blossfeld, H.-P.; Rohwer, G. (1995): Techniques of Event History Modeling. New Approaches to Causal Analysis. New Jersey: Erlbaum.

Bohrnstedt, G.W.; Mohler, P.P.; Müller, W. (1987): Editors' Introduction. In: Sociological Methods & Research 15, 3, 171-176.

Browne, M.W. (1982): Covariance structures. In: D.M. Hawkins (Ed.): Topics in applied multivariate analysis. London: Cambridge University Press. S. 72-141.

Browne, M.W. (1984): Asymptotically distribution-free methods for the analysis of covariance structures. In: British Journal of Mathematical and Statistical Psychology, 37, 62-83

Bryk, A.S.,; Raudenbush, S.W. (1992): Hierarchical Linear Models in Social and Behavioral Research: Applications and Data Analysis Methods (First Edition). Newbury Park, CA: Sage Publications.

Büchtemann, C. F. (1985): Soziale Sicherung bei Arbeitslosigkeit und Sozialhilfebedürftigkeit - Datenlage und neue Befunde. In: Mitteilungen aus der Arbeitsmarkt- und Berufsforschung (MittAB) 18, 4, 450-466.

Cameron, A.C.; Trivedi, P.K. (2005): Microeconometrics. Methods and Applications. Cambridge: Cambridge University Press.

Coleman, J.S. (1964): Introduction to Mathematical Sociology. MacMillan Publishing Co.

Diekmann A.; Mitter, P. (1984): Methoden zur Analyse von Zeitverläufen. Stuttgart: B. G. Teubner.

Diekmann, A. (1980): Dynamische Modelle sozialer Prozesse. Theoretische Ansätze zur Erklärung krimineller Prozesse und Möglichkeiten ihrer Formalisierung. München und Wien: Oldenbourg.

Engel, U. (1998): Einführung in die Mehrebenenanalyse. Grundlagen, Auswertungsverfahren und praktische. Beispiele. Opladen: Westdeutscher Verlag.

Engel, U. (Hrsg.) (2002): Praxisrelevanz der Methodenausbildung. Bonn: Informationszentrum Sozialwissenschaften (Sozialwissenschaftliche Tagungsberichte, Band 5).

Engel, U.; Reinecke, J. (1994): Panelanalyse. Grundlagen, Techniken, Beispiele. Berlin/New York: Walter de Gruyter.

Fahrmeir, L.; Tutz, G. (2001): Multivariate statistical modelling based on generalized linear models. 2. erweiterte Aufl. New York: Springer

Faulbaum, F.; Uehlinger, H.M. (Hrsg.) (1988): Fortschritte der Statistik-Software 1. 4. Konferenz über die wissenschaftliche Anwendung von Statistik-Software, Heidelberg, 1987. Stuttgart/ New York: Gustav Fischer.

Faulbaum, F.; Haux, R.; Jöckel, K.-H. (Hrsg.) (1989): Softstat 1989. Fortschritte der Statistik-Software 2. Stuttgart: Gustav Fischer Verlag.

Faulbaum, F. (Hrsg.) (1991): Softstat'91. Advances in statistical software 3. Stuttgart: Lucius & Lucius

Faulbaum, F. (Hrsg.) (1994): Softstat'93. Advances in statistical software 4. Stuttgart: Lucius & Lucius.

Faulbaum, F.; Bandilla, W. (Hrsg.) (1996): SoftStat'95. Advances in statistical software 5. Stuttgart: Lucius & Lucius.

Faulbaum, F. (zusammen mit W. Bandilla) (Hrsg.) (1997): SoftStat'97. Advances of statistical software 6. Stuttgart: Lucius & Lucius.

Goldstein, H. (2003): Multilevel Statistical Models: Kendalls Library of Statistics 3. London: Hodder Arnold.

Goodman, L.A. (1972): A general model for the analysis of surveys. In: American Journal of Sociology 77, 1035-1086.

Greene, W.H. (2003): Econometric Analysis. 5. Aufl. New Jersey: Prentice Hall.

Grizzle J.E.; Starmer C.-F.; Koch G. G. (1969): Analysis of categorical data by linear models. In: Biometrics 25, 489-504.

Hagenaars, J.A. (1990): Categorical Longitudinal Data; loglinear panel, trend, and cohort analysis. Newbury Park: Sage.

Hanefeld, U. (1987): Das Sozio-ökonomische Panel. Grundlagen und Konzeption. Frankfurt / Main: Campus.

Hanushek, E.A.; Jackson, J.E. (1977): Statistical methods for social scientists. New York: Academic Press.

Harder, T. (1973): Dynamische Modell in der empirischen Sozialforschung. Stuttgart: Teubner.

Harder, T. (1975): Daten und Theorie. München: Wilhelm Fink.

Hoffmann, H. (1952): Aus speziellen Soziologien und Nachbarwissenschaften (Buchbesprechung). In: Kölner Zeitschrift für Soziologie und Sozialpsychologie, 5, 369-372.

Hox, J. (2002): Multilevel Analysis - Techniques and Applications. Mahwah: Lawrence Erlbaum.

Hummell, H.J.; Sodeur, W. (1984): Interpersonelle Beziehungen und Netzstruktur. Bericht über ein Projekt zur Analyse der Strukturentwicklung unter Studienanfängern. In: Kölner Zeitschrift für Soziologie und Sozialpsychologie, 36, 511-556.

Inglehart, R.; Welzel, C. (2005): Modernization, Cultural Change, and Democracy. The Human Development Sequence. Cambridge: Cambridge University Press.

Jöreskog K.G.; Sörbom, D. (1984): Advances in Factor Analysis and Structural Equation Models. Lanham : University Press of America.

Klingemann, H.-D. (Hrsg.) (1984): Computerunterstützte Inhaltsanalyse in der empirischen Sozialforschung. Anleitung zum praktischen Gebrauch. Frankfurt am Main.

Koch, P.; Peisert, H. (1960): Die Verwendung elektronischer Rechenanlagen bei der Aufbereitung empirisch-soziologischen Untersuchungsmaterials. In: Kölner Zeitschrift für Soziologie und Sozialpsychologie, 12, 459-472.

KVI (Kommission zur Verbesserung der informationellen Infrastruktur zwischen Wissenschaft und Statistik) (Hrsg.) (2001): Wege zu einer besseren informationellen Infrastruktur. Baden-Baden: Nomos

Krauth, J.; Lienert, G.A. (1973): KFA – Die Konfigurationsfrequenzanalyse. Freiburg: Alber-Broschur Psychologie.

Krempel, L. (1987): Soziale Interaktionen: Einstellungen, Biographien, Situationen und Beziehungsnetzwerke. Dynamische Ereignisanalysen. Bochum: Schallwig.

Krempel, L. (2005): Visualisierung komplexer Strukturen. Grundlagen der Darstellung mehrdimensionaler Netzwerke. Frankfurt a.M.: Campus.

Küchler, M. (1978): Alternativen in der Kreuztabellenanalyse - Ein Vergleich zwischen Goodmans "General Model" (ECTA) und dem Verfahren gewichteter Regression nach Grizzle et al. (NONMET II) In: Zeitschrift für Soziologie 7, 4, 347-365.

Küchler, M. (1979): Multivariate Analyseverfahren. Stuttgart: Teubner.

Kuckartz, U. (1999): Computergestütze Analyse qualitativer Daten. Eine Einführung in Methoden und Arbeitstechniken. Opladen: Westdeutscher Verlag.

Langeheine, R. (1979): Multivariate Analyse nominalskalierter Daten via Goodmans Modell: Sehr wohl eine Alternative. In: Zeitschrift für Soziologie, 8, 380-390.

Langeheine, R. (1980): Log-lineare Modelle zur multivariaten Analyse qualitativer Daten. München: R. Oldenbourg Verlag.

Langer, W. (2004): Mehrebenenanalyse: Eine Einführung für Forschung und Praxis. Wiesbaden: Verlag für Sozialwissenschaften.

Laudon, K.C.; Laudon, J.P.; Schoder, D. (2010): Wirtschaftsinformatik – eine Einführung. München: Pearson Education Deutschland GmbH.

Lazarsfeld, P.F.; Henry, N.W. (1968): Latent structure analysis. Boston: Houghton Mifflin.

Lehmacher, W.; Hörmann, A. (eds.) (1986): Statistik-Software. 3. Konferenz über die wissenschaftliche Anwendung von Statistik-Software, 1985. Stuttgart/New York: Fischer.

Mayer, K. U. (Hrsg.) (1990): Lebensverläufe und sozialer Wandel (Sonderheft 31 der Kölner Zeitschrift für Soziologie und Sozialpsychologie). Opladen: Westdeutscher Verlag.

McCutcheon, A. L. (1987): Latent Class Analysis. Beverly Hills and London: Sage Publications.

Muhr, T.; Friese, S. (2004): User's Manual for ATLAS.ti 5.0. 2nd Edition. Berlin: Scientific Software Development.

Müller, W. (1975): Familie, Schule und Beruf. Soziale Mobilität und Prozesse der Statuszuweisung in der Bundesrepublik. Westdeutscher Verlag: Opladen.

Muthén, B. O. (1987): LISCOMP: Analysis of linear structural equations with a comprehensive measurement model. Mooresville, IN: Scientific Software Inc.

Muthén, L. K.; Muthén, B. O. (1998) : Mplus User's Guide. Los Angeles, CA: Muthén & Muthén.

Norris, P.; Inglehart, R. (2004): Sacred and Secular. Religion and Politics Worldwide. Cambridge: Cambridge University Press.

Orcutt, G.; Merz, J.; H. Quinke (Hg.) (1986): Microanalytic Simulation Models to Support Social and Financial Policy, Amsterdam.

Pappi, F.U. (Hrsg.) (1987): Methoden der Netzwerkanalyse. Techniken der empirischen Sozialforschung, Bd.1. München: Oldenbourg.

Rapoport, A. (1980): Mathematische Methoden in den Sozialwissenschaften. Würzburg und Wien: Physica-Verlag.

RatSWD (Rat für Sozial- und Wirtschaftsdaten) (2010): http://www.ratswd.de/index.html (am 26.5.2010 abgerufen).

Rogers, E.M. (1964): Diffusion of Innovations. Glencoe: Free Press.

Roth, E. (1984): Sozialwissenschaftliche Methoden: Lehr-und Handbuch für Forschung und Praxis. München: Oldenbourg.

Satorra, A. & Bentler, P.M. (1988): Scaling corrections for chi-square statistics in covariance structure analysis. In: Proceedings of the American Statistical Association, 303-313.

Satorra, A. & Bentler, P.M. (1994): Corrections to test statistics and standard errors in covariance structure analysis. In: A. von Eye & C.C.Clogg (Eds.): Latent variables analysis: Applications for developmental research. Thousand Oaks, CA: Sage. S. 399-419.

Schmidt, P.; Opp, K.D. (1976): Einführung in die Mehrvariablenanalyse. Reinbek: Rowohlt.

Schmölders, G. (1962): Informationsaustausch über laufende und geplante Untersuchungen. Köln: Zentralarchiv für empirische Sozialforschung in Köln.

Schmölders, G. (1963): Das Zentralarchiv für empirische Sozialforschung in Köln. In: Kölner Zeitschrift für Soziologie und Sozialpsychologie 15, 408-410.

Skrondal, A.; Rabe-Hesketh, S. (2004): Generalized Latent Variable Modeling: Multilevel, Longitudinal and Structural Equation Models. Boca Raton, FL: Chapman & Hall/CRC.

Snijders, T.A.B.; Bosker, R.J. (1999): Multilevel Analysis - An introduction to basic and advanced multilevel modeling. Newbury Park et al.: Sage.

Thome, H. (2005): Zeitreihenanalyse: Eine Einführung für Sozialwissenschaftler und Historiker. München : Oldenbourg.

Trappmann, M.; Hummell, H.J.; Sodeur, W. (2005): Strukturanalyse sozialer Netzwerke. Konzepte, Modelle, Methoden. Wiesbaden: VS Verlag für Sozialwissenschaften.

Troitzsch, K.G. (1990): Modellbildung und Simulation in den Sozialwissenschaften. Opladen: Westdeutscher Verlag.

Tuma, N.; Hannan M. (1984): Social dynamics: Models and methods. Academic Press, New York.

Tuma, N.B.; Hannan, M.T.; Groeneveld, L.P. (1979): Dynamic analysis of event histories. American Journal of Sociology 84, 820–854.

Vermunt, J.K.; Magidson, J. (2005) Latent GOLD 4.0 User's Guide. Belmont, Massachusetts: Statistical Innovations Inc.

Weede, E. (1977): Hypothesen, Gleichungen und Daten: Spezifikations- und Messprobleme bei Kausalmodellen für Daten aus einer und mehreren Beobachtungsperioden. Zentrum für Umfragen, Methoden und Analysen e.V. (ZUMA): Monographien Sozialwissenschaftliche Methoden.

Wilke, H. et al. (eds.) (1983): Statistik- Software in der Sozialforschung. Berichtsband von der 2. Konferenz über die wissenschaftliche Anwendung von Statistik- Software. (ZUMA, Mannheim, 24./25.2.1983). Berlin: Quorum.

Wolf, C.; Best, H. (Hrsg.) (2010): Handbuch der sozialwissenschaftlichen Datenanalyse. Wiesbaden: VS Verlag für Sozialwissenschaften.

Wooldridge, J. (2008): Introductory econometrics: a modern approach. South Western College Publishing.

Ziegler, R. (1972): Theorie und Modell. Der Beitrag der Formalisierung zur soziologischen Theoriebildung. München und Wien: Oldenbourg.

Züll, C.; Mohler, P. P. (Hrsg.) (1992): Textanalyse. Anwendungen der computerunterstützten Inhaltsanalyse. Opladen: Westdeutscher Verlag.

Herausforderungen der Umfrageforschung

Marek Fuchs

Abstract

Im vorliegenden Beitrag wird zunächst ein zentrales Defizit der Qualitätsbestimmung in der Umfrageforschung dargestellt, nämlich die Tatsache, dass Datenqualität in vielen Fällen nur an einigen wenigen – nicht immer geeigneten – Indikatoren festgemacht wird und nicht am umfassenden Maß des Mean Square Error. Daran anschließend wird aufgezeigt, auf welche Weise aktuelle Entwicklungen in der Umfrageforschung die Datenqualität herausfordern und dass deren Auswirkungen auf die Qualität von Schätzern nur dann umfassend bewertet werden können, wenn eine am Total Survey Error orientierte Betrachtung vorgenommen wird.

1   Zur Datenqualität in der Umfrageforschung

Es gibt viele und darunter auch viele gute Umfragen in der allgemeinen Bevölkerung, z.b. ALLBUS, ESS oder SOEP, und in Spezialpopulationen, z.b. unter Alten (SHARE), Kindern (DJI-Kinderpanel) und Zuwanderern (Integrationspanel), um nur einige zu nennen. Es gibt schnelle und hochaktuelle Befragungen „in einer Nacht" und ebenso gründliche und umfangreiche Studien, deren Feldphase mehrere Monate in Anspruch nimmt. Die Fallzahlen sind mittlerweile beträchtlich, die Standardfehler der Schätzer vergleichsweise klein und entsprechend gibt es keine Veranlassung, die Umfragemethodologie als notleidend zu charakterisieren. Die Professionalität der Umfrageforschung im Allgemeinen hat ein beachtliches Niveau erreicht, wenn sich auch gelegentlich Anwendungen des methodischen Instrumentariums finden, die ohne die notwendigen Sachkenntnisse auszukommen scheinen. Trotz des hohen methodischen Standards in der professionellen Umfrageforschung gehört es zum Credo einer aufgeklärten angewandten Sozialforschung, die Nutzer und Konsumenten der Daten und Ergebnisse nicht im Ungewissen über deren unter Umständen begrenzte Reichweite zu lassen und die Qualität der gewonnenen Daten möglichst selbstkritisch zu hinterfragen. Wenn also im Folgenden Defizite in der Betrachtung der Datenqualität der Umfrageforschung benannt werden, muss das hohe, bereits erreichte Niveau (z.B. Kaase 1999) stets in Rechnung gestellt werden.

Ein wesentliches Problem bei der Beurteilung der Qualität von Umfragedaten besteht in der zum Teil sehr eingeschränkten Perspektive, die sich häufig nur auf wenige und nicht besonders aussagekräftige Qualitätsmaße stützt: auf die Fallzahl als Indikator für die erwartbaren Standardfehler und auf die Response Rate als Indikator für die vermutete „Repräsentativität" bzw. für eine mögliche Verzerrung der Stichprobenkomposition. Aus diesen beiden Indikatoren ergibt sich jedoch kein zuverlässiges Bild. Denn erstens bieten eine große Fallzahl und eine hohe Ausschöpfungsquote für sich genommen (und ebenso in Kombination) keine Garantie für hohe Datenqualität, wie umgekehrt auch eine geringe Fallzahl und eine niedrige Ausschöpfung nicht automatisch zu geringer Datenqualität führen müssen (z.b. Peytchev et al. 2010). Und zweitens hängen gute Umfragen von weit mehr Faktoren ab und können ihren hohen Qualitätsstandard erst mit Blick auf unterschiedliche Fehlerkomponenten erweisen.

In der amerikanischen Literatur gibt es mit dem „Total Survey Error" (vgl. Abbildung 1) ein Konzept, das die verschiedenen Fehlerkomponenten und Fehlerarten systematisiert (Groves 1983; Biemer & Lyberg 2003) und zu einer Maßzahl – dem Mean Square Error (siehe weiter unten) – verrechnet. Auch wenn in der Regel nicht alle unten noch genauer dargestellten Fehlerkomponenten im konkreten Einzelfall ohne Weiteres ermittelt und quantifiziert werden können, ist die Beurteilung der Umfragequalität anhand dieses ausgearbeiteten Konzepts gegenüber der gerade skizzierten Betrachtung von Fallzahl und Ausschöpfung vorteilhaft. Eröffnet es doch einen systematischen Blick auf die Beeinträchtigungen der Präzision – also auf den Standardfehler und damit auf die Größe von Konfidenzintervallen (z.B. Kish 1965; Lohr 1999) – und auf die Zielgenauigkeit der Schätzer – also auf den Bias (vgl. Biemer & Lyberg 2003).

Der Total Survey Error integriert und systematisiert die verschiedenen Komponenten, die einen potenziellen negativen Einfluss auf die Datenqualität einer Umfrage bzw. eines einzelnen Schätzers haben können. Dieser Ansatz beschreibt Fehlerquellen, die die Messung eines theoretischen Konzepts oder theoretischen Begriffs bei Befragten betreffen (linker Strang in Abbildung 1). Dabei ist zum einen der schwer quantifizierbare Spezifikationsfehler (Specification Error/Validity) zu benennen (Johnson 1998; King et al. 2004), der entsteht, wenn Operationalisierungen unvollständig oder aus anderen Gründen nicht valide sind, und dadurch die Messergebnisse nicht nur die vom Forscher intendierte Zieldimension des gewünschten theoretischen Konzepts oder Begriffs erfassen, sondern – in messtheoretischer Terminologie – zu nennenswerten Anteilen auch Fremddimension widerspiegeln. Auf Basis der Operationalisierungen in einem gegebenen Fragebogen treten nachfolgend potenziell Messfehler (Measurement Error) auf (Lynn et al. 2004), die u.a. dadurch verursacht werden, dass der Frage-Antwort-

Prozess (Sudman et al. 1996) z.B. durch soziale Erwünschtheit (Fisher 1993; Kreuter et al. 2008), Zustimmungstendenz (Zhou & McClendon 1999; Baumgartner & Steenkamp 2001), Extremity Bias (Greenleaf 1992; Arce-Ferrer 2006), nicht intendierte Kontexteffekte (Schwarz & Sudman 1995) oder Satisficing (Krosnick 1991; Heerwegh & Loosveldt 2008) beeinträchtigt wird. Aber auch der Interviewer (Durrant et al. 2010), der Fragebogen (Tourangeau et al. 2000) und der Befragungs-Mode (Christian et al. 2006; Link & Mokdad 2005) tragen zum Messfehler bei.

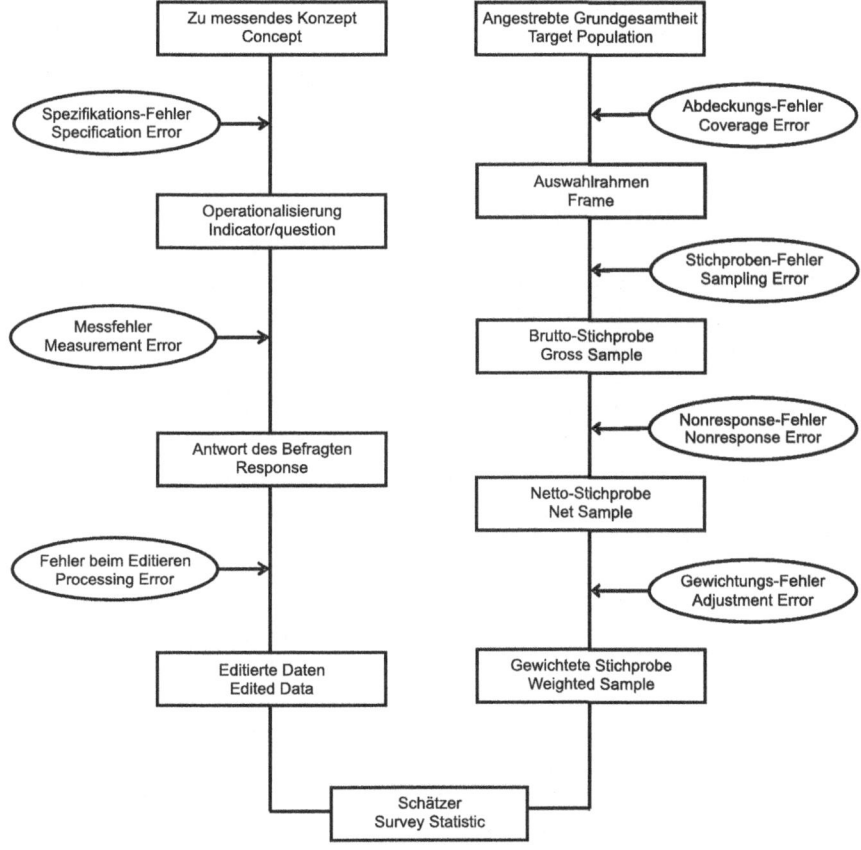

Quelle: Eigene Darstellung und Übersetzung nach Groves et al. 2010.

Abbildung 1: Komponenten des Total Survey Error

Liegen die vom Befragten gegebenen Antworten in der Feldabteilung vor, kann anschließend der sogenannte Processing Error auftreten, der zum Beispiel bei der Nachbearbeitung von Eintragungen zu offenen Fragen (Fuchs 2009) oder der Codierung von Berufen bzw. Bildungsabschlüssen bedeutsam sein kann (Hoffmann 1997; Schröder & Ganzeboom 2009). Dieser spielt zwar in der Regel nur eine untergeordnete Rolle und verursacht nur selten einen nennenswerten Bias, sondern vornehmlich zufällige Fehler; gleichwohl gehört er bei einer systematischen Betrachtung der Qualität eines einzelnen Schätzers unabdingbar dazu.

Der rechte Zweig in Abbildung 1 bezeichnet diejenigen Fehlerquellen, die auftreten, wenn die Repräsentation der angestrebten Grundgesamtheit durch die realisierte gewichtete Nettostichprobe unzureichend ist. Diese mangelnde Abbildung der angestrebten Grundgesamtheit kann durch einen unvollständigen und systematisch verzerrten Auswahlrahmen verursacht werden. Der Abdeckungsfehler (Coverage Error) betrifft beinahe alle gängigen Befragungs-Modes (Harrison 2005), weil es nur selten vollständige Auswahlrahmen für alle Elemente der Grundgesamtheit einer Befragung in der allgemeinen Bevölkerung gibt. Sind beispielsweise in Telefonumfragen Personen, die nur noch über ein Mobilfunkgerät erreichbar sind, unberücksichtigt (Fuchs 2010), resultiert daraus potenziell ein Coverage Error, wenn sich diese Teilgruppe hinsichtlich relevanter Merkmale (z.B. Geschlecht, Alter, Bildung, Einkommen usw.) von den per Festnetztelefon Erreichbaren unterscheidet. Blieben in Face-to-Face-Befragungen nach dem ADM-Design etwa Neubaugebiete unberücksichtigt (Heyde 2002), so resultierte daraus ebenso ein Coverage-Fehler.

Wird auf Basis eines Auswahlrahmens eine Bruttostichprobe gezogen, so tritt der in allen gängigen Statistik- und Methodenlehrbüchern (Kish 1965; Lohr 2010) ausführlich dargestellte Stichprobenfehler (Sampling Error) auf. Diese Komponente des Total Survey Errors lässt sich vermutlich am genauesten berechnen, sofern es sich bei der Bruttostichprobe um eine nach einem Zufallsverfahren generierte Auswahl handelt. Allerdings liegen häufig mehrstufig geschichtete, geklumpte und ggfs. disproportional gezogene Stichproben vor und nur in den seltensten Fällen einfache Zufallsstichproben (ADM & AG.MA 1999; Lynn & Gabler 2004). Entsprechend müssen Standardfehler und Signifikanzen unter Berücksichtigung der Designeffekte (Kish 1974; Shackman 2001) bzw. der effektiven Stichprobengröße (Sturgis 2004) berechnet werden. Damit stellt sich für den Forscher die Frage, ob eine große geklumpte Stichprobe oder ein kleinere einfache Zufallsauswahl im Ergebnis die präziseren Schätzungen liefert.

Ebenfalls relativ gut dokumentiert sind Fehlerkomponenten, die mit dem Non-Response, also mit der Ausschöpfung der gezogenen Bruttostichprobe während der Feldarbeit, zusammenhängen. Insbesondere zu Kontaktproblemen und Verweigerungen gibt es eine Reihe von Studien (Groves & Couper 1998; Stoop et al. 2010), die elaborierte theoretische Modelle bieten. Auch zu den Kosten und Wirkungen von Gegenmaßnahmen, etwa Incentives (Singer & Bossarte 2006), Reminder/Nachfassaktionen (Virtanen et al. 2007), Ankündigungsbriefe (Bosnjak et al. 2007) liegen Studien vor.

Schließlich tritt als weitere Fehlerkomponente ggf. ein Fehler bei der Gewichtung (Adjustment Error) auf, der immer dann Bedeutung erlangt, wenn eine Stichprobe aufgrund des Designs (z.B. aufgrund eines mehrstufigen Auswahlprozesses) mit Designgewichten (Shackman 2001; Vehohar & Zupanic 2007) versehen werden muss. Je stärker die Designgewichte von 1,0 abweichen, desto geringer fällt dadurch die effektive Stichprobengröße, also der statistische „Wert" der realisierten Nettostichprobe aus, was wiederum die Varianzschätzung beeinträchtigt und dadurch Standardfehler und Konfidenzintervalle vergrößert. Mit dem Adjustment Error ist also nicht gemeint, dass fehlerhafte Gewichtungstabellen angewendet werden, sondern vielmehr, dass durch eine korrekte und notwendige Designgewichtung die effektive Stichprobengröße einer realisierten Nettostichprobe und dadurch die Präzision der Schätzungen sinkt. Unberücksichtigt bleibt in dieser Betrachtung die im Wesentlichen als wenig geeignet angesehene Gewichtung zum Ausgleich von Non-Response (Schnell 1997).

Neben der Vernachlässigung der meisten oben bereits genannten Fehlerkomponenten besteht ein wesentlicher Nachteil der im Vergleich zum skizzierten Total Survey Error-Ansatz unzureichend vereinfachten Sichtweise auf die Datenqualität anhand von Fallzahl und Ausschöpfungsrate darin, dass diese suggeriert, die Qualität lasse sich als Merkmal einer Umfrage insgesamt feststellen und übertrage sich quasi automatisch auf die Qualität jedes einzelnen Schätzers. Ist eine Stichprobe „repräsentativ" – so die landläufige Annahme – sind auch alle Einzelergebnisse akkurat (= unverzerrt) und bei entsprechender Stichprobengröße auch präzise (= kleiner Standardfehler). Der Total Survey Error-Ansatz verdeutlicht dagegen, dass zwar einzelne Fehlerquellen eine Befragung insgesamt betreffen – wie etwa, ob der Auswahlrahmen unvollständig bzw. unverzerrt zusammengesetzt ist oder ob die Nettostichprobe eine niedrige Ausschöpfungsquote aufweist –, dass sich aber derartige Beeinträchtigungen einer Befragung auf die Qualität jedes einzelnen Schätzers unterschiedlich auswirken und die Datenqualität entsprechend schätzerspezifisch bestimmt werden muss (Groves 2006). So mag in einer schlecht ausgeschöpften und aus einem unvollständigen Auswahlrahmen entnommenen Stichprobe unter Umständen die Verteilung von Alter und Geschlecht entsprechend der Grundgesamtheit ausfallen, nicht aber die Angaben zu zentralen unabhängigen Variablen, wie z.B. zur Parteienpräferenz oder zum Gesundheitszustand. Wichtig ist also, für jeden Schätzer – bzw. weil das arbeits-

intensiv ist, zumindest für zentrale Variablen in einer Untersuchung – eine Quali-
tätsbetrachtung anzustellen.

Dafür sind detaillierte Kenntnisse über die verschiedenen Fehlerkomponenten
in einer gegebenen Umfrage erforderlich, die am ehesten durch systematische
und von Anfang an geplante methodische Begleitforschung zur Datenerhebung
zu erlangen sind. Wenn sich z.b. nach Abschluss der Feldphase angesichts einer
vielleicht nur mittelmäßig hohen Ausschöpfung die Frage nach den Auswirkungen des Ausfalls durch Kontaktprobleme und Verweigerungen stellt, lassen
sich diese ansatzweise abschätzen, wenn schon bei der Vorbereitung der Untersuchung eine Non-Response-Studie geplant und in die Feldphase der Hauptstudie implementiert wurde bzw. systematisch Paradaten über Respondenten und
Non-Respondenten gesammelt wurden. Auch systematische Untersuchungen zu
Messfehlern oder Fehlern, die aus der Unvollständigkeit des Auswahlrahmens
resultieren, erfordern eine die Feldarbeit und Datenerhebung begleitende – u.U.
auch feldexperimentelle – methodische Forschung, für die auch im Budget der
jeweiligen Hauptstudie explizit Ressourcen veranschlagt werden müssen. Zumindest aber sollten für größere Befragungen methodisch orientierte Musterstudien
standardmäßig integriert werden.

Ausgehend von dieser Überlegung wurde kürzlich in einer Expertise für den
Rat für Sozial- und Wirtschaftsdaten vorgeschlagen (Fuchs 2009b), 5 bis 10 Prozent der Feldkosten einer Befragung für methodische Begleitforschung zu ver-
anschlagen. Dies mag zunächst viel erscheinen, und es wird nicht immer leicht
sein, Auftraggebern und Förderern den Sinn solcher methodischen Evaluationen
zu vermitteln. Aber angesichts der Tatsache, dass trotz der gerade im Zusammenhang mit dem Total Survey Error skizzierten vielfältigen potenziellen Beeinträchtigungen der Datenqualität und trotz der unten noch zu skizzierenden methodischen Herausforderungen der Umfrageforschung Daten von hoher Qualität erforderlich sind, um den Informationsbedarf von Wissenschaft, Politik, Wirtschaft
und Gesellschaft zu bedienen, führt wohl kein Weg an einem systematischen
methodischen Assessment der Qualität der Schätzer einzelner Umfragen vorbei.

Die Betrachtung der Qualität von Umfragen bzw. von einzelnen Schätzern mit
Hilfe des Total Survey Error-Ansatzes informiert Wissenschaftler und Auftragge-
ber von Studien über die Datenqualität und trägt zu einem reflektierten Verständnis der Reichweite der auf diesen Daten beruhenden Aussagen bei. Aber es verlei-
tet auch zu einer puristischen, allein an der Maxime möglichst hoher Qualität (=
möglichst geringer Mean Square Error) orientierten Sichtweise, die die Kosten für
die Reduzierung der verschiedenen Fehlerkomponenten ausblendet. Der Kosten-
druck in der Umfrageforschung ist jedoch beträchtlich und daher gibt es faktisch
oft keine Alternative zu Designs, die offensichtlich und von vornherein absehbar

Daten von eingeschränkter Qualität liefern. Nun soll hier keinesfalls vorgeschlagen werden, angesichts begrenzter finanzieller Mittel beliebige Einschränkungen der Umfragequalität in Kauf zu nehmen oder diese bei der Interpretation von Umfrageergebnissen einfach auszublenden. Jedoch aber eröffnet der Total Survey Error-Ansatz die Chance, Entscheidungen, die das methodische Design einer Studie betreffen und zugleich Kosten verursachen, von Ihrem erwartbaren Nutzen bei der Reduzierung einzelner Fehlerkomponenten abhängig zu machen (Groves 1989). Für eine entsprechende Kostenbetrachtung lassen sich die Komponenten des Total Survey Error quantifizieren und anschließend zu einer Maßzahl für die Qualität eines Schätzers verrechnen: zum Mean Square Error. Dabei werden zwei Arten von Fehlerkomponenten zusammengefasst, die einerseits die durch die Fehlerkomponenten verursachte Varianz des Schätzers – z.b. Stichprobengröße, Designgewichtung o.ä. – und andererseits mögliche Verzerrungen (Bias) des Schätzers – z.b. durch Non-Response, Messfehler, Undercoverage wichtiger Befragtengruppen im Auswahlverfahren o.ä. – ausdrücken.

$$MES = (B_{spec} + B_{meas} + B_{proc} + B_{cov} + B_{nr})^2 + VAR_{meas} + VAR_{samp} + VAR_{adj}$$

B_{spec}	Specification Bias/Validität
B_{meas}	Measurement Bias
B_{proc}	Processing Bias
B_{cov}	Coverage Bias
B_{nr}	Non-Response Bias
VAR_{meas}	Measurement Variance
VAR_{samp}	Sampling Variance
VAR_{adj}	Adjustment Variance

Wie aus der Formel ersichtlich, geht die Summe der verschiedenen Bias-Komponenten quadriert in die Berechnung ein (um ggf. auftretende negative Vorzeichen zu beseitigen), während die Varianzkomponenten mit ihrem Betrag Berücksichtigung finden. Wird der Mean Square Errorr in Beziehung zu den Kosten alternativer Design-Entscheidungen zur Optimierung der Datenqualität in Beziehung gesetzt, lassen sich diese näherungsweise danach beurteilen, welche Fehlerreduktion pro Euro zusätzliche Kosten erwartet werden kann. Damit lässt sich z.B. die Frage beantworten, ob die knappen finanziellen Mittel für die Durchführung einer Studie in den Zukauf eines besseren Auswahlrahmens (zur Reduktion des Coverage-Fehlers), in mehr Kontaktversuche (zur Verringerung des Non-Response-Fehlers) oder in weniger fehlerträchtige, aber aufwändigere Messverfahren (zur Senkung des Messfehlers) investiert werden sollten. Zu berücksichtigen ist, dass die meisten die Datenqualität beeinflussenden Designentscheidungen zumeist mehrere Fehlerkomponenten gleichzeitig tangieren. So wird – um ein positives Beispiel zu nennen – eine auf die Reduktion des Non-Response-Bias abzielende Erhöhung der Zahl der Kontaktversuche zugleich die Fallzahl in der Nettostichprobe vergrößern und dadurch die entsprechende Varianzkomponente verringern. Andererseits kann die Verwendung qualitativ besserer Messverfahren zu einer Verringerung der Teilnahmebereitschaft in speziellen Teilgruppen Stichprobe führen und damit zu einem höheren Non-Response-Bias.

Die nationale und internationale Methodenforschung ist derzeit bei weitem noch nicht in der Lage, für alle zum Mean Square Error verrechneten Varianz- und Bias-Komponenten des Total Survey Errors Aussagen über die Kosteneffektivität entsprechender Design-Entscheidungen zu treffen – nicht einmal für die wichtigsten. Und wahrscheinlich wird ein Fundus an gesichertem Wissen über die Größe und die Richtung der verschiedenen Fehlerkomponenten sowie über die zur Reduzierung notwendigen Kosten nur dann aufzubauen sein, wenn die einzelnen Feldinstitute und die für Befragungsstudien verantwortlichen akademischen Forscher ihre Zurückhaltung beim Umgang mit diesen zum Teil sensiblen Daten aufgeben. Natürlich ist es nicht angenehm, öffentlich einräumen zu müssen, dass eine gerade vorgelegte Studie nur einen bedingt akkuraten und/oder präzisen Schätzer liefert. Aber nur, wenn für einzelne Studien und Schätzer eine Kosten-Nutzen-Bilanz möglichst vieler Komponenten des Total Survey Errors offengelegt wird, ergibt sich sukzessive und kumulativ ein klareres Bild, welche Kosten mit fehlerreduzierenden Strategien in der Feldphase verbunden sind und welcher Effekt von ihnen im Hinblick auf eine Reduktion der Komponenten des Mean Square Error erwarten werden kann.

Das Konzept des Total Survey Errors soll im Folgenden genutzt werden, um ausgewählte Trends der Survey-Forschung in ihren Auswirkungen auf die Datenqualität zu untersuchen, die sich zu Herausforderungen für die Umfrageforschung auswachsen, weil aus ihnen wesentliche Verschiebungen in der Größe und der Struktur der Fehlerkomponenten des Mean Square Error resultieren.

2 Herausforderungen

2.1 Non-Response-Bias

Die Ausschöpfung der Stichproben von Bevölkerungsbefragungen ist unabhängig vom Befragungs-Mode rückläufig (Groves & Couper 1998; de Leeuw & de Heer 2002). Dafür sind neben den immer wieder diskutierten Verweigerungen der Befragten hauptsächlich Kontaktprobleme verantwortlich. Zwar gelingt es ausgewählten Studien nach wie vor, Ausschöpfungsquoten von 70 Prozent und mehr zu erzielen (Stoop et al. 2010). Neben intensiven Anstrengungen im Feld (Dillman 2007) werden solche Ausschöpfungsquoten jedoch häufig nur erreicht, wenn das Befragungssetting eine – zumindest in der subjektiven Wahrnehmung der potenziellen Befragten – hohe Verbindlichkeit der Teilnahme suggeriert. Dazu gehören etwa Mitarbeiterbefragungen, Befragungen von Schülern im Klassenzimmer oder von Studierenden im Rahmen der Lehrevaluation. Bei telefonischen Befragungen der allgemeinen Bevölkerung im Festnetz sind heute Ausschöpfungsquoten über 50 Prozent als Erfolg zu werten (Häder & Häder 2009). In Face-to-Face-Studien ist je nach Aufwand in der Feldarbeit u.U. auch ein höherer Wert zu erzielen (Stoop et al. 2010); die meisten selbst-administrierten Befragungen (schriftlich-postalische oder online-administrierte Studien) liegen jedoch meist deutlich darunter (Shih & Fan 2007; Kim et al. 2009).

Das Problem der niedrigen Ausschöpfungsraten besteht vordergründig in der geringen Größe der Netto-Stichprobe, was in der Folge zu größeren Standardfehlern und Konfidenzintervallen führt, also die Präzision der Schätzer beeinträchtigt. Dies ließe sich jedoch bei konstanter Ausschöpfung durch eine größere Bruttostichprobe bei moderaten Mehrkosten kompensieren. Das eigentliche Problem der geringen und weiter sinkenden Ausschöpfung besteht in einem potenziellen Non-Response Bias, wenn der Non-Response differenziell einzelne Teilgruppen der Nettostichprobe über- oder unterrepräsentiert (Groves 2006). Zwar vermindert eine hohe Ausschöpfung den maximal möglichen Bias (Stoop et al. 2010), aber bisher wird häufig vereinfachend davon ausgegangen, dass eine hohe Response Rate automatisch mit einem geringen Bias einhergeht und eine niedrige Ausschöpfung einen hohen Non-Response-Bias beinhaltet. Nach dem derzeitigen Stand der Forschung scheint die Annahme aber nicht bzw. nur eingeschränkt zu gelten (Krosnick 1999; vgl. ausführlich weiter unten).

Derzeit besteht in der deutschen Umfrageforschung kein Konsens über die Berechnung der Ausschöpfungsquoten, was den Vergleich dieser Angaben zwischen verschiedenen Studien erschwert und die Beurteilung der Datenqualität anhand dieses Maßes zusätzlich einschränkt. Anders als in den USA, wo die

American Association for Public Opinion Research eine Liste mit „Final Disposition Codes" und darauf aufbauenden Berechnungsformeln vorgibt (AAPOR 2008), die weitgehend akzeptiert werden, gelten in Deutschland bisher keine einheitlichen Standards.

Zwar finden sich in einzelnen Lehrbüchern (z.B. Schnell et al. 2008) Hinweise für die angemessene Berechnung der Ausschöpfung, eine Vergleichbarkeit der von verschiedenen wissenschaftlichen und privaten Instituten ausgewiesenen Zahlen ist bislang jedoch nur eingeschränkt gegeben. Dafür sind zum einen bei der Anwendung des ADM-Designs (Heckel 2007) die feinen, aber entscheidenden Unterschiede zwischen Netto- und Brutto-Steuerung bzw. zwischen Random Walk und Random Route verantwortlich (Koch 1997). Zum anderen gehen aber auch die nicht erreichten bzw. nicht aufgeklärten Haushalte oder Befragten in unterschiedlichem und nicht immer klar dokumentiertem Ausmaß in die Berechnung ein, wodurch die Ausschöpfungsquote höher oder niedriger erscheint.

Nachdem die Ausschöpfungsquote nach wie vor als wichtiges Qualitätsmaß dient, ist die Entwicklung einer einheitlichen „Währung", also einer die Vergleichbarkeit von Studien mit unterschiedlichen Modes und Feldprozeduren sicherstellenden Berechnungsformel – einschließlich entsprechender Definitionen zur sauberen Abgrenzung der neutralen und systematischen Ausfälle – eine unmittelbar anstehende Herausforderung für die Umfrageforschung. Den steigenden Non-Response einheitlich messbar und quantifizierbar zu machen, ist eine Aufgabe, an der die relevanten Verbände gemeinsam arbeiten sollten – etwa ASI, ADM, DGOF, BVM sowie die Methodensektion der DGS.

In der Vergangenheit haben Studien gezeigt, dass der Zusammenhang zwischen Response-Rate und Non-Response-Bias nicht so stark ist, wie landläufig angenommen wird (Groves 2006; Heerwegh et al. 2007; Stoop et al. 2010). Zumindest scheint es keinen Automatismus zu geben, der eine lineare Beziehung zwischen der Höhe des Non-Response und dem dadurch verursachten Bias hervorruft. Demzufolge stellt sich die Frage, ob die Ausschöpfung als Merkmal einer ganzen Befragungsstudie weiterhin als brauchbarer Anhaltspunkt für den Non-Response-Bias einzelner Schätzer fungieren kann.

Ein exakter quantifizierender Nachweis des Ausmaßes des Non-Response-Bias ist aufwändig und erfordert schon bei der Vorbereitung einer Befragung die Planung einer Non-Response-Studie und/oder die systematische Sammlung von Paradaten über Respondenten und Non-Respondenten (Peytchev et al. 2010). Darauf aufbauend kann dann der Non-Response-Bias für einzelne Schätzer, für die Daten zur Verteilung in der Bruttostichprobe vorliegen, berechnet bzw. auf Basis der Paradaten abgeschätzt werden.

Wegen des erforderlichen Aufwands werden derzeit alternative Indikatoren für den durch Non-Response verursachten Bias entwickelt (Vehovar & Zupanic 2007; Shlomo et al. 2009; Stoop et al. 2010). Diese Ansätze, wie zum Beispiel der R-Indicator, die auf der Varianz der benötigten Gewichtungsfaktoren beruhen, befinden sich in der Entwicklung, und es ist wohl noch zu früh, diese als uneingeschränkt praxistauglich anzusehen. Daher besteht nach wie vor eine Herausforderung für die Umfrageforschung darin, einfach handhabbare Indikatoren für das wahrscheinliche Ausmaß des durch Non-Response verursachten Bias zu entwickeln, die für einzelne Schätzer eine höhere Gültigkeit haben, als die Ausschöpfungsquote der zugrunde liegenden Befragung allein.

2.2 Mixed-Mode Befragungen

Eine zweite Herausforderung für die Umfrageforschung besteht in der Nutzung von Mixed-Mode Designs, also in der Erhebung von Daten für eine Studie mit Hilfe verschiedener Befragungs-Modes (Dillman et al. 2001; Dillman 2005): Online-Befragungen, denen telefonische Nachfassaktionen folgen, Kombinationen von Face-to-Face Interviews und Drop-off-Fragebögen, oder die Integration von Festnetz-Telefonbefragungen und Handy-Interviews – um einige gängige Beispiele zu nennen.

Die Integration mehrerer Modes ist unterschiedlichen Ursachen geschuldet. Zunächst ist der Einsatz eines Mixed-Mode-Designs auf die im vorangehenden Abschnitt diskutierten steigenden Non-Response-Probleme, bzw. genauer gesagt auf die Kosten einer hoch ausgeschöpften Umfrage zurückzuführen. Um diese Kosten der Feldarbeit zu begrenzen, wird zu Beginn der Feldphase ein kostengünstiger Mode – z.B. eine Online-Befragung – eingesetzt, und erst wenn sich nach der ersten oder zweiten Erinnerungs-E-Mail kein zusätzlicher Rücklauf mehr einstellt, wird auf einen Mode gesetzt, der höhere variable und/oder fixe Kosten verursacht – z.B. die telefonische Befragung (Link & Mokdad 2005). Allerdings sind die potenziell auftretenden, differenziellen Non-Response Biases und Messfehler der einzelnen Modes bisher nur ansatzweise erforscht.

Daneben werden Mixed-Mode-Designs aber auch wegen der mit einzelnen Modes verknüpften Coverage-Fehler eingesetzt. Dass der Auswahlrahmen einer Studie unvollständig ist, also nicht alle Elemente der Grundgesamtheit umfasst, ist an sich kein neues Problem und stellt die Datenqualität nicht grundsätzlich in Frage. Erst wenn der Anteil der nicht durch den Auswahlrahmen erfassten Mitglieder der angestrebten Grundgesamtheit zu groß wird und wenn sich diese Gruppe zugleich deutlich von den im Frame befindlichen Personen unterscheidet, besteht die Gefahr eines Coverage Errors (meist Undercoverage spezifischer Gruppen). Zum Beispiel geht der Anteil der über ein Festnetztelefon erreichbaren Bevölkerung in den meisten europäischen Ländern – wie auch in den USA (Blumberg et al. 2009) – kontinuierlich zurück. In manchen Ländern ist der Anteil bereits auf unter 50 Prozent geschrumpft. In anderen Ländern – insbesondere in Schweden und den Niederlanden – ist die Entwicklung weniger dramatisch. Deutschland liegt mit knapp 90 Prozent zwischen diesen Extremen (Fuchs 2010). Ein Coverage Bias folgt aus dieser Entwicklung insbesondere dann, wenn sich die nicht mehr im Festnetz erreichbaren Personen z.b. hinsichtlich sozio-demographischer Merkmale von der Gesamtbevölkerung unterscheiden.

Auf den zunehmenden Coverage-Error von telefonischen Befragungen im Festnetz wird mit ergänzenden Teilstichproben reagiert, in denen der Fragebogen per Handy administriert wird (Häder & Häder 2009). Diese Teilstichproben stammen entweder aus Access Pools oder werden im Rahmen des Dual Frame Ansatzes mit abgewandelten RDD-Verfahren gezogen (Gabler & Ayhan 2007; Kennedy 2007). Es werden also verschiedene Varianten der telefonischen Befragung kombiniert um Coverage-Probleme der telefonischen Befragung im Festnetz zu überwinden. Weitgehend ungeklärt ist aber z.b. die Frage, ob eine von einem Befragten am Handy – womöglich an einem öffentlichen Ort – beantwortete sensitive Frage die gleiche Antwort evoziert, wie eine identische Frage, die einem vergleichbaren Befragten ohne Anwesenheit Dritter am heimischen Festnetztelefon präsentiert wird bzw. ob andere spezifische Messfehler auftreten (Lynn & Kaminska 2010).

Schließlich werden insbesondere bei international vergleichenden Studien für Befragungen in verschiedenen Ländern von den nationalen Feldorganisationen unterschiedliche Modes eingesetzt, weil nationale Besonderheiten und Traditionen dies verlangen (z.B. das Flash-Eurobarometer). Ob dabei aber vergleichbare Teilgruppen der Bevölkerung in die Bruttostichprobe gelangen können, ob ähnliche Non-Response-Biases und Messfehler auftreten, ist bislang nur ansatzweise dokumentiert (Harknes et al. 2002; King et al. 2004; Roster et al. 2006). Berücksichtigt man die Unterschiede in der Datenqualität zwischen den am European Social Survey (ESS) teilnehmenden Ländern, die vom ESS vergleichsweise strenge einheitliche Qualitätsanforderungen vorgegeben bekommen und alle mit dem gleichen Befragungs-Mode operieren (Stoop et al. 2010), lässt sich erahnen, wie stark die Datenqualität in weniger kontrollierten und vereinheitlichten Vergleichsstudien divergieren wird.

Die Herausforderung für die Umfrageforschung, die sich aus dem Mixed-Mode-Design ergibt, besteht darin, dass jeder Mode Daten liefert, die von differenziell ausgeprägten Komponenten des Total Survey Errors beeinflusst sind. Diese quantitativ und strukturell divergierenden Fehler bergen das Risiko, dass differenzielle Fehler als substanzielle Unterschiede inhaltlich interpretiert werden oder zumindest verzerrend auf die Ergebnisse einwirken, ohne dass man diesen Bias der Größe und Richtung nach begründet abschätzen könnte.

Derzeit werden zwei Strategien zur Integration verschiedener Befragungsarten in Mixed-Mode-Designs propagiert (Dillman 2007): Der ersten Strategie folgend werden die beide mit unterschiedlichen Modes erhobenen Teilstudien, z.b. eine Face-to-Face-Befragung und eine Online-Befragung, mit Blick auf die im jeweiligen Mode dominierenden Fehlerkomponenten optimiert. Entsprechend würden Design-Entscheidungen bei der Planung einer Studie darauf abzielen, den spezifischen Messfehler oder den spezifischen Non-Response-Bias jedes einzelnen Modes zu reduzieren. Die diesem Vorgehen innewohnende Gefahr besteht darin, die Unterschiede in der Struktur der Fehler zwischen den Modes unter Umständen zu maximieren. Ein Beispiel aus dem Bereich des Messfehlers soll dies verdeutlichen: Im Rahmen einer Face-to-Face-Befragung würde eine Reihe von Einstellungsfragen einzeln, unterstützt von einer Bildblattvorlage administriert und die Interviewer wären angewiesen, bei einer „weiß-nicht"-Antwort zu proben. In einer Online-Befragung würde demgegenüber eine solche Gruppe von zusammengehörenden Einstellungsitems im Rahmen einer Matrix-Frage gemeinsam präsentiert und – je nach Art der Frage – ggf. eine „weiß-nicht"-Option explizit vorsehen. Dass diese divergierenden Vorgehensweisen zu unterschiedlichen Item-Non-Response-Quoten führen, liegt auf der Hand.

Die alternative Strategie – die zum Beispiel von Dillman und Kollegen (2001) propagiert wird – besteht in der Entwicklung eines uni-modalen Ansatzes, bei dem versucht wird, mit einem bis in die Details der Administration der einzelnen Fragen möglichst einheitlichen Fragebogen die Fehlerstruktur in beiden Teilstudien anzugleichen, obwohl u.U. mode-spezifische Potenziale zur darüber hinausgehenden Reduktion einzelner Fehlerkomponenten unausgeschöpft bleiben.

Sowohl für eine auf die Verringerung des mode-spezifischen Mean Square Errors abzielende Strategie, wie für Maßnahmen, die auf eine vergleichbare Größe und Struktur der Total Survey Error-Komponenten ausgerichtet sind, gibt es gute Gründe. Derzeit ist die Frage unbeantwortet, welche der beiden Strategien die besseren Gesamtschätzer liefert – d.h., bei welchem Vorgehen der Mean Square Error in der Summe geringer ausfällt.

2.3 Online-Befragungen

Eine erste Welle der Technisierung der Umfrageforschung setzte in den 80er Jahren mit der Nutzung von computergestützten Fragebögen, vorwiegend in der telefonischen Befragung (CATI) ein (Groves et al. 1988; Lavrakas 1993). Die Filterführung wurde automatisiert, was den Einsatz von komplexen Befragungsinstrumenten erleichterte und die Dateneingabe wurde in die Befragungssituation verlagert – die Interviewer nehmen diese Aufgabe zusätzlich zur Administration der Fragen wahr. Seit den späten 90er Jahren hat die Computer-Unterstützung in die mündlich-persönliche Befragung (CAPI) Einzug gehalten und ist auch dort mittlerweile Standard (Couper et al. 1997; Couper 2000).

Die Online-Befragung war nur eine logische Erweiterung dieses Ansatzes im Bereich der selbst-administrierten Befragung (Dillman 2007; Couper 2008) und hat seit Ende der 90er Jahre Einzug in die Umfrageforschung gehalten. Ein Blick in die aktuellen Jahresberichte des ADM zeigt, dass die Online-Befragung deutlich auf dem Vormarsch ist. Neben den Kostenvorteilen wird im a-synchronen Charakter der selbst-administrierten Befragung eine Chance gesehen, dass die Befragten den Online-Fragebogen zu einem für sie günstigen Zeitpunkt bearbeiten (Fricker & Schonlau 2002). Weiter sind geringere Messfehler bei der Erfassung sensitiver Informationen belegt (Dayan et al. 2007; Kreuter et al. 2008).

Online-Befragungen sind aber zugleich anfällig für verschiedene Fehlerkomponenten – vor allem, wenn sie für Umfragen in der allgemeinen Bevölkerung genutzt werden. Wesentlich ist zunächst das Coverage-Problem, also die Tatsache, dass die Internet-Penetration in Deutschland nach wie vor sozio-ökonomisch und sozio-demographisch variiert und damit die per Internet erreichbare Bevölkerungsgruppe in ihrer Komposition von der allgemeinen Bevölkerung abweicht.

Hinzu kommt, dass bisher keine Verfahren bekannt sind, E-Mail-Adressen mit einem Zufallsverfahren zu generieren (wie es zum Beispiel bei Telefonnummern mit Hilfe von RDD-Verfahren üblich ist; Waksberg 1978; Gabler & Häder 1999). Daher wird in der Praxis der Umfrageforschung häufig auf online rekrutierte Access-Panels oder selbst-selektive opt-in Panels zurückgegriffen. Aus diesen werden dann meist nach sozio-demographischen Merkmalen geschichtete Stichproben gezogen und unter Inkaufnahme eines beträchtlichen Non-Response befragt (Neubarth et al. 2005; Göritz 2008). Dass die Ausschöpfungsquoten bei diesem Vorgehen zum Teil unter 20 Prozent liegen, ist dabei nicht das eigentliche Problem, sondern vielmehr dass sich zum Coverage-Bias und dem aus der Selbst-Selektivität bei der Rekrutierung des zugrunde liegenden Panel ergebende Bias ein beträchtlicher Non-Response-Bias addieren kann.

Anstatt diese Fehler-Komponenten jedoch einzeln in ihren Auswirkungen auf die Schätzer zu untersuchen, werden meist Poststratifizierungs-Gewichte (Kalsbeek & Agans 2008) oder Propensity-Score-Verfahren angewendet (Lee & Valliant 2008; Schonlau et al. 2009), um die Verteilung sozio-demographischer Variablen „in einem Schritt" an die Bevölkerungsstruktur anzupassen – in der Hoffnung, dass damit auch alle anderen Schätzer unverzerrt ausfallen.

Weil Online-Befragungen eine Reihe von Vorzügen bieten (kurze Feldzeiten, geringere Kosten) und die Umfrageforschung wegen der weiter steigenden Internet-Penetration in der allgemeinen Bevölkerung mittelfristig eher noch stärker auf diesen Befragungs-Mode setzen wird, besteht eine zentrale Herausforderung der Umfrageforschung darin, ein brauchbares Stichprobenverfahren für Online-Befragungen in der allgemeinen Bevölkerung zu entwickeln. Zwar gibt es derzeit schon einige offline rekrutierte Access-Panels für Online-Befragungen (DiSorga & Callegaro 2009; Scherpenzeel 2008; Hofman 2007) und die methodischen Implikationen der Ausfälle bei der Rekrutierung zu erforschen. Aber so lobenswert diese und vergleichbare Aktivitäten sind, so sehr muss doch betont werden, dass sie nur eine Zwischenlösung darstellen, bis geeignete Methoden zur Ziehung von Zufallsstichproben im Internet verfügbar sind, die Aussagen über die Auswahlwahrscheinlichkeiten ermöglichen.

Unklar ist weiter der durch die Gestaltung des Fragebogens auf dem Bildschirm verursachte differenzielle Messfehler von Online-Befragungen (Couper et al. 2007; Shropshire et al. 2009; Smyth et al. 2009), der sich aus Potenzialen und Restriktionen der Technologie ebenso ergibt, wie aus den Besonderheiten der Human-Computer-Interaction. Entsprechend sind weitere Anstrengungen erforderlich, die Visual Design Language von Online-Fragebögen zu erforschen (Couper et al. 2004), denn Online-Fragebögen sind nicht nur elektronische Versionen von klassischen Papierfragebögen (Funke & Reips 2007), sondern stellen – nicht nur wegen der multi-medialen Potenziale (Gerich & Lehner 2006; Fuchs & Funke 2007) – Messinstrumente eigener Qualität dar.

2.4 Nutzung moderner Informations- und Kommunikationstechniken

Seit Mitte bis Ende der 90er Jahre werden nicht nur computergestützte Befragungstechniken verwendet (CATI, CAPI, Online-Befragung), sondern weitere Informations- und Kommunikations-Techniken für die Präsentation der Fragestimuli und für die Kommunikation im Interview verwendet. Zu nennen sind Messenger-Systeme (Stieger & Reips 2005), Personal Digital Assistants (PDA) und Mobile Digital Assistants (MDA) (Schneid 2004) sowie Handys (Fuchs 2008b) und multimediale Weiterentwicklungen der Online-Befragungen (Neubarth & Kaczmirek 2007), die sich in den letzten Jahren durch den Einsatz audio-visueller Elemente im Fragebogen weiter von den klassischen, auf Papierfragebögen basierenden selbst-administrierten Befragungen entfernt hat. In der Folge des Einzugs von Informations- und Kommunikationstechniken in die Umfrageforschung verschwimmen die klassischen Befragungs-Modes und es gibt erste Ansätze einer Verschmelzung, z.B. bei der Nutzung von animierten Agenten (Lind et al. 2008) oder von auf Video aufgezeichneten Interviewern in Online-Befragungen (Fuchs

& Funke 2008), oder wenn im Rahmen von Mobile-Web-Befragungen Elemente des telefonischen und der selbst-administrierten Modes kombiniert werden (Fuchs 2008b).

Insbesondere Mobiltelefone und MDAs bieten die Chance, ein wesentliches Problem der selbst-administrierten Online-Befragung zu lösen, nämlich die bisher bei Online-Befragungen fehlenden Zufallsverfahren zu der Ansprache von potenziellen Befragten aus der allgemeinen Bevölkerung im Internet (wie oben bereits dargestellt, gibt es bisher z.b. keine Zufallsverfahren zur Generierung von E-Mail-Adressen). Sollte sich das Mobiltelefon – Smartphone oder MDA – als alternativer Zugang zum Internet und zum Unified Messaging durchsetzen, könnten die aus der telefonischen Befragung bekannten Verfahren zu Bildung von Zufallsverfahren für die Kontaktierung und Einladung von potenziellen Befragten auch im Rahmen von Online-Befragungen verwendet werden.

Wie bereits angedeutet, sind die neben den bekannten Coverage-Problemen – derzeit sind MDAs und Smartphones nur bei einer Teilgruppe der Handy-Nutzer in Gebrauch (Fuchs & Busse 2009) – nur sehr begrenzte Kenntnisse über die Bereitschaft der Befragten verfügbar, sich auf solche Befragungsansinnen einzulassen (Zhang et al. 2008; Okazaki 2008). Vermutlich wird man derzeit nur besonders technikaffine Befragte zur Teilnahme bewegen können, was einen erheblichen Non-Response-Bias implizieren kann. Angesichts der Selbstverständlichkeit, mit der Handys derzeit bis hinein in die mittleren Altersgruppen genutzt werden, steht die Umfrageforschung aber vor der Herausforderung, auf die Nutzung von Handys für telefonische und vor allem für selbst-administrierte Befragungen in einer überschaubaren Zukunft vorbereitet zu sein, indem die Risiken für die Qualität der Schätzer auf Basis dieser Datenerhebungsmethoden ausgelotet werden.

Bei selbst-administrierten Befragungen im mobilen Internet besteht – wie auch bei multimedialen Online-Befragungen am PC - eine weitere Herausforderung darin, diese Medien zu nutzen, ohne den spezifischen Charakter der Befragung als kontrollierte, standardisierte, dem Befragten als solche erkenntliche Datenerhebungsmethode aufzugeben. Wenn Befragte einen Fragebogen bearbeiten, der eher an eine bunte, animierte Online-Plattform oder ein Computerspiel erinnert, stellt sich die Frage, ob die Befragten sich dem Fragebogen mit einer wenige konzentrierten Haltung nähern (z.B. Satisficing; Krosnick 1991), die für die auf Unterhaltung ausgelegten Internet-Seiten angemessen, aber für eine Befragung dysfunktional ist, weil die Bearbeitung der einzelnen Fragen nur noch eingeschränkt dem optimalen Frage-Antwort-Prozess entspricht. Unter solchen Umständen liegt die Vermutung nahe, dass die Respondenten gleichsam in einer Form des „Multitasking" ihre Aufmerksamkeit in einer Befragung zugleich anderen Aktivitäten widmen: Befragte, die gerade ihren Platz in einem Zug suchen, Befragte, die neben der Online-Befragung noch die E-Mails bearbeiten oder Befragte, die in ihrem Messenger nicht nur eine Befragung bearbeiten, sondern zugleich mit Freunden chatten. Welche Folgen ein solches „Multitasking" auf die Datenqualität hätte, ist aber bisher kaum erforscht.

2.5 Komplexe Stichprobendesigns

Auch wenn einführende Statistik-Lehrbücher in der Regel von der einfachen Zufallsstichprobe ausgehen und für diesen Sonderfall die Formeln der Varianzschätzung und für die Berechnung von Standardfehler vorführen, weisen die meisten realen Umfragen komplexe Stichproben-Designs auf, deren Elemente sich durch ungleiche Auswahlwahrscheinlichkeiten auszeichnen. Z.B. Studien in der Schulforschung, die auf die selbst-administrierte Befragung im Klassenzimmer setzen, nutzen – aus Kostengründen und weil häufig kein geeigneter Auswahlrahmen vorhanden ist – mehrstufige geklumpte Stichproben (z.b. die Vollerhebung einer oder mehrerer Klassen aus nach Schichtungskriterien u.U. disproportional gezogenen Schulen; Fuchs 2009c). Aber auch viele Befragungen, die in der Analyse meist als einfache Zufallsauswahlen behandelt werden, wie z.b. der ALLBUS oder das Sozio-ökonomische Panel, sind wegen des eingesetzten ADM-Stichprobenplans für Face-to-Face-Befragungen faktisch Klumpenstichproben und weisen daher Design-Effekte auf (Lohr 1999; Shackman 2001). Diese Design-Effekte sind – trotz einer teilweisen Kompensation durch Schichtung – in der Regel größer als 1,0 und verringern in der Folge die effektiven Stichprobengrößen (die effektive Stichprobengröße entspricht der Größe einer einfachen Zufallsstichprobe – Auswahl mit Simple Random Sampling –, auf deren Basis eine Varianzschätzung möglich ist, die der auf Basis der meist viel größeren komplexen – meist geklumpten – Stichprobe entspricht).

Komplexe Stichproben sind aber nicht nur Folge etablierter Stichprobenverfahren, die zu ungleichen Auswahlwahrscheinlichkeiten führen, sondern sie sind zusehends Folge bewusster Forscherentscheidungen, wenn etwa im Zuge eines Dual-Frame-Ansatzes (Gabler & Ayhan 2007; Kennedy 2007) oder im Rahmen einer Studie mit disproportional geschichteter Stichprobe (Kalton 2009) eine Design-Gewichtung notwendig wird und daraus eine geringere effektive Stichprobengröße resultiert.

Derzeit werden in der Analyse jedoch ungleiche Auswahlwahrscheinlichkeiten und Design-Effekte nicht immer berücksichtigt und die Standardfehler (und damit die Konfidenzintervalle und Signifikanztests) so berechnet, als ob es sich bei der untersuchten Stichprobe um eine einfache Zufallsstichprobe handeln würde (alle Elemente haben die gleiche angebbare Auswahlwahrscheinlichkeit größer Null). In der Folge werden dann z.T. zu kleine Standardfehler errechnet und daraus folgend z.B. Regressionskoeffizienten oder Mittelwertunterschiede als signifikant ausgewiesen, obwohl dies faktisch nicht der Fall ist. Die Nutzer der Daten – in der Praxis wie in der Wissenschaft – täten aber gut daran, bei der Berechnung von Standardfehlern und Signifikanztests das Design der Stichprobe zu berücksichtigen, um nicht Scheineffekten und damit Fehlern 1. Art aufzusitzen.

Die Statistik (z.B. Kish 1974; Lohr 1999; Hox 2002) und die verfügbare Statistik-Software – nicht nur Spezialsoftware, sondern auch gängige Programme (wie STATA und SPSS-Complex Samples) – bieten Verfahren zur adäquaten Analyse komplexer Stichproben. Die damit verknüpfte Herausforderung für die Umfrageforschung besteht darin, die regelmäßige Anwendung dieser Techniken sicherzustellen und die Ausbildung der mit der Auswertung solcher Daten befassten Sozialwissenschaftler in diesem Punkt weiter zu entwickeln und zu professionalisieren.

3 Schluss

Bei der Beurteilung der hier – keinesfalls mit dem Anspruch auf Vollständigkeit – zusammengetragenen Herausforderungen sind auch andere Prioritäten denkbar. Aber ohne die Bearbeitung der hier skizzierten Herausforderungen aus den Bereichen Sampling (Zufallsstichproben für Online-Befragungen; komplexe Stichproben), Non-Response (einheitliche Berechnung der Response-Rate und einfach zu berechnende und zu interpretierende Indikatoren für den Non-Response Bias), Coverage (Mixed Mode Design und moderne Informations- und Kommunikationstechniken) wird der Mean Square Error von Umfrageschätzern weiter nur in groben Umrissen sichtbar bleiben. Wegen der dadurch bedingten limitierten Datenqualität wird die Umfrageforschung ihre Analyse- und Prognosefähigkeit nicht ausbauen können und in der Folge auch nicht ihre gesellschaftliche Reputation und Akzeptanz behaupten. Damit aber könnten andere, jetzt schon aus Kostengründen oftmals bevorzugte Methodologien weiter an Bedeutung gewinnen.

Manche der hier aufgeworfenen Fragestellungen werden im Rahmen des DFG-Schwerpunktprogramms „Survey Methodology" (seit 2008) oder im Kontext von Methodenprojekten außerhalb dieses Verbunds bearbeitet, einige liegen aber auch brach. Um auf den Anfang zurückzukommen, soll dieser Beitrag auch als Aufforderung zu mehr genuin methodisch ausgerichteter Forschung verstanden werden. Nicht nur, dass dadurch die Komponenten des Total Survey Errors besser eingeschätzt werden können. Vielmehr würde sich die Methodenforschung dadurch zu einer eigenständigen Teildisziplin entwickeln, für die es ausgewiesene berufliche Positionen gibt. Methodenforschung muss dann nicht mehr nur

„Nebenbeiforschung" von inhaltlich motivierten Forschungsprogrammen bleiben, sondern kann als auf konkrete Befragungsstudien bezogen, aber eben auch eigenständige theoretische Modelle entwickelnde und testende Teildisziplin auftreten, und dadurch ihre Erkenntnispotenziale vergrößern. Allerdings erfordert die Etablierung als Teildisziplin auch die Absicherung durch Karrierewege für Nachwuchswissenschaftler. Diese Herausbildung einer eigenständigen Profession von „Survey Methodologen" aus verschiedenen Disziplinen – neben der Soziologie sind die Politikwissenschaft, die Wirtschaftswissenschaft, empirische Bildungsforschung usw. zu beteiligen – ist eine wesentliche Voraussetzung für die Bearbeitung und vielleicht sogar Lösung der hier genannten Herausforderungen für die Umfrageforschung.

Literatur

AAPOR. (2008). *Standard definitions. Final dispositions of case codes and outcome rates for surveys.* Alexandria: AAPOR.

AAPOR. (2010). *AAPOR report on online panels*: AAPOR.

ADM Deutscher Markt- und Sozialforschungsinstitute, & AG.MA Arbeitsgemeinschaft Media-Analyse (Eds.). (1999). *Stichproben-Verfahren in der Umfrageforschung. Eine Darstellung für die Praxis.* Opladen: Leske + Burdich.

Arce-Ferrer, A. J. (2006). An investigation into the factors influencing extreme-response style: improving meaning of translated and culturally adapted rating scales. *Educational and Psychological Measurement, 66*(3), 374-392.

Baumgartner, H., & Steenkamp, J.-B. E. M. (2001). Response styles in marketing research: a cross-national investigation. *Journal of Market Research, 38*(2), 143-156.

Biemer, P., & Lyberg, L. (2003). *Introduction to survey quality.* Hoboke, NJ: Wiles.

Blumberg, S. J., Luke, J. V., Davidson, G., Davern, M. E., & Yu, T.-C. (2009). *Wireless substitution: State-level estimates from the National Health Interview Survey, January–December 2007.* Washington, DC: National Center for Health Statistics.

Bosnjak, M., Neubarth, W., Couper, M. P., Bandilla, W., & Kaczmirek, L. (2007). Prenotification in web-based access panel surveys. The influence of mobile text messaging versus e-mail on response rates and sample composition. *Social Science Computer Review OnlineFirst.*

Castiglioni, L., Pforr, K., & Krieger, U. (2008). The effect of incentives on response rates and panel attrition: results of a controlled experiment. *Survey Research Methods, 2*(3), 151-158.

Christian, L. M., Dillman, D. A., & Smyth, J. D. (2006). *The effects of mode and format on answers to scalar questions in telephone and web surveys.* Paper presented at the Telephone Survey Methodology II.

Couper, M. P. (2000). Usability evaluation of computer-assisted survey instruments. *Social Science Computer Review, 18*(4), 384-396.

Couper, M. P., Tourangeau, R., & Conrad, F. G. (2007). Visual context effects in Web surveys. *Public Opinion Quarterly, 71*(4), 623-634.

Couper, M. P. (2008). *Designing effective Web surveys.* New York: Cambridge University Press.

Couper, M. P., Fuchs, M., Hansen, S. E., & Sparks, P. (1997). *CAPI instrument design for the Consumer Expenditure (CE) quarterly interview survey. Final report to the Bereau of Labor Statistics.* Ann Arbor, MI: Survey Research Center, University of Michigan.

Couper, M. P., Tourangeau, R., & Conrad, F. G. (2007). Visual context effects in Web surveys. *Public Opinion Quarterly, 71*(4), 623-634.

Couper, M. P., Tourangeau, R., & Kenyon, K. (2004). Picture this! Exploring visual design effects in Web surveys. *Public Opinion Quarterly, 68*(2), 255-266.

Dayan, Y., Schofield Paine, C., & Johnson, A. (2007). *Responding to sensitive questions in surveys: A comparison of results from Online panels, face to face, and self-completion interviews.* Paper presented at the WAPOR 60th Annual Conference.

De Leeuw, E. D., & de Heer, W. (2002). Trends in household survey nonresponse. In R. Groves, D. Dillman, J. L. Eltinge & R. J. A. Little (Eds.), *Survey nonresponse* (pp. 41-54). New york: Wiley.

Dillman, D. A. (2005). Mixed-mode surveys. In S. J. Best & B. Radcliff (Eds.), *Polling America: An encyclopedia of public opinion* (Vol. 2, pp. 149-153). Westport: Greenwood Press.

Dillman, D. A. (2007). *Mail and Internet surveys: The tailored design method -- 2007 Update with new Internet, visual, and mixed-mode guide.* New York: Wiley.

Dillman, D. A., Phelps, G., Tortora, R., Swift, K., Kohrell, J., & Berck, J. (2001). Response rates and measurement differences in mixed mode surveys: using mail, telephone, interactive voice response and the internet.

DiSogra, C., & Callegaro, M. (2009). *Computing response rates for probability-based web panels.* Paper presented at the Annual Conference of the American Association for Public Opinion Research.

Durrant, G. B., Groves, R. M., Staetsky, L., & Steele, F. (2010). Effects of interviewer attitudes and behaviors on refusal in household surveys. *Public Opinion Quarterly, 74*(1), 1-36.

Fisher, R. J. (1993). Social desirability bias and the validity of indirect questioning. *Journal of Consumer Research, 20*(2), 303-315.

Fricker, R. D. j., & Schonlau, M. (2002). Advantages and disadvantages of internet research surveys: evidence from the literature. *Field Methods, 14*(4), 347-367.

Fuchs, M. (2008). Total survey error. In P. J. Lavrakas (Ed.), *Encyclopedia of survey research methods* (Vol. 2, pp. 896-902). Thousand Oaks, CA: Sage.

Fuchs, M. (2008b). Mobile Web Survey: A preliminary discussion of methodological implications. In F. G. Conrad & M. F. Schober (Eds.), *Envisioning the survey interview of the future* (pp. 77-94). New York: Wiley.

Fuchs, M. (2009). Asking for numbers and quantities. Visual design effects in paper&pencil surveys *International Journal of Public Opinion Research, 21*(1), 65-84.

Fuchs, M. (2009b). *(Optimal) governance of research support by "Survey Methodology".* Berlin: Rat für Sozial- und Wirtschaftsdaten.

Fuchs, M. (2009c). Impact of school context on violence at schools. A multi-level analysis. *International Journal on Violence and Schools, 7*(1), 20-42.

Fuchs, M. (2010). The relative coverage bias in landline telephone samples across Europe. The impact of the mobile-only population. *under review.*

Fuchs, M., & Busse, B. (2009). The coverage bias of mobile Web surveys across European countries. *International Journal of Internet Science, 4*(1), 21-33.

Fuchs, M., & Funke, F. (2007). Video Web Survey. Results of an experimental comparison with a text-based Web survey. In M. Trotman (Ed.), *Challenges of a changing world. Proceedings of the Fifth International Conference of the Association for Survey Computing* (pp. 63-80). Berkeley: Association for Survey Computing.

Fuchs, M., & Funke, F. (2008). Die Video-unterstützte Online-Befragung: Soziale Präsenz, soziale Erwünschtheit und Underreporting sensitiver Informationen. In N. Jackob, H. Schoen & T. Zerback (Eds.), *Sozialforschung im Internet. Methodologie und Praxis der Online-Befragung* (pp. 159-180). Wiesbaden: VS Verlag.

Funke, F., & Reips, U. D. (2007). *Dynamic forms: Online surveys 2.0*. Paper presented at the German Online Research Conference (GOR) 2007.

Gabler, S., & Häder, S. (1999). Erfahrungen bei Aufbau eines Auswahlrahmens für Telefontichproben in Deutschland. *ZUMA Nachrichten, 44*, 45-61.

Gabler, S., & Ayhan, Ö. (2007). Gewichtung bei der Erhebung im Festnetz und über Mobilfunk. Ein Dual Frame Ansatz. *ZUMA-Nachrichten Spezial*(13), 39-46.

Gerich, J., & Lehner, R. (2006). Video computer-assisted self-administered interviews for deaf respondents. *Field Methods, 18*(3), 267-283.

Greenleaf, E. A. (1992). Measuring extreme response style. *Public Opinion Quarterly, 56*(3), 328-351.

Göritz, A. S. (2008). The long-term effect of material incentives on participation in online panels. *Field Methods, 20*(3), 211-225.

Groves, R. M. (1983). Implications of CATI: Costs, errors, and organization of telephone survey research. *Sociological Methods Research, 12*(2), 199-215.

Groves, R. M., Biemer, P. P., Lyberg, L., Massey, J. T., Nicholls, W. L., & Waksberg, J. (1988). *Telephone survey methodology*. New York: Wiley.

Groves, R. M. (1989). *Survey errors and survey costs*. New York: Wiley.

Groves, R. (2006). Nonresponse rates and nonresponse bias in household surveys *Public Opinion Quarterly, 70*(5), 646-675.

Groves, R. M., & Couper, M. P. (1998). *Nonresponse in household interview surveys*. New York: Wiley.

Groves, R. M., Fowler, F. J., Couper, M. P., Lepkowski, J. M., Singer, E., & Tourangeau, R. (2010). *Survey Methodology (2nd Edition)*. Hoboken, New Jersey: Wiley.

Häder, M., & Häder, S. (Eds.). (2009). *Telefonbefragungen über das Mobilfunknetz. Konzept, Design und Umsetzung einer Strategie zur Datenerhebung.* Wiesbaden: VS Verlag.

Harkness, J., Van De Vijver, F. J. R., & Mohler, P. (2002). *Cross-cultural survey methods*. New York: Wiley.

Harrison, C. H. (2005). Coverage error. In S. J. Best & B. Radcliff (Eds.), *Polling America: An encyclopedia of public opinion* (Vol. 1, pp. 134-140). Westpost: Greenwood.

Heerwegh, D., & Loosveldt, G. (2008). Face-to-face versus Web surveying in a high-Internet-coverage population. Differences in response quality. *Public Opinion Quarterly, 72*(5), 836-846.

Heerwegh, D., Abts, K., & Loosveldt, G. (2007). Minimizing survey refusal and noncontact rates; do our efforts pay off? *Survey Research Methods, 1*(1), 3-10.

Heckel, C. (2007). Weiterentwicklung der ADM-Auswahlgrundlagen. *ZUMA-Nachrichten Spezial*(13), 25-38.

Heyde, C. v. d. (2002). Das ADM-Telefonstichprobenmodell. In S. Gabler & S. Häder (Eds.), *Telefonstichproben. Methodische Innovationen und Anwendungen in Deutschland* (pp. 32-45). Münster: Waxmann.

Hoffmann, E. (1997). Capturing „*industry"* in population censuses and surveys. *Reflections on some methodological issues.* Paper presented at the Third Meeting of the Expert Group on International Economic and Social Classifications.

Hofmann, O. (2007). Qualitätsstandards bei Online-Access Panels. In C. König, M. Stahl & E. Wiegand (Eds.), *Qualitätsmanagement und Qualitätssicherung* (pp. 51-62). Bonn: GESIS.

Johnson, T. P. (1998). Approaches to equivalence in cross-cultural and cross-national survey research. *ZUMA-Nachrichten Spezial, 3*, 1-40.

Kaase, M. (Ed.). (1999). *Qualitätskriterien der Umfrageforschung /Quality Criteria for Survey Research. Denkschrift /Memorandum.* Berlin: Akademie Verlag.

Kalsbeek, W. D., & Agans, R. P. (2008). Sampling abd weighting in household telephone surveys. In J. M. Lepkowski, C. Tucker, J. M. Brick, E. D. De Leeuw, L. Japec, P. J. Lavrakas, M. W. Link & R. L. Sangster (Eds.), *Advances in telephone survey methodology* (pp. 29-55). New York: Wiley.

Kalton, G. (2009). Methods for oversampling rare subpopulations in social surveys. *Survey Methodology, 35*(2), 125-141.

Kennedy, C. (2007). Evaluating the effects of screening for telephone service in dual frame RDD surveys. *Public Opinion Quarterly, 71*(5), 750-771.

Kim, J., Kang, J.-h., Kim, S., Smith, T. W., Son, J., & Berktold, J. (2009). Comparison between self-administered questionnaire and computer-assisted self-interview for supplemental survey nonresponse. *Field Methods, 22*(1), 57-69.

King, G., Murray, C. J. L., Salomon, J. A., & Tandon, A. (2004). Enhancing the validity and cross-cultural comparability of measurement in survey research. *American Political Science Review, 98*(1), 191-207.

Kish, L. (1965). *Survey Sampling.* New York: Wiley.

Kish, L., & Frankel, M. R. (1974). Inference from complex samples. *Journal of the Royal Statistical Society. Series B, 36*(1), 1-37

Koch, A. (1997). ADM-Design und Einwohnermelderegister-Stichprobe. Stichprobenverfahren bei mündlichen Bevölkerungsumfragen. In S. Gabler & J. H.

P. Hoffmeyer-Zlotnik (Eds.), *Stichproben in der Umfragepraxis* (pp. 99-116). Opladen: Westdeutscher Verlag.

Kreuter, F., Presser, S., & Tourangeau, R. (2008). Social desirability bias in CATI, IVR, and Web surveys: The effects of mode and question sensitivity. *Public Opinion Quarterly, 72*(5), 847-865.

Krosnick, J. A. (1991). Response strategies for coping with the cognitive demands of attitude measures in surveys. *Applied Cognitive Psychology, 5*, 213-236.

Krosnick, J. A. (1999). Survey research. *Annual Review of Psychology, 50*, 537-567.

Lavrakas, P. J. (1993). *Telephone survey methods. Sampling, selection, and supervision* (2nd ed.). Newbury Park: Sage.

Lee, S., & Valliant, R. (2008). Weighting telephone samples using propensity scores. In J. M. Lepkowski, C. Tucker, J. M. Brick, E. D. De Leeuw, L. Japec, P. J. Lavrakas, M. W. Link & R. L. Sangster (Eds.), *Advances in telephone survey methodology* (pp. 170-186). New York: Wiles.

Lind, L. H., Schober, M., & Conrad, F. G. (2008). *Social cues can affect answers to threatening questions in virtual interviews.* Paper presented at the Annual conference of the American Association of Public Opinion Research.

Link, M. W., & Mokdad, A. (2005). Alternative modes for health surveillance surveys: An experiment with Web, mail, and telephone. *Epidemiology, 16*(5), 701-704.

Lohr, S. L. (1999). *Sampling: Design and Analysis.* Pacific Grove: Duxbury Press.

Lynn, P., & Gabler, S. (2004). *Approximations to b* in the prediction of design effects due to clustering.* Essex: Institute for Social and Economic Research.

Lynn, P., Jäckle, A., Jenkins, S., & Sala, E. (2004). *The impact of interviewing method on measurement error in panel survey measures of benefit receipt: evidence from a validation study.* Essex, UK: Institute for Social and Economic Research

Lynn, P., & Kaminska, O. (2010). *The impact of mobile phones on survey measurement error.* Paper presented at the Mobile Research Conference 2010.

Neubarth, W., Bosnjak, M., Bandilla, W., Couper, M. P., & Kaczmirek, L. (2005). *Pre-notification in online access panel surveys: E-mail versus mobile text messaging (SMS). Paper presented at the* Paper presented at the Consumer Personality & Research Conference.

Neubarth, W., & Kaczmirek, L. (2007). *Applications of the document object model (DOM) in Web-surveys.* Paper presented at the Workshop on Internet Survey Methodology.

Okazaki, S. (2007). Assessing mobile-based online surveys. Methodological considerations and pilot study in an advertising context. *International Journal of Market Research, 49*(5), 651-675.

Park, S.-e., Choi, D., & Kim, J. (2004). Critical factors for the aestethic fidelity of web pages: empirical studies with professional web designers and users. *Interacting with Computers, 16*, 351-376.

Peytchev, A., & Hill, C. (2008). *Experiments in visual survey design for mobile devices.* Paper presented at the The American Association for (AAPOR) 63rd Annual Conference.

Peytchev, A., Riley, S., Rosen, J., Murphy, J., & Lindblad, M. (2010). Reduction of nonresponse bias in surveys through case prioritization. *Survey Research Methods, 4*(1), 21-29.

Roster, C., Albaum, G., & Rogers, R. (2006). Can cross-national/cultural studies presume etic equivalency in respondents' use of extreme categories of Likert rating scales? *International Journal of Market Research, 48*(6), 741-759.

Scherpenzeel, A. (2008). An online panel as a platform for multi-disciplinary research. In I. Stoop & M. Wittenberg (Eds.), *Access panels and online research, panacea or pitfall?* (pp. 101-106). Amsterdam: Aksant.

Schneid, M. (2004). Zum Einsatz stationärer Rechner, Notebooks und PDAs bei der Datenerhebung im Feld. *Zeitschrift für Sozialpsychologie, 35*(1), 3-13.

Schnell, R. (1997). *Nonresponse in Bevölkerungsumfragen. Ausmaß, Entwicklung und Ursachen.* Opladen: Leske + Budrich.

Schnell, R., Hill, P., & Esser, E. (2008). *Methoden der empirischen Sozialforschung* (8 ed.). München: Oldenbourg.

Schonlau, M., van Soest, A., Kapteyn, A., & Couper, M. P. (2009). Selection bias in Web surveys and the use of propensity scores. *Sociological Methods Research, 37*(3), 291-318.

Schröder, H., & Ganzeboom, H. B. G. (2009). *Scaling education categories in european social survey.* Paper presented at the Conference of the European Survey Research Association.

Schwarz, N., & Sudman, S. (Eds.). (1995). *Context effects in social and psychological reserach.* New York: Springer.

Shackman, G. (2001). *Sample size and design effect.* Paper presented at the Albany Chapter of American Statistical Association.

Shih, T.-H., & Fan, X. (2007). Response rates and mode preferences in web-mail mixed-mode surveys: a meta-analysis. *International Journal of Internet Science, 2*(1), 59-82.

Shlomo, N., Skinner, C., Schouten, B., Bethlehem, J., & Zhang, L.-C. (2009). *Statistical properties of R-indicators*: RISQ - Representativity Indicators for Survey Quality.

Shropshire, K. O., Hawdon, J. E., & Witte, J. C. (2009). Web survey design. Balancing measurement, response, and topical interest. *Sociological Methods Research, 37*(3), 344-370.

Singer, E., & Bossarte, R. M. (2006). Incentives for survey participation: When are they „coercive"? *American Journal of Preventive Medicine, 31*(5), 411-418.

Smyth, J. D., Dillman, D. A., Christian, L. M., & Mcbride, M. (2009). Open-ended questions in web surveys. Can increasing the size of answer boxes and providing extra verbal instructions improve response quality? *Public Opinion Quarterly, 73*(2), 325-337.

Stieger, S., & Reips, U. D. (2005). *Dynamic Interviewing Program (DIP): Automatic online interviews via the instant messenger ICQ*. Paper presented at the General Online Research Conference (GOR).

Stoop, I., Billiet, J., Koch, A., & Fitzgerald, R. (2010). *Improving survey response. Lessons learned from the European Social Survey*. New York: Wiley.

Sturgis, P. (2004). *Analysing complex survey data: clustering, stratification and weights*. Surrey: Department of Sociology at the University of Surrey.

Sudman, S., Bradburn, N., & Schwarz, N. (1996). *Thinking about answers. The application of cognitive Processes to survey methodology*. San Francisco: Jossey-Bass.

Tourangeau, R., Rips, L., & Rasinski, K. (2000). *The psychology of survey response*. Cambridge: Cambridge University Press.

Vehovar, V., & Zupanic, T. (2007). *Weighting and nonresponse in European social survey (round 2)*. Paper presented at the Conference of the European Survey Research Association.

Virtanen, V., Sirkiä, T., & Jokiranta, V. (2007). Reducing nonresponse by SMS reminders in mail surveys. *Social Science Computer Review, 25*(3), 384-395.

Waksberg, J. (1978). Sampling methods for random digit dialling. *Journal of the American Statistical Association, 73*, 40-46.

Zhang, Y., Levinsohn, J., Olive, B., & Hill, C. (2008). *Best practices for developing smart phone based web surveys and systems*. Paper presented at the International Field Directors and Technology Conference.

Zhou, B., & McClendon, M. J. (1999). *Cognitive ability and acquiescence*. Paper presented at the 54th Annual Conference of the American Association for Public Opinion Research.

Autoren

Prof. Dr. Hans-Jürgen Andreß, Universität zu Köln, Fakultät für Wirtschafts- und Sozialwissenschaften, LS für empirische Sozial- und Wirtschaftsforschung, Herbert-Lewin-Str. 2, 50931 Köln
E-Mail: hja@uni-koeln.de

Prof. Dr. Frank Faulbaum, Universität Duisburg-Essen, Institut für Soziologie, Lotharstraße 65, 47057 Duisburg
E-Mail: frank.faulbaum@uni-due.de

Prof. Dr. Christian Fleck, Institut für Soziologie der Universität Graz, Universitätsstraße 15, A 8010 Graz
E-Mail: christian.fleck@uni-graz.at

Prof. Dr. Marek Fuchs, Technische Universität Darmstadt, Institut für Soziologie, Marktplatz 15, Residenzschloss, 64283 Darmstadt
E-Mail: fuchs@ifs.tu-darmstadt.de

Hans Mathias Kepplinger, Institut für Publizistik, Johannes Gutenberg-Universität Mainz, Colonel-Kleinmann-Weg 2, 55099 Mainz
E-Mail: kepplinger@uni-mainz.de

Prof. Dr. Renate Köcher, Institut für Demoskopie Allensbach, Gesellschaft zum Studium der öffentlichen Meinung mbH, Radolfzeller Straße 8, 78472 Allensbach
E-Mail: rkoecher@ifd-allensbach.de

Prof. Dr. Heiner Meulemann, Forschungsinstitut für Soziologie, Universität zu Köln, Greinstr. 2, 50939 Köln
E-Mail: meulemann@wiso.uni-koeln.de

Prof. Dr. Dr. h.c. Rosemarie Nave-Herz, Universität Oldenburg, Fakultät I, Institut für Sozialwissenschaft
E-Mail: rosemarie.nave.herz@uni-oldenburg.de

Prof. Dr. Hans Rattinger, Universität Mannheim, 68, 131 Mannheim
E-Mail: hans.rattinger@uni-mannheim.de.

Prof. Dr. Sigrid Roßteutscher, Johann Wolfgang Goethe-Universität, 60054 Frankfurt am Main
E-Mail: rossteutscher@soz.uni-frankfurt.de.

Prof. Dr. Rüdiger Schmitt-Beck, Universität Mannheim, 68, 131 Mannheim
   E-Mail: schmitt-beck@uni-mannheim.de.

PD Dr. Bernhard Weßels, Wissenschaftszentrum Berlin für Sozialforschung
   (WZB), Reichpietschufer 50, 10785 Berlin
   E-Mail: wessels@wzb.eu

Prof. Dr. Christof Wolf, GESIS – Leibniz-Institut für Sozialwissenschaften,
   Dauerbeobachtung der Gesellschaft (DBG), B2,1, 68159 Mannheim
   E-Mail: christof.wolf@gesis.org

The manufacturer's authorised representative in the EU is Springer
Nature Customer Service Centre GmbH, Europaplatz 3, 69115 Heidelberg,
Germany. If you have any concerns regarding our products, please
contact ProductSafety@springernature.com

Printed and bound by CPI Group (UK) Ltd, Croydon, CR0 4YY

23/04/2026

02095652-0001